# Öko, Sex

# und andere Katastrophen

# 1.

Öko. So ein Scheiß. Wenn ich das nur hörte! Heutzutage sollte alles öko sein. Öko und bio. Und am besten wie von Zauberhand vom Himmel gefallen, egal ob Hemden, Socken, Waschmittel, Obst, Gemüse ... So, als wäre es den Engeln da oben aus dem Arsch geplumpst und auf völlig natürliche Art und Weise entstanden.

Umweltbewusste Menschen stellten die Dinge des täglichen Bedarfs selbst her, und wenn dies nicht möglich war, dann sollte es doch bitte mit Bio-Siegel und Fairtrade-Zertifikat ausgezeichnet und per Hand hergekarrt sein. »Alles andere ist nicht akzeptabel!«, schrie es aus den modernen Artikeln der Zeitschrift »Die ökologische Frau von morgen« heraus, die ich hin und wieder mangels besserer Alternativen beim Friseurbesuch las, während meine Haare blondgefärbt, die Fingernägel dunkelrot lackiert und die Zehennägel mit French Manicure verschönert wurden.

Der monatliche Besuch in meinem Lieblingsstudio um die Ecke reichte mir, um zu wissen, dass dieses Bio-Öko-Zukunfts-Zeug nichts für mich war. Das alles klang viel zu kompliziert, zu aufwändig und vor allem zu teuer. Wer konnte sich das ganze Zeug schon leisten? Davon abgesehen, dass ich gar nicht darüber nachdenken wollte, was ich wo und wie in meinem Leben verändern könnte. Warum denn auch? Man konnte ja nichts zu hundert Prozent richtig machen. Kaufte man sich ein Elektroauto, hatte man damit mehr $CO_2$ verbraucht, als man erzeugt hätte, wenn man mit einer alten Schrottkarre noch weiter gefahren wäre. Vegetarische Ernährung war praktisch out, vegan sollte es sein, aber eigentlich wurden für vegane Ernährung viel größere Wasserressourcen verbraucht als für »normale« Ernährung. Andere schworen auf Rohkost, andere auf Low-Carb. Und alle hatten sie gemeinsam, dass sie einem ihre persönliche Lebensweise unbedingt als richtig aufdrücken wollten wie Missionare.

Zu diesem Zeitpunkt meines Lebens dachte ich, mein Dasein würde gut laufen. Ich fühlte mich wohl in meiner Haut und war zufrieden mit allem. Doch scheinbar repräsentierte ich mein glückliches Dasein nicht nach außen, obwohl ich meiner Meinung nach adrett und ansehnlich auftrat. Ich war in der Öffentlichkeit stets perfekt maniküret und so geschminkt, dass meine blauen Augen schön betont wurden, ohne tussig zu wirken. Meine Augenbrauen hatten eine millimetergenaue geschwungene Form im richtigen Verhältnis zu Augen und Nase und meine Lippen leuchteten täglich dezent im Rosa meines Lieblingslipglosses, der nach Erdbeere duftete. Einzig meine frisch blondierten Haare wirkten etwas stumpf und strähnig, doch die waren von Kindesbeinen an schon mein Problem, das ich einfach nicht in den Griff bekam, egal welches supertolle Shampoo ich auch verwendete.

Und genau diese strähnigen Haare wurden mir zum Verhängnis. Nie werde ich diesen Tag in meinem Leben vergessen, denn ich wurde so dreist angequatscht und erniedrigt wie noch nie zuvor. Aus heiterem Himmel sprach mich mitten in einem Geschäft eine etwa 45-Jährige an, die von einer Sekunde auf die andere hinter mir stand und mit etwas rauchiger Stimme zu mir sprach:

»Wissen'S«, sagte sie und zeigte in diesem von den Farben Blau und Orange dominierten Drogeriemarkt zwischen Waschmitteln, Windeln und Duschcremes mit dem Finger, der unlackiert und unberingt war, auf mich. Mit einem Hochziehen ihrer Augenbrauen, die natürlich nicht gezupft und auch nicht schön geschwungen waren, fuhr sie fort: »man weiß nie, was da drin ist. So viel giftiges Zeug, das können Sie sich nicht vorstellen!«

Ich zuckte bei ihrer bescheuerten Aussprache zusammen, während ihre ungeschminkten Augen auf die Shampoo-Flasche fielen, die ich gerade in der Hand hielt und bei der ich eigentlich nur schauen wollte, ob dieses für extrafeine strapazierte Haare geeignet war. Irgendwie war ich es ja gewohnt, wegen meiner Lebensweise belehrt zu werden, doch dass mich jemand mitten in einem Geschäft ansprach, das war mir noch nie passiert.

»Das hier«, die Frau zeigte auf die Plastikflasche, die in meiner Hand plötzlich siedendheiß zu werden schien, »ist Müll. MÜLL, sag ich Ihnen. Vergessen'S das! Silikone, künstliche Zusatzstoffe, et cetera, et cetera«, zählte sie an ihren Fingern ab und wieder fielen mir ihre unlackierten und kurzgeschnittenen Nägel auf. »Sie machen sich die Haare damit kaputt!«, fuhr sie lauter werdend fort.

Wegen dieser ungewünschten und so dreisten Moralpredigt war ich immer noch viel zu perplex, um irgendwie zu reagieren. Mit der Shampoo-Flasche in der Hand starrte ich sie entgeistert an.

In diesem Moment fiel ihr Blick auf die eben angesprochenen Strähnen, die auf meinem Kopf der Schwerkraft zu trotzen versuchten. Sie wollten sprungfreudig und leicht sein, doch stattdessen mussten sie immer wieder ergeben und schlaff nach unten hängen. Die Öko-Tante, wie ich sie in Gedanken bereits nannte, tat es meinen Strähnen am Kopf daraufhin gleich und ließ kraftlos ihre Arme hängen.

Ihr Gesichtsausdruck wurde ganz weich und aus ihrem Mund kam ein trauriges »Ohh.«

»Was?«, fragte ich genervt und stellte das Shampoo zurück ins Regal, erleichtert darüber, dass ich aus der Erstarrung erwacht war. Dabei wandte ich kurz den Blick von der Frau ab und sah mich rasch um, um zu sehen, ob mich vielleicht eine der Verkäuferinnen aus den Fängen dieser Öko-Tante befreien könnte. Wo waren die sonst so überaus höflichen Damen bloß, wenn man sie brauchte? Sonst standen sie doch auch herum und fragten alle paar Minuten die Kunden, ob sie Hilfe benötigen würden.

Ich reckte den Hals unauffällig, doch ich konnte niemanden entdecken. Ich war einfach zu klein, um über die Regale zu blicken und jemanden mit flehenden und verzweifelnden Blicken stumm zu mir zu rufen. *Hilfe*, ging es mir durch den Kopf. *Ich will nicht weiter zugequatscht werden!* Doch weit und breit war niemand zu sehen. Ich war mit der Öko-Tante allein.

Dann fühlte ich sie – die Klauen der Hölle. Direkt an meiner Schulter. »Ihre Haare sind schon ganz kaputt«, hörte ich die Stimme neben mir, während ich den Kopf langsam nach links in ihre Richtung drehte. An meiner Schulter fühlte ich eine Hand, deren Finger dürre Strähnen meiner blondierten Haare zwirbelten.

»Was ...?!?« Ich zuckte entsetzt zurück, doch die Frau kam sofort wieder einen Schritt näher.

»Ihre Haare«, erklärte sie säuselnd, »die sind ganz kaputt. Mit Roggenmehl wäre das nicht passiert. Und Ihre Haut ...« Ihre Hand kam meinem Gesicht noch näher.

*Wo ist eine Verkäuferin? HILFE!* Diese aufdringliche Person näherte sich weiter. Gleich würde ich ihren Schweiß riechen, denn bestimmt verwendete sie nicht mal

Deo! Doch keine Sekunde später nahm ich den Geruch nach ... Zitrone wahr. Ja, es roch plötzlich nach Zitrone! Schmierte sie sich etwa mit Zitrone ein?

»Probieren'S mal Kokosöl. Das macht Ihre Haut wieder frisch und jung und befreit sie von Unreinheiten. Bestimmt sehen'S danach wieder schön jung aus.«

*Jetzt aber ...* Ich atmete entsetzt und gekränkt ein. *Was erlaubt sich dieses Weib bloß?* »Was soll das?« Mutig wehrte ich die Hand ab, wich einen weiteren Schritt zurück. Als ich den runden Ständer mit den Nagellackfläschchen in meinem Rücken spürte, fühlte mich völlig in die Enge getrieben.

Normalerweise stand ich gern vor dem Ständer und sah mir die vielen trendigen Farben an, doch in diesem Moment war er mir so dermaßen im Weg! Ich wollte nur noch weg von dort, denn mein schlimmster Alptraum schien wahrgeworden zu sein. Mein ganzes bisheriges Leben lang konnte ich ungestört zu Shampoo greifen, Fast Food essen und meine Haut mit Make-up zukleistern, ohne mich von dem Bio- und Öko-Wahn, der rundherum die Leute ergriff, anstecken zu lassen. Selbst meine beste Freundin Verli hatte schon interessiert begonnen, vegane Gerichte zu kochen und Bio-Lebensmittel einzukaufen. Bisher hatte ich es erfolgreich geschafft, einen großen Bogen um vegane und ökologische Trends zu machen, weil es mich einfach nicht interessierte, und dann quatschte mich dieses ... dieses ... puh, mir fehlten die Worte! ... Weibsstück an und gab mir ihre scheiß Ökotipps! Ich fühlte mich dieser Frau gegenüber echt so machtlos, dass es mich perplex und sprachlos machte. Sah ich so schlimm aus, dass sie das Gefühl hatte, mich und mein entsetzliches Aussehen retten zu müssen?

Keine Ahnung wie, doch irgendwie schaffte ich es, den Fängen dieser Öko-Tante zu entkommen. Es war genau um Viertel vor drei Uhr nachmittags, als ich den Nagellackständer umrundet und die Flucht durch die gläserne Schiebetür angetreten hatte, ohne auch nur einen Cent im Drogeriemarkt ausgegeben zu haben. Das passierte mir sonst nie! Irgendetwas brauchte ich immer – und wenn es nur ein neuer Lidschatten war, der so schön blau schimmerte! Und diese Uhrzeit, Viertel vor drei, werde ich mein ganzes Leben nicht vergessen, denn als ich in meinem Auto saß, das nicht sehr sparsam war, und meine Handtasche atemlos auf den Sitz neben mir warf, der, wie alle anderen Sitze im Auto, mit echtem Leder bezogen war, da starrte ich auf die Uhr vor mir auf der Konsole und dachte nach. Ich zwirbelte meine strähnigen Haare und dachte darüber nach, was eine Person dazu bewegen konnte, jemand Wildfremden auf sein fatales Aussehen und auf sein nicht-ökologisches Konsumverhalten aufmerksam machen zu wollen. War es ein Helfersyndrom? Mitleid? War diese Person einfach eine Weltverbesserin? Oder doch nur schlicht und ergreifend psychisch krank?

Selbst am Tag danach sah ich sie noch vor mir – mit ihren kräftigen vollen roten Haaren und ihrem braungebrannten, makel- und auch make-up-losen Gesicht. Sie erinnerte mich ein wenig an eine ungeschminkte Marcia Cross von den Desperate Housewives. Neidvoll bemerkte ich im Nachhinein, dass sie wunderschön und superschlank, ja beinahe trainiert war, trotz ihres reifen Alters um die fünfundvierzig. Das musste ich mir eingestehen, auch wenn sie es mit ihrer schlichten Frisur und ihrer langweiligen Kleidung nicht sehr unterstrich. Bestimmt war ihr T-Shirt aus Bio-Baumwolle, so wie die Schuhe, die entgegen meiner Erwartung keine Birkenstock-Sandalen, sondern einfache Schuhe aus Stoff waren. Sofern ich es richtig in Erinnerung hatte, waren sie grau. Mausgrau und fad, genau so, wie es bei diesen Öko-Tanten klischeehaft doch immer war …

*Öko. Was heißt Öko eigentlich?*, fragte ich mich, während ich in meiner kleinen Zwei-Zimmer-Wohnung auf der Couch lümmelte und meinen freien Tag genoss. Es war Samstag und ausnahmsweise musste ich nicht arbeiten, obwohl im Klamottenladen im Einkaufszentrum bestimmt die Hölle los war. Hämisch dachte ich daran, dass sich meine unbeliebte Kollegin bestimmt voll abrackerte, während ich das Nichtstun genießen konnte.

Es war bereits halb 11 Uhr vormittags und ich hatte noch nichts getan, außer aufzustehen, Kaffee aus meiner Nespresso-Maschine tropfen zu lassen und den Fernseher einzuschalten. So sahen für gewöhnlich meine Sonntage immer aus und dank meiner vielen Überstunden heute ausnahmsweise der Samstag. Nicht sehr spektakulär.

Als junge Frau mit eigener Wohnung und ohne Partner hatte ich nicht viel mehr Möglichkeiten, als einfach nur nichts zu tun. Oh ja, ich war Single. Mehr oder weniger. Kaum jemand glaubte mir das, denn die Mehrheit der Menschen, denen ich begegnete, nahm an, dass ich vergeben war. Das machte mich ein wenig stolz und stärkte mein Selbstbewusstsein, doch in Wahrheit war ich mehr oder weniger allein. Bisher entpuppten sich alle potentiellen Liebhaber, die mir den Hof machten, als Volltrottel in Alufolie statt als Ritter in glänzender Rüstung. Ich hatte einfach kein Glück bei den Männern, denn das, was zwischen Ben und mir lief, war ja eigentlich auch nicht das Gelbe vom Ei …

Irgendwie war ich gedanklich vom Thema abgekommen. Was wollte ich nochmal machen? Ach ja, Öko. »Was heißt Öko eigentlich genau?«, murmelte ich vor mich hin und griff interessiert nach meinem iPad, drückte den Home-Button, um den Bildschirm zu aktivieren, und suchte in Google nach dem Begriff *Öko*. Gleich an erster Position präsentierte mir die Suchmaschine einen Link von Wikipedia. Absolut seriös und immer der Wahrheit entsprechend ... Ich klickte darauf und fand mich in einem ellenlangen Artikel über die »ökologische Umweltbewegung« wieder.

Ich überflog die Absätze und kam zu dem Schluss, dass Öko etwas mit Umweltbewusstsein zu tun haben musste. Weltverbesserer also. *Wusst' ich's doch ...* »Menschen, die etwas tun wollen, um sich besser zu fühlen und ihre moralische Überlegenheit zu demonstrieren«, las ich in dem langen Artikel. Mir kam der Begriff *Besserwisser* in den Sinn und ich sah wieder diese Öko-Tante vom Drogeriemarkt vor mir. Ihre Worte hallten in meinem Kopf wider. *Wie konnte ich aber auch nur bloß darüber nachdenken, so ein Shampoo nur ANZUSEHEN?!,* ging es mir sarkastisch und genervt durch den Kopf. Je mehr ich darüber nachdachte, desto gekränkter fühlte ich mich. Das war ein persönlicher Angriff der übelsten Sorte gewesen! Hätte sie mir doch gleich ein Schild verpassen können mit der Aufschrift: »Diese Tussi hat durch übermäßigen chemischen unbedachten unökologischen Gebrauch nicht nur fettige strähnige Haare, sondern macht sich auch die Haut kaputt und sieht alt aus.« *Blöde Kuh ...*

Plötzlich klingelte es an meiner Wohnungstür und ich wurde aus meinen Gedanken gerissen. Wieso klingelte es dann jetzt? Besucher kündigten sich normalerweise vorher an. »Bitte lass es nicht eine von den alten Schachteln im Erdgeschoss sein«, flehte ich und stöhnte genervt. Erst letzten Sonntag holte mich Frau Huber aus der ebenerdigen Wohnung um halb 10 aus dem Bett und wollte, dass ich ihr ein paar Äpfel aus ihrem Keller hole. Sie könne schließlich nicht mehr so gut Stiegensteigen, meinte sie bedauernd. Dass sie dafür zu mir in den ersten Stock gekommen war, hatte die senile Schachtel wohl vergessen.

*Rrrrrr.*

Wieder läutete es. Dieses Mal länger. Ungeduldiger. »Ich komm ja schon!«, rief ich Richtung Vorraum und legte mein iPad neben mir auf die Couch. Während ich aufstand, zog ich mein langes Schlafshirt über meine Oberschenkel und fuhr mir durch meine strähnigen unfrisierten Haare. Der Besucher vor der Tür schien ungeduldig zu sein, denn es klopfte nun auch. *Die Eingangstür unten ist wohl schon wieder nicht abgeschlossen*, ging es mir durch den Kopf.

»Ich komm ja schon«, wiederholte ich grantig und schlurfte barfuß durch den Flur zur Eingangstür. Frau Ringelmeier, die andere alte Schachtel aus dem Erdgeschoss die direkt unter mir wohnte, mochte es nicht, wenn ich zu laut auftrat. Da würde ihr Papagei so schreckliche Angst bekommen, wenn ich so herumtrample, hatte sie mir zu Beginn gleich nach meinem Einzug erklärt. Seit dem schlurfte ich also und würde wohl deshalb noch Haltungsschäden an meinem Bewegungsapparat bekommen. Wieder läutete es. Meine Laune war nun endgültig im Keller, ein kurzer Blick durch den Türspion erhellte sie jedoch schlagartig. Von -100 auf 5000 in 0,5 Sekunden – das war ja beinahe Lichtgeschwindigkeit! Mein Stimmungsbarometer explodierte am oberen Ende!

Erfreut öffnete ich die Tür und stand einem extrem gutaussehenden Mann gegenüber, der meine Knie sofort weich werden ließ.

»Hey Ben, was machst du denn hier?«, begrüßte ich ihn perplex und überdachte kurz mein Aussehen. Bestimmt sah ich noch voll verschlafen aus, doch dann schob ich die Gedanken beiseite, denn die Freude überwog. Mit ihm hatte ich gar nicht gerechnet! Immerhin war Wochenende. Da sahen wir uns sonst nie!

»Guten Morgen«, säuselte der geile Typ vor meiner Tür und lehnte sich lässig mit der linken Schulter gegen den Türrahmen, während ich mein Glück kaum fassen konnte. Das schien ja doch noch ein super Tag zu werden! »Ich hab Frühstück besorgt.« Ben hielt in der rechten Hand eine Papiertüte, die er lockend in Schulterhöhe hin und her schwang und aus der es nach frischem Gebäck duftete.

Diese Info floss an mir runter wie warmer Honig und ich fühlte, wie meine Knie noch weicher wurden. Ein kurzer Blick, ein leichtes Lächeln, und der Typ sorgte für Aufruhr in meinem Körper. »Komm rein«, wies ich ihn gutgelaunt an und ging voraus in die Küche.

Während er das duftende Gebäck auf den Tisch legte und ich eine frische Tasse Kaffee für ihn eingoss und meine bereits leere Tasse wieder auffüllte, erzählte Ben, dass seine Frau mit der gemeinsamen Tochter übers Wochenende spontan in die Therme verreist sei.

»Aha«, kommentierte ich mit ihm zugewandten Rücken, während ich beobachtete, wie tröpfchenweise duftender Kaffee geradewegs aus der Plastikkapsel in die Tasse tropfte. Ich tat gelassen, doch innerlich machte mein Herz einen Freudensprung. Es sah ganz so aus, als würden wir beide ein Wochenende für uns haben. Für uns ganz allein. Völlig ungestört!

»Vor Sonntagabend kommen sie nicht zurück«, hörte ich ihn plötzlich bedeutungsschwer direkt an meinem Ohr und fühlte, wie seine Lippen begannen, mein Ohrläppchen zu liebkosen, während seine Bartstoppeln an meinem Hals kitzelten.

Sofort lief ein Schauer über meinen Rücken und ich lehnte leise stöhnend meinen Kopf zurück auf seine Brust. »Das heißt …?«, flüsterte ich mit geschlossenen Augen und ließ den Satz unvollendet in der Luft schweben.

Ruckartig drehte mich Ben um. Mit seinen blauen Augen, die einen Kontrast zu seinem sonst so dunklen Aussehen bildeten, sah er mich neckisch an und hob mit seinen Fingern sanft mein Kinn. Ich konnte gar nicht anders, als ihn anzusehen, während es zwischen meinen Beinen vor Vorfreude zu kribbeln begann.

»Das heißt, dass wir Zeit für uns haben«, antwortete er verführerisch. Wir standen uns Auge in Auge gegenüber, unsere Nasenspitzen berührten sich fast. »Viel Zeit«, betonte er und küsste mich sanft auf den Mund. Dann tasteten sich seine Lippen zu meinem Hals vor.

Ich stand rücklings zur Arbeitsfläche, auf der die Kaffeemaschine endlich damit fertig war, Kaffee aus der Kapsel zu tropfen. Die wundervolle Crema drohte bereits zusammenzustürzen und nur eine fahle schwarze Flüssigkeit in der Tasse zurückzulassen, doch mir war das egal. Ich roch und fühlte diesen wunderbaren Mann vor mir, der sich mit hartem ausgebeulten Schritt erregt an mich drängte. Mit den Händen stützte ich mich stöhnend an der Arbeitsfläche der Küche ab und genoss die Liebkosungen an meinem Hals, während ich tief seinen Geruch aufsog. Er roch einfach so geil. So nach Lust. Nach Verlangen. Nach … Sex. Wildem hemmungslosen Sex, den er bei mir bekam und wegen dem er mich so mochte. Sex, den seine Frau ihm nicht bieten konnte. Das redete ich mir zumindest ein, denn warum sollte er sonst so scharf darauf sein, mich seit einem halben Jahr regelmäßig nach der Arbeit zu treffen?

»Gehen wir rüber ins Schlafzimmer«, flüsterte ich und drängte mich an ihn.

»Nein«, erwiderte Ben ungeduldig und hob mich mit seinen starken Armen auf die Arbeitsfläche, während er an seiner Hose zu nesteln begann. Sein bestes Stück drängte gegen den Reißverschluss und schien kaum mehr Platz zu haben, wie ich zufrieden feststellte. »Ich will dich hier. Hier und jetzt«, presste er atemlos und gierend hervor.

»Okay«, flüsterte ich und ergab mich erregt. Ich hatte nicht allzu oft die Gelegenheit, es in meiner Küche mit jemandem zu treiben. Eigentlich nie. *Warum also nicht?*, dachte ich und schob meine Unterhose unter meinem Arsch nach unten, bis sie an meinem Knöchel baumelte und geräuschlos zu Boden fiel. Dann lehnte ich mich zurück und spreizte erwartungsvoll die Beine.

Als er langsam in mich eindrang und ich mich erregt an ihn drückte, war mein Kopf wie leergefegt. Ich fühlte nur noch meine Lust, mein Verlangen und diesen unglaublich geilen Schwanz in mir, der mich mit kräftigen Stößen eroberte. Vergessen war diese ungehörige Furie im Drogeriemarkt und vergessen war Öko. Was ging mich dieser Scheiß an? Ich dachte nur noch daran, stundenlang mit diesem Mann Sex zu haben. Hier, in meiner Wohnung! Am Wochenende! Mein Leben schien perfekt zu sein.

## 2.

»Ach, Laura, sag bloß, du treibst es noch immer mit ihm? Hast du kein Anstandsgefühl?«

Ihr rügender Blick traf mich mit voller Wucht. Ich müsste ihn eigentlich bereits gewohnt sein, führten wir dieses Gespräch doch schon des Öfteren, doch jedes Mal aufs Neue ging er bis tief in mein Innerstes. *Bamm*, mit voller Wucht rein ins Herz. Wieso musste sie immer mit Moral und Anstand kommen?

Unbeirrt meines genervten Gesichtsausdruckes fuhr Verli fort: »Du bist vierundzwanzig und er ist fast zehn Jahre älter als du, verheiratet und hat ein Kind!«, zählte sie vorwurfsvoll an den Fingern ab.

»Ja, das weiß ich alles! Und?« Ich klang wie ein kleines Kind, das wusste ich, doch ich wusste auch, dass ich die Fakten alle kannte. Wissen war bei mir so eine Sache, *tun* eine andere ... »Er will mich«, erwiderte ich schmollend, während wir inmitten des Mittagstrubels in einem Bistro saßen und eine Kleinigkeit aßen, ehe die Mittagspause vorbei war und Verli ins Büro und ich zurück in den Laden musste. »Und ich will ihn«, fügte ich trotzig hinzu.

Der Montag war unser Tag. Unser Quatschtag, wie wir ihn nannten. Da trafen wir uns im Bistro, um uns über das Wochenende zu unterhalten. Und im Gegensatz zu den sonstigen langweiligen Wochenenden, die ich arbeitend oder allein in meiner Wohnung verbrachte, konnte ich dieses Mal von diesem unglaublich geilen Sex mit Ben erzählen, der erst am Sonntag endete, als seine Frau ankündigte, in zwei Stunden zuhause zu sein. Doch anstatt sich mit mir zu freuen, weil ich einfach glücklich war, musste meine tolle beste Freundin wieder den Moralapostel spielen. Manchmal klang sie wie meine Mutter.

»Wieso lässt du dich so benutzen?« Verli schien nicht sehr erfreut. Sie, die seit Jahren eine glückliche Beziehung hatte, konnte nicht verstehen, wie ich mich nur zu einer Affäre hinreißen lassen konnte. Doch eigentlich hätte ich es ja wissen müssen, denn wie oft hatten wir schon dieses Gespräch geführt? Zig Male!

»Ich lass mich nicht benutzen«, fauchte ich und biss schlecht gelaunt von meinem Schinken-Baguette ab.

»Ach, nein?« Verli zog ihre Augenbrauen hoch, die daraufhin unter ihrem hellbraunen Pony auf der Stirn verschwanden. »Du willst also wirklich behaupten, du lässt dich nicht benutzen?« Sie setzte sich aufrecht hin und verschränkte ihre Arme vor der Brust. »Warum hat er Sex mit dir?«, fragte sie herausfordern.

»Weil ich ihm das bieten kann, was seine Frau nicht kann.«

»Wieso verlässt er sie dann nicht?«

War das ein Verhör? Ich seufzte. »Weil sie mal depressiv war und er nicht will, dass sie wieder rückfällig wird.«

»Oh, ein ganz fürsorglicher Mann.« Sie klang zynisch. »Warum lässt er sich dann auf dich ein, anstatt dass er treu ist und sich um seine Frau und die Tochter kümmert?«

»Weil … weil ...«, ich suchte nach Worten. »Weil ihm der Sex mit mir so gefällt«, antworte ich zögerlich und starrte auf den Tisch.

»Merkst du was?« Verli lehnte sich nach vorn und sah

mich eindringlich an.

»Was soll ich merken?«

»Er *benutzt* dich!« Das zweite Wort betonte sie mit erhobenen Händen, als würde sie meinen Kopf im Schraubstock halten. Sie wirkte gereizt und starrte mich an.

»Nein, tut er nicht«, erwiderte ich und fühlte förmlich, wie meine Augen zu funkeln begannen, als ich zurückstarrte. Das Baguette auf dem Teller vor mir war vergessen. Was dachte Verli bloß von mir? Ich ließ mich doch nicht benutzen! »Er liebt mich«, erklärte ich und wusste im selben Moment, dass ich trotzig wie ein kleines Kind klang.

»Ach ja? Er liebt dich? Wann hat er dir das gesagt?«

»Gestern.«

»Ohhhhh.« Sie setzte einen zuckersüßen Blick auf und sah mich, das Kinn auf ihre Handfläche gestützt, an.

*Sie verarscht mich doch,* ging es mir durch den Kopf.

»Was hast du getan, als er das sagte?«

Ich stutzte. Auf was wollte sie hinaus? Ich dachte kurz nach und hörte im Gedanken, wie Ben lustvoll und atemlos eine Liebeserklärung flüsterte, während ich zwischen seinen Beinen kniete. Das, was davor und danach gesprochen wurde, was nach »oh du geiles Luder« und »du bist die Geilste von allen« geklungen hatte, erzählte ich ihr lieber nicht. »Ich hab ihm einen geblasen«, beantwortete ich leise ihre Frage und sah mich in dem übervollen Bistro um, ob mich eh niemand hören konnte. Beruhigt erkannte ich, dass die Menschen an den Nachbartischen in ihre Gespräche vertieft waren oder konzentriert in eine Zeitung blickten.

»Ha!«, rief Verli aus und zeigte mit dem Finger auf mich. Ein älterer Herr am Nebentisch, der bisher mit gerunzelten Augen hinter einer dicken Brille in einer Zeitschrift gelesen hatte, sah kurz überrascht auf.

»Was *ha*?«, äffte ich, versuchte den Mann auszublenden und schob die Brösel neben dem Baguette auf dem Teller hin und her. Langsam fühlte ich mich nicht wohl in meiner Haut. Ich hasste es, wenn Verli so obergescheit tat!

»Checkst du es denn nicht? Er kriegt von dir, was er will. Er ist ein Mann! Klar, dass er dir sagt, dass er dich liebt, wenn du grad sein bestes Stück bearbeitest!«

Den letzten Satz hatte der Mann nun auch gehört. Tadelnd und missbilligend räusperte er sich und sah demonstrativ auf das Tratschblatt vor sich hinunter.

Langsam wurde die Situation echt peinlich. Mit gerunzelter Stirn sah ich Verli an, die nie die Worte blasen oder Penis oder gar Schwanz öffentlich aussprechen würde. Dafür war sie viel zu bodenständig und vernünftig. Selbst diese Aussage schien fast zu viel für sie zu sein, denn ihre Wangen wurden plötzlich rot und sie wirkte verlegen.

»Fakt ist«, fuhr sie etwas leiser fort, »wenn er dich tatsächlich lieben würde, würde er für klare Verhältnisse sorgen. So bist du jedoch nichts anderes, als eine willige hübsche junge Affäre, mit der er sich brüsten kann. Er tut nichts anderes, als sein Ego mit dir aufzupolieren!«

Ich starrte Verli an. Das saß. So offen hatte sie noch nie mit mir gesprochen und noch nie hatte ich mich so billig gefühlt. Es klang, als wäre ich eine Nutte! Ich fühlte, wie Tränen hochstiegen, und mein Gesicht brannte, als hätte ich eine Ohrfeige bekommen. *BAMM! Volltreffer!* Und das von meiner besten Freundin!

Verli schien meine Bestürzung zu bemerken. »Hey Süße«, sagte sie etwas ruhiger, griff über den Tisch und nahm meine Hand. »Ich meine es doch nur gut mit dir. Ich will nicht, dass du dich für so einen Typen so erniedrigst. Du hast doch etwas Besseres verdient.«

Ich sagte nichts, stattdessen zog ich meine Hand zurück und trank den letzten Rest Orangensaft aus, der nun schon lauwarm geworden im Glas auf dem Tisch stand. Dann kramte ich einen Zehneuroschein aus meiner Geldtasche, legte ihn auf den Tisch und stand auf. Ich wollte nur noch weg. »Danke für deine offenen Worte«, presste ich hervor und bemühte mich, meine Stimme nicht zittern zu lassen. Ich war kurz davor loszuheulen.

»Laura, ich ...«

Verli streckte den Arm und wollte nach meiner Hand greifen, doch ich wehrte ab. »Schon gut. Du hast es deutlich gesagt. Ich bin ein billiges Flittchen, das sich von einem verheirateten Mann benutzen lässt.«

»Aber so war das doch nicht gemeint, ich ...!«

Den Rest hörte ich nicht mehr. Ich zwängte mich im Slalom an den Tischen vorbei und eilte zur Tür. Keine Sekunde länger wollte ich hier in diesem Lokal bleiben. Mir war, als hätte Verli mir gehörig den Kopf gewaschen. Sie, die immer zu mir gestanden hatte, seit wir uns beim Fortgehen kennengelernt hatten, nachdem ich in die Stadt gezogen war. Zu einer Zeit, als ich noch niemanden kannte, war sie an meiner Seite und hatte mir das Leben in einer Großstadt gezeigt. Hatte mich aufgeheitert, mich zum Lachen gebracht und war mit mir herumgefahren. Verli, die eigentlich Verena hieß, war seit Jahren meine beste Freundin und hatte meine Ausschweifungen bei Männern und One-Night-Stands bisher hingenommen und meinen Abenteuern gelauscht, doch heute hatte sie mir mal ihre Meinung gesagt. Zum ersten Mal hatte sie mir richtig vor Augen gehalten, wie erniedrigend meine

Affäre mit Ben war. Wie konnte sie nur? Ich wollte das doch gar nicht hören! Also tat ich das Erstbeste, was mir in den Sinn kam – ich ergriff die Flucht. Kopflos lief ich aus dem Bistro hinaus auf den belebten Gehsteig.

»He! Pass doch auf!«

Ich hörte jemanden rufen und nahm neben mir eine Bewegung wahr, doch es war bereits zu spät. In Sekundenbruchteilen kam ein Schatten auf mich zu, dann knallte es und ich spürte einen stechenden Schmerz in meiner Schulter, während jemand schmerzerfüllt aufschrie. Dann wurde es für einen kurzen Moment schwarz und ich fand mich auf dem Boden liegend wieder.

»Was …?« Ich griff mir stöhnend an den Kopf. Um mich herum waren Menschen, die mich besorgt ansahen. Neben mir nahm ich verschwommen ein Fahrrad wahr, unter dem ein nacktes behaartes Bein mit hochgekrempelter Hose hervorsah. Erst als ich blinzelte, konnte ich erkennen, dass es zu einem schlaksigen jungen Mann gehörte, der ebenfalls am Boden lag und sich an den Kopf griff. Im Gegensatz zu mir hatte ein Helm seinen Aufprall abgefangen.

»Alles in Ordnung mit Ihnen?« Ich hörte eine Stimme neben mir. Ein Mann kniete an meiner Seite und griff mir unter die Arme, um mich abzustützen.

»Holt mal jemand einen Krankenwagen?? Sie blutet!«, schrie ein anderer aufgeregt.

*Was? Wie? Blut?* Ich sah mich verwirrt um. Erst da bemerkte ich, dass meine Hand rot war. Wieder griff ich mir an die Stirn. Sie fühlte sich feucht und warm an.

»Kommen Sie, legen Sie sich hin.«

Nur zu gern folgte ich der Aufforderung, denn ich

fühlte mich ziemlich lädiert. Sanft drückte mich der Mann nach hinten und bettete vorsichtig meinen Kopf auf seine Jacke, die er zusammengerollt auf den Boden gelegt hatte. Immer noch war ich stumm vor Schreck. Aus dem Augenwinkel erkannte ich, dass der Typ mit dem Fahrrad bereits stand. Er schien unverletzt zu sein.

»Sie lief mir einfach vor mein Rad! Ich konnte nicht ausweichen!«, beteuerte er gegenüber den schaulustigen Passanten und gestikulierte wild, während ihm ein Mann beruhigend auf die Schulter klopfte und zustimmend nickte.

*Was hab ich getan?* Mein Kopf fühlte sich leer an. Irgendwie hatte ich einen Filmriss und die Stimmen und Geräusche um mich herum wirkten, als hätte man mich in Watte gepackt. Mittlerweile waren immer mehr Schaulustige gekommen und hatten einen Ring um mich und meinem Ersthelfer gebildet. Zig Blicke starrten auf mich und ich fühlte mich völlig schutzlos. Verletzlich. *Auch das noch …* Innerhalb von fünf Minuten von gescholten und beleidigt zu verletzlich und schutzlos, das schaffte auch nur ich. *Absolut toll gemacht, Laura,* sagte ich mir und schloss kraftlos die Augen.

»He, alles klar? Augen auf!«, forderte mich der Mann neben mir auf und tätschelte meine Wange. »Die Rettung ist schon unterwegs.«

»Hm.« Ich stöhnte müde. Mein Kopf brummte so schrecklich und jeder Atemzug erforderte größte Anstrengung. Rettung? Scheiße. Das klang nicht gut.

Plötzlich wurde mir übel, richtig übel, und ich kotzte mein vorhin gegessenes Baguette neben mir auf den Gehsteig, zum Teil auf die Jacke des Mannes, der sich so nett um mich kümmerte. Was für ein beschissener Tag …

## 3.

Das Wochenende war absolut geil verlaufen, denn Ben und ich waren zwei Tage lang völlig ungestört. Das gab es in den vergangenen sechs Monaten bisher noch nie! Üblicherweise trafen wir uns nämlich nur für eine Stunde, um mal schnell Sex zu haben. In der restlichen Zeit schrieben wir uns Nachrichten, machten uns mit anzüglichen Bemerkungen geil und aktivierten unser Kopfkino, bis wir uns beim nächsten geheimen Treffen wiedersahen und er mich rasch und heftig mit kurzen Stößen lieben konnte.

Dass Ben zu mir in die Wohnung kam, das gab es im letzten halben Jahr bisher nur zweimal. Da allerdings auch nur für maximal zwei, vielleicht drei Stunden, ehe er wieder in sein trautes Heim zu Frau und Kind musste, damit niemand Verdacht schöpfte. An diesem vergangenen Wochenende jedoch hatte er massig Zeit und wir verbrachten zum ersten Mal auch die Nacht zusammen. Und es war toll! Wir schliefen samstags nackt nebeneinander ein und wachten sonntags nackt nebeneinander auf. Kaum hatten wir die Augen geöffnet, lag er schon wieder auf mir und zeigte mir, dass er auch am Morgen fit sein konnte. Und unersättlich. *Grrrrr.*

Bei diesem Gedanken schnurrte es leise in meiner Kehle und ich fühlte die Erregung zwischen meinen Beinen, doch ich wurde schnell auf den Boden der Tatsachen zurückgeholt. Ein Arzt stellte sich mit ernster Miene neben mein Krankenbett, in dem ich mich nach dem folgenschweren Zusammenstoß und einer rasanten Fahrt mit Blaulicht und Folgehorn quer durch die Stadt befand, und holte mich aus meinen Tagträumen. Ich war in der Ambulanz des Unfallkrankenhauses gelandet und sollte nun erfahren, welche Schäden ich von diesem kopflosen tollpatschigen Crash auf dem Gehsteig davongetragen hatte, der scheinbar zum Teil auch ein Radweg war, was ich während meiner Flucht überhaupt nicht bedacht hatte.

»Frau Gruber, wie geht es Ihnen?«

»Hm«, brummte ich. Dann stöhnte ich schmerzerfüllt und schloss die Augen. Mein Schädel fühlte sich an, als könnte er jeden Moment platzen, und die Wunde an der Stirn begann zu brennen und ziehen. Von dem Schmerzmittel, das ich per Infusion bekommen hatte, spürte ich nicht viel, was meine Laune nicht gerade verbesserte.

Da der Arzt mich immer noch erwartungsvoll ansah und wohl auf eine Antwort wartete, krächzte ich: »Mir geht's beschissen.«

Ich sah, wie er nickte. Dann erklärte er mir, dass ich mir zwar nichts gebrochen, jedoch einige Prellungen und zudem eine Gehirnerschütterung hätte. »Für heute bleiben sie noch hier. Morgen können Sie in häusliche Pflege entlassen werden.«

»Wie? Hierbleiben? Ich? Hier?« Oh Gott! Ich dachte in diesem Moment, mein Kopf hätte doch etwas Heftiges abgekommen, denn ich konnte kaum einen geraden Satz formulieren.

»Ja, zur Beobachtung. Morgen sind Sie bestimmt etwas wacher und ihr Kopf wird auch nicht mehr so schmerzen«, versicherte mir der Arzt, ehe er meine Hand drückte, die zerstochen von einer Infusionsnadel neben mir auf dem Laken lag, und sich dann grüßend abwandte.

Ich blieb allein zurück, bis mich ein Zivildiener aus dem

Raum schob und mit dem Lift nach oben auf eine Station brachte. Viel bekam ich nicht mit, da ich die Augen geschlossen hielt und so tat, als wäre ich bewusstlos. Das machte das alles irgendwie dramatischer, fand ich. Außerdem ärgerte ich mich über mein kopfloses Verhalten und schämte mich wahnsinnig dafür. Das konnte ja wohl nur mir passieren, vor ein Fahrrad zu laufen!

Im Zimmer angekommen empfing mich eine Krankenschwester. Sie zeigte mir, wo ich den Fernseher anmachen und nach einer Schwester klingeln konnte. Dann legte sie mir meine Handtasche auf den Nachttisch und meine Klamotten in einen schmalen Schrank an der Wand gegenüber dem Fenster. Das einzige, was mir blieb, war mein geschundener, schmerzender Körper, der in ein steifes Krankenhausnachthemd gesteckt worden war. Soweit ich fühlen konnte, trug ich nicht einmal eine Unterhose, sondern ein unglaublich abtörnendes Netzhöschen. Was für eine beschämende Situation … und das nur wegen dieses blöden Gespräches mit Verli!

»Sie haben Glück. Das Zimmer ist momentan leer.« Die Krankenschwester lenkte meine Aufmerksamkeit auf sich und deutete mit einem Blick auf die verwaisten Betten.

»Schön«, murmelte ich und war darüber erleichtert, meine Ruhe zu haben. Ich hasste es, mit fremden Menschen in einem Raum schlafen zu müssen.

»Diesen Luxus hätten Sie sonst nur als Klasse-Patient«, zwinkerte sie mir zu. »Ich lasse Sie jetzt allein. Wenn etwas ist«, sie wies auf die Fernbedienung mit dem Rufknopf, die über meinem Kopf baumelte, »einfach klingeln.« Wieder zwinkerte sie und verließ den Raum.

Als ich endlich alleine war, seufzte ich und sah mich um. Vorsichtig richtete ich mich auf, doch meine schmer-

zende Schulter ließ mich sofort wieder aufgeben. Also drückte ich Knöpfe auf der Fernbedienung und fuhr den Rückenteil des Bettes ein wenig hoch. Dann griff ich nach der Handtasche und kramte nach meinem Handy. Ich wollte irgendjemanden anrufen, schließlich musste mich morgen wer holen und nach Hause bringen. Und vorher brauchte ich frisches Gewand zum Anziehen. Verli fiel mir ein. Bestimmt hatte sie von dem Aufruhr vor dem Bistro gar nichts mitbekommen. Es ging schließlich alles so schnell, dann kam auch schon der Krankenwagen und ich war benommen und vollgekotzt abtransportiert worden ...
Ich hielt kurz inne. Sollte ich nicht sauer auf sie sein? Ich dachte kurz nach und kam zu dem Entschluss, dass Freundinnen doch genau dafür da waren, ihre Meinung zu sagen, oder? Dass mir ihre Meinung nicht gefiel, das musste doch klar sein, immerhin mochte ich Ben sehr gern. Ich genoss die Zeit mit ihm und hatte bestimmt nicht vor, sie zu beenden, nur weil gewisse Menschen eine Affäre moralisch verwerflich fanden! Ich fand, Verlis Meinung zu meinem Liebesleben war in diesem Moment nebensächlich. Ich brauchte sie, also schob ich trotzend meine Unterlippe vor und wählte entschlossen ihre Nummer. Kurz darauf läutete es und es wurde abgehoben.

»Jaaaa?«

»Verli? Hi, ich bin's!« Ich versuchte normal zu klingen, auch wenn ich mich ziemlich kaputt fühlte.

»Na, hast du dich wieder beruhigt?« Verlis Stimme klang abweisend.

Ich schwieg. Ihre Zurechtweisung hatte ich noch immer nicht verziehen, doch ich wusste nicht, wen ich sonst anrufen sollte. Ich hatte kaum Freunde hier in der Stadt.

Außer zu Ben, Verli und meinen Arbeitskollegen hielt ich nicht wirklich viele Kontakte. 249 Facebook-Freunde zählten wohl nicht zu einem guten sozialen Umfeld.

»Hallo? Bist du noch da?«

»Äh, ja, du … ich … ich bin im Krankenhaus. Ich …«

»WAS?«, schrie es aus meinem Handy und ich hielt es vom Ohr weg. Lärm vertrug mein lädierter Schädel gar nicht, bemerkte ich schmerzvoll.

»Ich liege im Krankenhaus«, wiederholte ich und griff mir vorsichtig mit ziehender Schulter an meinen pochenden Kopf. »Ich bin vor ein Fahrrad gelaufen.«

»Vor ein WAS?? Ist dir was passiert?«

»Halb so wild«, beschwichtigte ich. »Ich soll heute noch hierbleiben. Hab wohl eine Gehirnerschütterung.«

»Ach du Scheiße.«

»Naja, hätte schlimmer kommen können.«

»Ist der Radfahrer auch verletzt?«

*Der Radfahrer?* Hm, ich wusste es gar nicht, musste ich zugeben. Das einzige, woran ich mich erinnern konnte, war, dass er gestanden war und wohl ganz fit schien. Vielleicht etwas zerstreut und geschockt, aber im Großen und Ganzen schien er unversehrt. »Ich glaub, ihm geht's gut.«

»Wo bist du? Soll ich zu dir kommen? Brauchst du was?«

»Ja, frisches Gewand. Für morgen. Zum Heimgehen.« Wieder sprach ich abgehackt. Vielleicht sollte ich den Arzt fragen, ob in meinem Kopf noch alles in Ordnung war. Nicht, dass ich in Zukunft immer so unvollständig sprach. Gerade Ben gegenüber, der beruflich viel mit Schriftverkehr zu tun hatte und sehr intelligent war, wäre es mehr als peinlich, wenn ich nicht mehr alle Tassen im Schrank hätte. »Kannst du mir morgen früh was zum Anziehen bringen und mich nach Hause fahren?«, versuchte ich mein Anliegen ausführlicher zu formulieren. »Ich bin im Unfallkrankenhaus«, fügte ich erklärend hinzu.

»Klar, ich frag mal meinen Chef, ob ich später anfangen kann. Meld dich, wenn du noch was brauchst.«

»Mach ich«, murmelte ich und fügte ein leises »Danke« hinzu, ehe ich auflegte. Somit war Anruf Nummer 1 erledigt, dem ein Telefonat mit meinem Chef folgte. Er war nicht begeistert davon, dass ich für unbestimmte Zeit ausfallen würde, doch er musste es hinnehmen. Da ich Ben nicht anrufen konnte, begann ich, eine Nachricht auf WhatsApp zu tippen.

*Bin im Krankenhaus. Wurde von einem Fahrrad niedergefahren.*

Dann wartete ich, bis sich das kleine graue Häkchen neben der Nachricht verdoppelte, was hieß, dass mein Geschreibsel auf sein Handy übermittelt wurde. Kurz darauf waren beide Häkchen blau. Er war also online. Mein Herz machte einen kleinen Hüpfer.

*Das heißt, du kommst heute nicht vorbei?*

Mit offenem Mund starrte ich auf den Text. Ich hatte erwartet, dass er mir sorgenvoll schrieb, ob alles in Ordnung sei und ob es mir gut ginge. Stattdessen nur seine Sorge, dass ich heute nicht zu ihm zur Arbeit kommen könne?? War das sein Ernst??

*Nein, hab eine Gehirnerschütterung. Muss bis morgen dableiben,* tippte ich umständlich mit schmerzender Schulter und brummendem Schädel.

*Okay. Dann gute Besserung. Hätte mich gefreut.*

*Oh, das glaub ich dir, dass du dich gefreut hättest*, dachte ich wütend, denn auch wenn wir es bestimmt fünfmal an diesem Wochenende getrieben hatten, so war er doch unersättlich. Ben konnte mehrmals am Tag Sex haben, ohne genug zu bekommen!

*Sorry, geht leider nicht anders*, schrieb ich entschuldigend zurück. Kurz, nachdem ich den Text gesendet hatte, hätte ich mir jedoch in den Arsch beißen können. Wieso entschuldigte ich mich? Hallo?! Ich war verletzt im Krankenhaus! War es da nicht verständlich, dass es vielleicht nicht möglich war, dass ich zum Feierabendfick vorbeikam??

*Kannst ja nichts dafür, schrieb er kurz darauf zurück. Werd später am Klo an dich denken ;)*

*Ha ha*, äffte ich und stellte mir vor, wie er sich aufs Firmen-WC zurückzog und sich einen runterholte, während er an mich dachte. *Mir wäre es anders lieber*, fügte ich hinzu.

Ich wartete dann fünf Minuten, doch es kam keine Nachricht mehr. Sein Status blieb offline. Ich sah auf die Uhr. Es war halb vier Uhr nachmittags. In einer Stunde hätte ich mich auf den Weg zu seiner Firmenzentrale gemacht, wo er in der Verwaltung angestellt war. Wir trafen uns gelegentlich in einem ehemaligen Ruheraum, der nur noch als Abstellkammer genutzt wurde und in dem noch ein altes, etwas staubiges Bett stand. Der hintere ältere Verwaltungstrakt war für mich als Firmenfremde leicht zugänglich, ohne von jemandem gesehen zu werden. An einer selten genutzten Tür ließ Ben mich dann für gewöhnlich in das Gebäude, wo wir dann eine Stunde Zeit hatten, um Sex zu haben, ehe er wieder in sein Büro musste, um mit seiner Zeitkarte auszuchecken. So fiel niemandem auf, dass er eine Liebschaft hatte, denn offiziell war er immer bis zum Arbeitsende im Büro. Diese Sextreffen gingen sich manchmal nur einmal in der Woche aus, hin und wieder jedoch auch zwei oder drei Mal. Je nachdem, wie mein eigener Arbeitsplan aussah und wann ich selbst Schluss machen konnte.

Eine Viertelstunde war seit meiner letzten Nachricht vergangen. Ben war immer noch offline und schrieb nicht zurück. Genervt warf ich das Handy auf den Nachttisch und ließ den Kopf aufs Kissen sinken. Mein Schädel pochte trotz Schmerzmittel immer noch und ich war furchtbar müde. Also schloss ich die Augen und versuchte, den Schmerz auszublenden.

Ich musste wohl eingeschlafen sein. Bestimmt träumte ich, denn plötzlich fühlte ich etwas an meinen Lippen. Ein vorsichtiger Kuss, der mich mit unglaublich viel Zärtlichkeit berührte, als würde mich ein Schmetterling mit seinem Flügelschlag streicheln. Ich roch einen wundervollen Duft und musste sofort an Ben denken, wie er mich vor nicht einmal 24 Stunden noch berührt, gestreichelt und hemmungslos geliebt hatte. »Hmm«, murmelte ich und ein wohliges Schnurren entkam meiner Kehle.

»So schlimm kannst du nicht verletzt sein, wenn dich das schon geil macht«, hörte ich plötzlich Bens Stimme. Erschrocken öffnete ich die Augen und sah mich seinem durchdringenden Blick nur wenige Zentimeter gegenüber. Seine Nasenspitze berührte für einen Moment meine, ehe er sich aufrichtete und mich schelmisch angrinste.

Ich lag seitlich im Bett auf meiner unverletzten Schulter und starrte verwirrt zu ihm hoch, dann drehte ich mich vorsichtig auf den Rücken. Immer noch war mein überraschter Blick auf ihn gerichtet. »Was machst du denn hier?«, krächzte ich etwas benommen und erstaunt.

»Dich besuchen«, erklärte Ben belustigt. »Hier, ich hab dir eine Kleinigkeit mitgebracht.« Er hob eine Plastiktüte hoch und kramte eine Packung Orangensaft, Schokobons und Kekse hervor, die er auf meinem Nachttisch drapierte.

»Aber wie … woher …«, stammelte ich.

»Ich hab beim Portier angerufen. Hat nur zwei Minuten gedauert, bis ich wusste, in welchem Zimmer du liegst. Wenn du nicht zu mir kommen kannst, dann komme ich halt zu dir.« Er sah auf die Uhr. »Eine halbe Stunde hab ich noch Zeit.« Erwartungsvoll grinste er mich an und lockerte neckisch seine Krawatte, während er mir zuzwinkerte.

»Ist das dein Ernst? Bist du wegen mir gekommen oder weil du ficken willst?« Ich fühlte, wie mein Puls raste. Ob vor Erregung oder Empörung, das wusste ich in diesem Moment nicht recht zuzuordnen.

»Na, wegen dir natürlich.« Er ließ die Arme lachend sinken und setzte sich an mein Bett. Dann strich er über mein zerschundenes Gesicht und besah sich die Wunden. »Was hast du bloß angestellt?«

»Du willst die Details nicht wissen«, winkte ich ab.

»Lass mich raten, du warst noch so geil und erregt vom Wochenende, dass du nur noch an mich dachtest und dabei nicht auf den Verkehr geachtet hast.« Wieder grinste er.

»So ungefähr«, gab ich ihm recht. Er musste schließlich nicht alles wissen.

»Wie lange musst du bleiben?«, fragte er und legte seine Hand auf meine Hüfte.

»Bis morgen. Verli holt mich ab«, erklärte ich und genoss mit klopfendem Herzen seine Berührung.

»Und dann?«

»Was und dann?«

»Arbeiten wirst wohl länger nicht können, oder?«

»Weiß nicht. Erstmal wohl nicht.«

»Schade«, meinte er und ich ahnte, worauf er hinauswollte.

»Du kannst ja zu mir kommen«, schlug ich hoffnungsvoll vor, doch er schüttelte den Kopf.

»Wird sich wohl nicht ausgehen. Ich kann den Rest der Woche nicht früher weg.«

»Oh, schade«, murmelte ich und nahm seine Hand. Schweigend starrten wir auf unsere engumschlungenen Finger und sagten nichts. Ich ahnte, dass ich ihn wohl erst wiedersehen würde, wenn ich wieder fit und mobil war und den Krankenstand hinter mir gelassen hatte.

Nach ein paar schweigsamen Minuten räusperte sich Ben. »Ich muss dann mal.« Bedauernd sah er auf die Uhr, ehe er sich zu mir beugte. »Ich schreib dir, sobald ich kann, okay?«

Ich nickte, roch seine Haut und fühlte seinen Kuss, der zuerst zaghaft war und schließlich stürmisch wurde. Das Pochen in meinem Schädel und der stechende Schmerz in der Schulter waren für einen Moment vergessen – ich fühlte nur seine Zunge in mir und seine Hand an meiner Hüfte. Ich spürte, wie mir zwischen den Beinen heiß wurde, und zog Ben erregt an mich. »Du bist so geil«, flüsterte ich atemlos mit seiner Zunge zwischen meinen Lippen.

»Du machst mich so geil«, erwiderte Ben und schob seine Hand unter die Decke, um sich langsam zwischen meine Beine zu tasten.

Lustvoll stöhnte ich und wand ihm meine Hüften entgegen, bis ein plötzlicher Schmerz meine Schulter durchfuhr. »Ahh!«, schrie ich auf und griff mit der unverletzten Hand auf die pochende Stelle. In all der Lust und dem Eifer hatte ich nicht achtgegeben und den Arm zu heftig bewegt. Ben schreckte zurück und sah mich entschuldigend an.

»Hab ich dir wehgetan?«, fragte er besorgte.

Ich winkte ab. »Nein, meine Schuld. Hab nicht aufgepasst«, erwiderte ich und presste die Zähne zusammen, bis der Schmerz nachließ. Die Geilheit war verflogen. Ich fühlte nur noch meine pochenden, schmerzenden Körperstellen.

»Es tut mir leid … Ich hätte nicht …«, stammelte Ben und sah auf die Uhr. »Ich muss jetzt echt gehen. Gute Besserung.«

Er gab mir noch einen flüchtigen Kuss auf meine Lippen, dann erhob er sich und zog sein Jackett an, ehe er zur Tür eilte. Kurz bevor er sie öffnete, drehte er sich noch einmal zu mir um. »Werd rasch wieder fit«, sagte er leise und zwinkerte mir mit einem Lächeln zu. »Ich brauch dich noch«, fügte er bedeutungsschwer hinzu. Dann ging er.

Ich hatte kein Wort gesagt, sondern lag immer noch im Bett und hielt meine Schulter. Es war alles so schnell gegangen. Der Kuss, die plötzliche Erregung, dann der Schmerz … und jetzt war Ben weg. Ich fühlte mich so unendlich einsam, traurig und im Stich gelassen. Und zum ersten Mal seit langem sehnte ich mich nach einem Mann, der in solch einer Situation unendlich viel Zeit hatte, um bei mir zu bleiben. Jemand, der nicht die Uhr im Blick halten musste, sondern sich voll und ganz auf mich einlassen konnte. Jemand, für den ich mehr war als nur die geile junge Affäre.

## 4.

*Klopf. Klopf.*
Es war jemand an der Tür. Ben war erst wenige Minuten weg. Oder länger? Ich war mir nicht sicher, ob ich nicht vielleicht ein wenig gedöst hatte. Auf jeden Fall klopfte es und nun öffnete sich die Tür. Ich hörte ein leises Räuspern, ehe jemand meinen Namen zaghaft flüsterte.
»Laura?«
Schläfrig blinzelte ich und sah einen schlaksigen Typen hereinkommen. Er hatte blonde halblange Haare, die bis zu den Schultern reichten und ungepflegt wirkten. In den Händen hielt er einen Strauß armseliger Blumen, die aussahen, als wären sie im Straßengraben gepflückt worden.
»Hm?«, brummte ich und hoffte, der Typ hätte sich an der Tür geirrt und würde wieder abhauen. Ich kannte ihn nicht, was wollte er also von mir? Ich schloss wieder die Augen, denn wenn ich schlief, waren die Kopfschmerzen erträglich und ich fühlte meine Prellungen nicht. Doch der Kerl machte keine Anstalten, zu gehen. Ich spürte förmlich, wie er noch immer mit dem zerrupften Grünzeug in der Hand in der Nähe meiner nackten Füße stand, die unter der Decke hervorlugten.
»Ich ...«, stammelte der Typ mit unsicherer Stimme, »... ich bin Gilbert. Ich ... wir ... der Unfall.«
Dann dämmerte es mir endlich. Der Kerl war der Radfahrer! Ich öffnete die Augen und hob mühsam den Kopf um ihn anzusehen. Jetzt endlich konnte ich ihn

wiedererkennen. »Ohh. Hi.« Zu mehr schien mein Mund nicht fähig zu sein. Was sollte man zu jemandem sagen, mit dem man einen Unfall hatte?

Noch immer zupfte der Kerl nervös an dem Strauß in seiner Hand. Schließlich hielt er ihn mir entgegen. »Ich wollte dir das hier vorbeibringen und fragen, wie es dir geht?«

»Danke«, sagte ich nur und ließ mich wieder zurücksinken. »Du kannst sie dorthin legen.« Ich zeigte auf den Tisch am Fenster. Ich hatte kaum Hoffnung, die Blumen mit Wasser noch halbwegs ansehnlich hinzubekommen. Wäre besser gewesen, er hätte schöne Tulpen mitgenommen. Oder Schokolade.

»Ich heiße Gilbert«, wiederholt der Kerl, nachdem er die Blumen auf den Tisch gelegt hatte und mit seiner schmalen Hose zu mir gestakst war, und hielt mir seine Hand hin. Er schien sich zu bemühen, mutig zu klingen, doch die Unsicherheit kam in seiner Stimme noch immer durch.

Ich schüttelte seine lasche Hand und sah mir seine Erscheinung genauer an. Er war ein schmaler langer Mann mit enger Stoffhose, einem T-Shirt mit der Aufschrift »Wir sind Natur« und eben diesen langen Haaren. Am Kinn stand ein kleines blondes Bärtchen, das ihm mit seinen engstehenden blaugrünen Augen irgendwie das Aussehen einer Ziege verlieh. Hätte er jetzt leise *Määhh* gerufen, hätte es mich nicht gewundert …

»Tut mir leid, dass das heute so blöd gelaufen ist.« Gilbert blieb neben meinem Bett stehen, steckte die Hände in die Hosentasche und sah mich an. »Ich hatte echt keine Chance, auszuweichen. Du bist mir voll vors Rad gelaufen.«

Jetzt wirkte er wie ein begossener Pudel, kam es mir in den Sinn und ich musste ein Grinsen unterdrücken. Ziege, Pudel, was kam als Nächstes? »Schon gut«, sagte ich stattdessen. »War ja meine Schuld. Ich hab nicht aufgepasst.«

Gilbert schien nach diesem Satz ein wenig erleichtert. Er atmete tief aus und lächelte nun ein wenig. »Und? Hast du dir schlimm wehgetan?«

»Halb so wild«, winkte ich ab. »Gehirnerschütterung, Prellung, … aber ich lebe.« Aufmunternd grinste ich ihn an. Seine Anspannung war bis hierher spürbar. »Morgen darf ich heim.«

»Keine Folgeschäden?« Gilbert sah mich besorgt an. Noch immer hielt er die Hände in den Hosentaschen versteckt und hatte die Schultern hochgezogen.

»Nein, ich denke nicht«, antwortete ich und lachte leise. So schnell würde ich mich nicht unterkriegen lassen. »Und bei dir? Hast du dir wehgetan?«, versuchte ich von mir abzulenken.

»Oh, nur eine kleine Schürfwunde.« Er zeigte auf sein Knie, das vom Hosenstoff verdeckt war. »Halb so wild.«

»Gut«, sagte ich.

»Ja«, erwiderte er. Dann starrten wir beide im Zimmer herum. Es war still. Durch die massive Tür drangen kaum Geräusche vom Gang herein und ich konnte meinen eigenen Atem hören. *Na toll, und jetzt?*

»Du bist also Gilbert«, sagte ich schließlich und der Typ nickte. »Bist du von hier?«

»Ja, bin hier aufgewachsen.«

Wieder Stille.

»Und? Was machst du so?«, versuchte ich erneut eine Konversation zu starten. Wenn er schon da war, dann konnten wir uns auch unterhalten, fand ich. Außerdem war ich interessiert daran, was er so machte. Ich hatte nämlich durch seine Erscheinung schon ein ziemlich ausgeprägtes Bild in meinem Kopf. Bestimmt war er voll der Freak. Ein richtiger Öko-Freak!

»Ich arbeite als Fahrradkurier.«

*Na klar, was denn sonst,* ging es mir durch den Kopf. »Ah, deshalb warst du mit dem Rad unterwegs«, folgerte ich und biss mir kurz darauf auf die Zunge. *Ganz schlau, Laura! Gut kombiniert!*

»Ja. Seit drei Jahren mach ich das. Ich fahre gern mit dem Rad. Da dachte ich, ich verbinde das mit meinem Beruf.« Gilbert grinste. Er schien tatsächlich stolz darauf zu sein, dass er Fahrradkurier war. Irgendwie, es passte ja auch. *Wir sind Natur, oder? Yeah …* Mein gedanklicher Sarkasmus lieferte sich einen Schlagabtausch mit meiner Vernunft. Diese sagte nämlich: *Immer schön freundlich bleiben!*

»Hört sich spannend an. Hoffe, dein Rad ist jetzt nicht kaputt«, versuchte ich ein Gespräch am Leben zu erhalten. Es war echt schwer, die Situation nicht noch unangenehmer werden zu lassen.

Gilbert winkte ab. »Nein, nichts passiert. Das ist ein robustes Rad aus Bambus. Das hat nicht mal einen Kratzer abbekommen«, erklärte er stolz.

*Bambus? Ja klar. Warum denn nicht. Wir sind schließlich Natur!* Wieder presste ich meine Zähne zusammen. Mein Sarkasmus im Kopf spielte verrückt und ich war kurz davor, loszulachen. »Du hast ein Rad aus Bambus?«

»Ja, hat zwar einiges gekostet, ist aber umweltschonend hergestellt.« Er grinste mich an. »Bambus ist ein genialer Stoff, der viele Dinge aus Plastik ersetzen kann. Leider setzt es sich am Markt nicht so durch.«

Ich merkte, dass ich scheinbar eine Quelle angezapft hatte. Aus Gilberts Mund sprudelte nämlich eine endlose Erklärung über die Vorzüge von Bambus. Je mehr er mir von diesem rasch nachwachsenden Rohstoff berichtete, desto schrecklicher wurde das Pochen in meinem Schädel, doch ich schaffte es nicht, ihn zu unterbrechen. Also lag ich nur da, grinste dämlich und nickte hin und wieder bestätigend. Manchmal entkam mir ein »Wie interessant.« Ob von meinem Sarkasmus oder von meiner freundlichen Vernunft gesendet, wusste ich nicht.

»Wusstest du, dass es 1894 in San Francisco den vermutlich ersten Fahrradtransport gab?«

»Nein!« Ich riss überrascht die Augen auf und legte theatralisch die Hand auf meine Brust. Gilbert schien meine gespielte Verwunderung nicht zu bemerken, sondern fuhr unbeirrt los, begeistert über die Anfänge der Fahrradkuriere zu erzählen. Mittlerweile hatte er sich sogar auf das Nachbarbett gesetzt, das verwaist mit frischem Laken neben meinem stand.

»Da gab es einen sogenannten Pullman Rail Strike, also einen Eisenbahnerstreik, weshalb keine Postsendungen ausgeliefert werden konnten. Ein Fahrradhersteller hatte dann die Idee, die betroffene Eisenbahnstrecke in acht Bereiche einzuteilen und diese von Kurieren befahren zu lassen.«

»Aha.«

»Interessant, nicht?« Gilbert sah mich grinsend an. Eine blonde dünne Strähne hing über seinem Auge, die er mit einer raschen Handbewegung hinter sein Ohr schob. Wieder wirkte er auf mich wie eine Ziege, die einen ansah, in der Hoffnung auf etwas Gras.

»Voll interessant«, bestätigte ich und grinste zurück.

*Ach du Scheiße, wie werde ich den bloß wieder los?* Hätte ich doch nicht gefragt und die Klappe gehalten, dann wäre er wieder gegangen!

»In Deutschland gab es den ersten Fahrradkurierdienst seit 1910«, fuhr er fort und schien ernsthaft stolz darauf zu sein, mich an seinem Wissen teilhaben lassen zu können.

*Ach du Scheiße,* wiederholte ich in Gedanken. *Was mache ich jetzt nur?*

»Ich weiß gar nicht, seit wann es die in Österreich gibt«, bemerkte er und wirkte etwas bestürzt. Nachdenklich legte er einen Finger auf den Mund und schien nachzudenken, bis plötzlich lautes Vogelgezwitscher zu hören war.

Verwirrt sah ich mich um.

»Ohh, sorry«, meinte Gilbert und holte ein Handy aus seiner Hosentasche, das nun noch lauter zwitscherte. Er wischte über das Display und hielt es ans Ohr. »Hallo Mama.«

Mich wunderte gar nichts mehr. All das, die Erscheinung, das Ökogerede und jetzt dieser Anruf – all das passte wie die Faust aufs Auge. Der Kerl war öko bis zum Gehtnichtmehr. Oder eben alternativ, wie auch immer man das nennen mag. *Hippie* kam mir noch in den Sinn, während ich Gilbert betrachtete, der mit seiner Mutter telefonierte. Allerdings so leise, dass ich kaum etwas verstand. Irgendwie übertönte das Brummen in meinem Schädel gewisse Geräusche, bemerkte ich und rieb mir erschöpft die Augen.

»Sorry, das war meine Mutter«, erklärte Gilbert, nachdem er aufgelegt hatte und das Handy entschuldigend in die Hosentasche zurückschob.

*Nein! Echt jetzt? Hätte ich gar nicht bemerkt!* »Schon gut«, sagte ich und musste ein Gähnen unterdrücken. Ich war plötzlich furchtbar müde.

Gilbert schien das zu bemerken. Er stand auf und steckte seine Hände wieder in die Hosentaschen. »Ich glaub, ich geh dann mal. Du siehst echt fertig aus.« Dann zeigte er auf mein Gesicht. »Ich schätze, da kommt noch ein fettes blaues Auge.« Mitleidig sah er mich an.

»Ich wollte schon immer blaue Augen«, erwiderte ich tapfer und setzte ein Grinsen auf. In Gedanken sah ich mich schon die nächsten Tage zuhause in meinen vier Wänden – mutterseelenallein, zerschunden und obendrein mit blauem Auge. Na toll.

»Laura, ich wünsch dir gute Besserung.« Gilbert hielt mir seine Hand hin, die ich entkräftet schüttelte. »Vielleicht sieht man sich ja wieder mal.«

*Ja, bestimmt. Ha ha. Hoffentlich nicht.* »Ja, vielleicht«, erwiderte ich stattdessen laut und ignorierte meine innere Stimme. »Mach's gut«, rief ich ihm noch hinterher, ehe Gilbert die Tür hinter sich schloss.

Ich war wieder allein. Das war's. Er war weg. Endlich! Ich atmete erleichtert aus und ließ mich entspannt in das Kissen sinken.

In dieser Nacht träumte ich von Öko-Tanten, fliegenden Birkenstock-Sandalen und einem Fahrradkurier mit grüner Kappe und wehenden Haaren. Ob es Gilbert war, der mir ständig hinterherradelte, das konnte ich nicht mit Sicherheit sagen, doch ich wusste mit Gewissheit: Nie, NIE wollte ich so werden wie Gilbert und all die anderen Öko-Hippie-Leute. Das war ja nur peinlich!

# 5.

Wie versprochen holte mich Verli am nächsten Tag ab. Sie hatte eine kleine Tasche mit frischem Gewand mit, in die sie dann meine Sachen vom Vortag packte, nicht, ohne mich ständig von der Seite anzusehen und einerseits zu grinsen und andererseits mitleidig zu schauen. Ich hatte nämlich ein ziemliches Veilchen am Auge. Wegschminken war zwecklos.

»Schön, dass du dich so amüsierst«, murmelte ich genervt, während ich mir die frische Hose anzog.

»Ach Süße, hab dich doch nicht so.« Verli berührte mich entschuldigend am Arm, ehe sie den Reißverschluss der Tasche schloss. »Ich hab dich noch nie so verdammt fertig gesehen, aber ich bin froh, dass nichts Schlimmeres passiert ist.« Sie zwinkerte.

»Ha ha. Was glaubst du, wie schlecht ich letzte Nacht geschlafen habe! Ich bin so froh, wenn ich endlich zuhause bin.«

Verli nickte zustimmend. »Das glaub ich dir.« Dann sah sie sich im Zimmer um und nahm die Tasche. »Haben wir alles?«

Ich nickte, schnappte meine Handtasche und folgte ihr aus der Tür. Ich wollte nur noch raus hier. Mir tat alles weh, Ben war in der Arbeit und ich war schlecht gelaunt. Was sollte ich in den nächsten Tagen bloß machen, außer gelangweilt zuhause herumzusitzen? Zu arbeiten war mit dieser geprellten Schulter und der Gehirnerschütterung nicht möglich. Nicht zu arbeiten hieß jedoch auch, nicht unterwegs sein zu dürfen, schließlich war man ja im Krankenstand. Und Ben konnte nicht einfach so zu mir kommen ... Verdammt!

Während wir durch die langen Gänge des Krankenhauses zum Portier gingen, sprachen wir kaum. Dabei hatte ich Verli noch nicht einmal von Gilbert erzählt! Diesem komischen Vogel mit den langen Haaren ... Wieder musste ich an meinen Traum denken. Ein Schauer lief über meinen Rücken beim Gedanken daran, dass diese Öko-Leute tatsächlich glücklich sein konnten. Mir kam das Leben eines bewusst ökologisch lebenden Menschen sehr aufwändig und kompliziert vor. Musste da nicht jeder Einkauf genauestens unter die Lupe genommen werden? Alles, was man im täglichen Leben so brauchte? Der Strom aus der Steckdose, der Sprit im Auto, ... was konnte man noch mit ruhigem Gewissen nutzen? Das war doch alles viel zu kompliziert und undurchschaubar!

Wieder bekam ich Kopfschmerzen. Ob von meinen Gedanken oder von meiner Gehirnerschütterung, das vermochte ich nicht zu sagen. Zum Glück hatte ich Verli. Sie half mir bei den Entlassungsformularen und trug meine Tasche zum Auto.

Es dauerte, bis wir endlich aus der Parkgarage fuhren und auf dem Weg durch die Stadt in meine Wohnung waren. Verli erzählte unterdessen von ihrem Freund Stefan, der ihr gestern zum Jahrestag Blumen und Pralinen geschenkt hatte. Wie klassisch. Sie war nun schon zwei Jahre mit ihm zusammen, was für mich mit meinen wechselnden Freunden, One-Night-Stands und nun der Affäre eine ziemlich lange Zeit war.

»Soll ich dir noch beim Reintragen helfen?«

Verli war vor dem Wohnhaus, in dem ich seit Jahren

wohnte, stehengeblieben und sah mich mit einem leicht gestressten Ausdruck im Gesicht an. Bestimmt war sie schon in Eile, weil sie zur Arbeit musste.

»Nein, schon gut«, sagte ich deshalb und drückte ihr ein Küsschen auf die Wange. »Ich komm schon klar.« Stöhnend stieg ich aus und nahm meine Tasche vom Rücksitz. Kurz darauf fuhr Verli los und ich blieb allein zurück.

»Guten Morgen, Fräulein Gruber! Waren Sie im Urlaub?«, tönte es plötzlich hinter mir.

*Auch das noch.* Frau Ringelmeier wackelte mit fetten Hüften und einem Megabusen unter ihrem Kittel auf mich zu. *Das hat mir gerade noch gefehlt …*

»Guten Morgen«, erwiderte ich. Ehe ich weiterreden konnte, rief die rundliche alte Dame mit den schneeweißen Haaren spitz auf und schlug sich die Hand vor den Mund, als sie mein Gesicht aus der Nähe zu sehen bekam.

»Jesus Maria«, rief sie entsetzt aus. »Was ist denn mit Ihnen passiert?« Sie wackelte mit ihren dicken Beinen auf mich zu und griff besorgt auf meine Schulter. Ein grausamer Schmerz jagte durch meinen Körper und ich zuckte zusammen. »Oh mein Gott«, rief sie und ließ mich los, um sich theatralisch an ihre füllige Brust zu greifen, so, als würde ihr Herz die Situation nicht mehr lange mitmachen. Bin *ich jetzt schuld, wenn sie hier tot umkippt?*

»Sie sehen ja furchtbar aus!«

*Ach, danke sehr. Gar nicht gewusst!* »Ich hatte einen kleinen Unfall«, erklärte ich knapp und ging mit der Tasche in der rechten Hand zum Haus. Ich hatte überhaupt keine Lust auf ein Gespräch, doch das Schicksal meinte es nicht gut mit mir. Ehe ich die Haustür erreichte, öffnete sie sich und Frau Huber, die andere Dame aus dem Erdgeschoss, stand vor mir. Das war die, die nicht mehr gut gehen konnte und im Gegensatz zu Frau Ringelmeier ein wandelndes Klappergestell war. Was die eine zu viel auf den Rippen hatte, war bei ihr zu wenig. Hin und wieder war ich ja auf ihren BMI neidisch. Die musste sich bestimmt nicht wegen kleiner unliebsamen Rundungen auf Bauch und Hüfte sorgen, denn bei ihr schlotterte sogar die Haut am Arsch, was ich unfreiwillig mal sehen durfte, als ich im Hochsommer bei ihrer offenen Wohnungstür vorbeiging.

»Ahh, Fräulein Gruber, da sind Sie ja! Ich hätte Sie mal bitte kurz im Keller gebraucht. Wissen'S, da ist ...«

»Geh, Berta, lass das Fräulein vorbei. Ihr geht's nicht gut«, ertönte es hinter mir obergescheit.

Ich fühlte mich wie im Schraubstock. Vor mir die Huber, die trotz Brille so schlecht sah, dass sie bestimmt nicht mitbekommen hatte, welch wunderbare Erscheinung ich war. Hinter mir die Ringelmeier, die erklärend und beschützend herbeiwackelte und ihrer Etagennachbarin und jahrzehntelangen Freundin mitteilte, wie mein ehrenwertes Aussehen war – nämlich zerschunden, geschwollen und mit blauem Auge bestückt. Ich zwängte mich vorbei und floh die Stiege hoch, ehe die Damen losschnatterten.

»Ist was Schlimmes passiert?«

»Sollen wir die Polizei rufen? Sind'S überfallen worden?«

Ich sagte nichts sondern eilte weiter nach oben, immer zwei Stufen auf einmal nehmend, was meinem Kopf gar nicht gut tat. Es pochte unangenehm in meinem Schädel wegen der fluchtartigen Anstrengung. Noch ehe ich das Türschloss aufgesperrt hatte, das Verli mit dem Ersatzschlüssel wohl zweimal umgedreht hatte, und ich in die schützende Wohnung fliehen konnte, hörte ich, wie die alten Weiber unten zu tratschen begannen.

»Bestimmt war das dieser Mann vom Wochenende!«

»Ja, das könnte sein! Sie hat ja auch so geschrien am Sonntagmorgen, weißt du noch?«

»Vielleicht hat er sie ja entführt und sie konnte erst heute gerettet werden!« Dazu hörte ich einen theatralischen Aufschrei.

*Oh. Mein. Gott. Das hat mir gerade noch gefehlt …* Wie lange es wohl dauern würde, bis diese verlogene Scheiße in der Wohnanlage die Runde machen würde??

Endlich hatte ich das Schloss aufgesperrt. Ich schlüpfte in den Vorraum und knallte die Tür zu. Mein Herz pochte im Brustkorb im Takt mit meinem Kopf. Ich stellte die Tasche auf den Boden und kramte nach dem Schmerzmittel, das man mir im Krankenhaus mitgegeben hatte. Mit einem Schluck Wasser spülte ich die große Tablette runter und legte mich dann auf die Couch ins Wohnzimmer, wo sich mein Herzschlag langsam beruhigte und wieder im normalen Tempo klopfte. Ich nahm mein Handy und hoffte auf etwas Ablenkung. *Bitte bitte, Ben, hab was geschrieben*, flehte ich innerlich, doch keine neuen Mitteilungen wurden angezeigt. »Na toll.«

Ich schaltete den Fernseher an. Wann hatte ich das zuletzt an einem Wochentag gemacht? Hm. Ich dachte nach. Es war Jahre her. Da gab es noch diese Talkshow-Marathons, daran konnte ich mich noch erinnern. Das war recht unterhaltsam. Um 10 Uhr morgens begann die erste Show und bis zum späten Nachmittag konnte man auf insgesamt drei Sendeplätzen abwechselnd den Leuten zuschauen, wie sie scheinbar endlos zu irgendeinem

Thema diskutierten. Ob es das noch gab? Ich zappte durchs Programm und warf auf dem iPad einen Blick in die Online-Fernsehzeitung. Nichts. Keine Talkshows mehr. Sie waren wohl ausgestorben. Stattdessen fand ich mich in einem seichten Angebot von sinnbefreiten Sendungen über Hartz-IV-Familien, Teenie-Mütter und frauensuchende Bauern wieder. Ich wählte die Bauern. Das schien mir das geringere Übel zu sein.

Gerade stellte sich ein langer schmaler Kerl vor, der auf der Suche nach der großen Liebe war und hoffte, diese über die Sendung zu finden. Er sei Bio-Bauer aus Leidenschaft, erzählte er und hielt dabei eine Ente in der Hand, die ängstlich umherblickte und verschreckt auf seinen Arm schiss, sodass es braun-weiß runtertropfte. *Lecker.* Der Kerl würde bestimmt eine Flut von Bewerbungen erhalten ... Im nächsten Moment sah man ihn, wie er bei einem Grillfest mit Freunden beisammensaß und genüsslich in einen Geflügelhaxen reinbiss. Ob das die Strafe für das Tier war? Ich lachte leise und bekam nun selbst Hunger. Also stand ich auf und sah in den Kühlschrank. Ich fand nicht viel, nur eine Packung Toast, Butter und einen verpackten Schinken, den ich schon länger in der unteren Lade hatte. Ein Blick auf das Datum zeigte jedoch, dass er wohl noch genießbar war.

Mit Teller, Schinkentoast und einer Packung Orangensaft ging ich zurück ins Wohnzimmer. Der nächste Bauer flimmerte über den Bildschirm. Er war ebenfalls Bio-Bauer aus Leidenschaft. Waren denn jetzt alle schon auf diesem Bio-Trip? Während der rundliche Bauer, der mit vor Dreck strotzender Hose und dunkelgrünen Gummistiefel knöcheltief im Schlamm stand, erzählte, dass er 30 Schweine hielt und jedes dieser Viecher einen Namen hatte, biss ich in meinen Toast mit Schweineschinken. Der Bauer erklärte, wie wichtig er den respektvollen Umgang mit den Lebewesen fände und dass er für jedes seiner Tiere eine Verantwortung trage. Sie würden deshalb auch direkt am Hof geschlachtet werden, um einen belastenden Transport zu vermeiden. Man würde es im Fleisch schmecken, wenn die Tiere vor ihrem Tod Angst und Stress gehabt hätten oder eben glücklich von der Schlammmulde raus direkt auf den Haken kamen.

Ich hielt kurz inne und sah auf meinen Toast. Der Schinken glänzte rosa und schmeckte nach … Schinken. Wie schmeckte fröhlicher Schinken und wie ängstlicher? Was hatte ich hier? Ich stand auf und holte die Packung aus dem Kühlschrank. Hm. »*Gluten- und laktosefrei und ohne Geschmacksverstärker. Qualität, die begeistert.*« Das klang ja schon nicht schlecht. Ich drehte die Packung um, um Rückschlüsse über die Herkunft zu erhalten. Nichts. Ich fand nur Hinweise auf den Verpacker. Von wo das Fleisch nun tatsächlich war, war gar nicht angegeben, musste ich feststellen, und war nun so gar nicht begeistert über die Qualität, die auf der Vorderseite angepriesen wurde. Enttäuscht legte ich die Packung zurück in den Kühlschrank und setzte mich wieder vor den Fernseher, wo der nächste Bauer sein Bestes tat, um der Damenwelt vor der Glotze zu gefallen. Dieses Mal war es ein junger hübscher Kerl, der so gar nicht nach Bauer aussah. Er war gut gebaut, braungebrannt und durchtrainiert. Man sah ihn durch die bergige Gegend radeln und eine Felswand hochklettern. Tiere waren weit und breit nicht zu sehen. *Der ist ja schnuckelig*, ging es mir durch den Kopf. Doch dann offenbarte sich seine Tätigkeit – er war Gemüsebauer und belieferte einige Haushalte in seiner Gegend mit einer sogenannten Bio-Kiste. *Schon wieder Bio ...* Langsam fühlte ich mich verfolgt. Irgendwie hörte ich nur noch Bio. War das schon immer so? Oder war es mir bisher nie aufgefallen? Wieder musste ich an die Öko-Tante denken. Bestimmt hatte sie auch so eine Bio-Kiste. Ach nein, bestimmt baute sie das Grünzeug selbst an – mitten in der Stadt auf einer Dachterrasse oder so, mit Kopftuch und dreckigen Händen, um das Gemüse zu pflegen und um es später mit hochwertigem Getreide und Bio-Fleisch zu essen ...

Der Kerl im Fernsehen erweckte wieder meine Aufmerksamkeit. Er erzählte gerade, dass er seit drei Jahren vegan lebe und davor schon 12 Jahre Vegetarier war. Vor einem Jahr hätte er die Landwirtschaft der Eltern übernommen und würde nun mit der regionalen Belieferung der Haushalte dafür sorgen, dass die Menschen hochwertige Lebensmittel bekamen. Er habe auch schon ein kleines Heft drucken lassen mit veganen Rezepten, um es den Leuten zu erleichtern, auf natürliche und pflanzliche Weise zu kochen, wobei er selbst ja sogar Rohkost bevorzugen würde. Ich stutzte. Der letzte Rest vom Schinkentoast blieb mir beinahe im Hals stecken, denn ich hatte vergessen zu kauen, so perplex war ich von diesem Typen. Noch abgedrehter geht es ja wohl nicht, oder? Dabei sah er doch so normal aus! Nix Hippie mit langen Haaren und schlaksigem Körper. Hätte ich ihn in einem Club getroffen, hätte ich nie im Leben geglaubt, dass er auch auf diesem Bio-Trip war und sich am liebsten nur von rohem Gemüse ernährte! Mein Weltbild geriet gehörig ins Wanken, stellte ich fest. Und ich musste mir eingestehen, dass ich mir über all das noch nie Gedanken gemacht hatte. War es denn wirklich so wichtig, welche Lebensmittel man zu sich nahm? Also, ob sie jetzt bio oder eben »normal« waren? Ich wusste es ehrlich gesagt gar nicht. Bisher hatte ich nur darauf geachtet, dass ich einen halbwegs abwechslungsreichen Speiseplan hatte und hin und wieder auch Vitamine zu mir nahm. Wenn ich einkaufen war, schaute ich zwar schon, dass der Apfel nicht unbedingt aus Dschibuti oder die Kartoffel aus Sri Lanka kam, doch Bio?? Darauf hatte ich noch nie geachtet.

Mir fiel ein, dass Verli immer wieder von ihren Versuchen erzählt hatte, nachhaltiger zu leben. Eine Zeitlang hatte sie im Supermarkt nur regionale Lebensmittel eingekauft, war jedoch im Winter an der geringen Auswahl an Obst und Gemüse gescheitert. Vor ein paar Wochen hatte sie verschiedene vegane Gerichte probiert, war dann jedoch wiederum an Stefan gescheitert, der sich weigerte, auf Fleisch oder tierische Produkte zu verzichten. Außerdem stellte sie fest, dass man als Veganer im sozialen Eck stand. Auswärts unkompliziert zu essen war ein Ding der Unmöglichkeit, außer, man fand ein Restaurant, das sich auf die speziellen Kundenwünsche einließ. Einladungen bei Freunden wurden um Spießrutenlauf, erzählte sie mir mal. Wer lud schon gerne einen Veganer zum Abendessen ein, wenn man null Plan hatte, was man dann anbieten sollte? Also ließ es Verli wieder sein und wurde stattdessen nur zur Vegetarierin.

Nachdem ich fertig gegessen hatte, stellte ich den Teller in die Spüle und sah wieder in den Kühlschrank. Immer noch war er armselig leer. Dabei wurde mir schmerzlich bewusst, dass ich mit Toast und Schinken nicht über die Runden kommen würde. Krankenstand hin oder her, ich musste einkaufen gehen.

Mein Stammsupermarkt um die Ecke bot für gewöhnlich alles, was ich zum Überleben brauchte. Da ich nur ein paar Kleinigkeiten besorgen wollte, ließ ich mein Auto, das ich dank der komfortablen Busanbindung zur Arbeit unter der Woche kaum brauchte, stehen und ging zu Fuß. Die frische Luft tat meinem Kopf gut und ich hatte, wenn ich den Arm nicht bewegte, kaum mehr Schmerzen.

Im Geschäft sah ich mich kurz um. Es war eines der wenigen kleinen Läden, das von den großen Supermarktketten noch nicht verdrängt worden war. Auf wenige Quadratmeter fand man alles, was man zum täglichen Leben brauchte, nur mit geringerer Auswahl als in einem riesengroßen Geschäft. Statt zehn verschiedener Apfelsorten gab es eben nur zwei. Und bei der Milch gab es auch nur einen Anbieter, anstatt der sechs, die ich neulich in einem ellenlangen Kühlregal im Einkaufszentrum sah. Im Prinzip war der Inhalt doch eh überall der gleiche, oder? Ich ging von Regal zu Regal und sammelte Lebensmittel ein und nahm mir die Dinge, die ich sonst auch kaufte. Käse, Milch, Fleisch, jeweils eine Packung Reis und Nudeln und ein wenig Obst und Gemüse. So würde ich die nächsten Tage nicht verhungern und konnte es mir zuhause gemütlich machen. Um meine Stimmung zu erhellen, warf ich noch zwei Tafeln Schokolade in den Einkaufswagen, ehe ich zur Kasse eilte.

Erst zuhause warf ich einen genaueren Blick auf das eben Gekaufte. Ein Bio-Siegel konnte ich weder bei den Milchprodukten noch beim Fleisch entdecken. Ach herrje. Wenn mich der Bauer Schönling sehen könnte ... Der würde die Hände über den Kopf zusammenschlagen, mir eines mit seinem Heftchen um die Ohren ziehen und mir zeigen, wie ich hochwertig, vegetarisch und biologisch kochen könnte ...

## 6.

Ein Leben im Einklang mit der Natur sollte mir eigentlich geläufig sein, denn ich war am Land aufgewachsen. Sogar ziemlich idyllisch mit nur wenigen tausend Einwohnern auf ländlichem Gebiet verstreut, mit kleiner Schule und einer Kirche im Dorfzentrum und netten Mitmenschen, die die Traditionen der Gegend hochhielten.

Ich konnte mich sogar erinnern, dass es in meiner Kindheit eine Zeit gab, in der es ziemlich schick war, auf geringe Müllproduktion zu achten, die Milch in Glasflaschen direkt vom Milchautomaten der Bauern zu holen und Müll bei der Entsorgung strikt zu trennen. Manche gingen sogar so weit, Plastik in festes und raschelndes zu sortieren, doch diese Zeiten waren in meiner Jugendzeit bereits vorbei gewesen. Milch in eckigen Verpackungen, die zehn Tage und länger hielt, war hip und der Müll hatte sich vervielfacht, denn selbst Salat und Äpfel waren in Plastik verpackt.

Die Zeiten hatten sich geändert, wie auch ich selbst, denn es zog mich in die Stadt. Ich wollte etwas erleben. Wollte Lärm und Trubel um mich haben, fortgehen und Spaß haben. Also zog ich nach Beendigung meiner Lehre zur Textilverkäuferin von zuhause aus, nahm mir hier eine kleine Wohnung, suchte einen Job, feierte Partys und genoss mein Leben, auch wenn ich von diesem Genuss jetzt in diesem Moment, in dem ich hier auf der Couch gelangweilt herumlag, nicht viel merken konnte.

Müde vom Einkaufen lag ich dort und dachte nach, während ich mich einsam fühlte. Ich war allein, hatte weder ein Haustier noch einen Freund. Zu meiner Familie war der Kontakt nur spärlich, denn sie waren damit überhaupt nicht einverstanden gewesen, dass ich einfach so weggegangen war.

Seit ich vom Krankenhaus zuhause war, hatte ich nur kurz mit meinem Chef telefoniert, der wissen wollte, wie es mir ging und der betonte, dass ich mich erholen solle. Ach, und mit der Kassiererin vom Supermarkt hatte ich kurz gesprochen. Mehr war mein Sprachzentrum heute nicht gefordert worden, denn mein Telefon war bisher ruhig geblieben. Kein Anruf. Keine SMS. Keine WhatsApp-Nachricht. Niemanden kümmerte es, wie es mir ging. Hallo, ich hatte einen Unfall!

Ich war enttäuscht. Irgendwie hatte ich gehofft, Ben würde mir schreiben und mich ein wenig aufheitern, doch er war seit gestern Abend offline. Hatte wohl Stress ... Das war einer der Nachteile, wenn man bloß die Affäre war. Da war man immer an zweiter Stelle. Wenn überhaupt ... Man musste sich der verfügbaren Zeit richten und spontan sein.

Wenn ich bloß zurückdachte an die Momente, in denen wir etwas ausgemacht hatten und dann doch wieder alles anders wurde! Wie oft war ich schon wütend nachhause gefahren, weil er sich im letzten Moment dann doch nicht mit mir treffen konnte!

Dafür genossen wir die Zeiten, in denen wir uns sehen konnten, umso mehr. Wir lebten unsere Lust aus und taten versaute Dinge, die er von seiner Frau nicht haben konnte. Die war nämlich ein wenig prüde, weshalb Ben ja gerade der Sex mit mir so gefiel.

Bei dem Gedanken an unsere vielen Schäferstündchen begann es, zwischen meinen Beinen zu kribbeln und mein Kopfkino spielte ein paar erregende Szenen ab. Es war später Dienstagnachmittag. Hätte ich gearbeitet, würde ich ihn heute sehen können. Zwar nur kurz auf einen Ruheraum-Quickie, aber immerhin … Lüstern griff ich nach meinem Handy und sah meine Apps durch, um mich abzulenken. Facebook, WhatsApp, Instagram – nichts. Niemand hatte geschrieben. Und Ben war immer noch nicht online.

Unmut machte sich breit. Und ich wurde wütend. Wütend auf diesen scheiß Radunfall, der mich tagelang zuhause fesseln würde! Was musste der Trottel genau dann dort fahren, wenn ich aus dem Lokal ging?! Konnte er mit seinem blöden ach-so-robusten Bambusrad nicht auf der Straße fahren? Jetzt war ich die ganze Woche lang in meiner Wohnung gefangen, konnte mich nur unter Schmerzen bewegen und sah total beschissen aus! Um dies zu bestätigen, stand ich auf und sah im Badezimmer in den Spiegel. Ein blasses, hellhäutiges Ding mit kantigen Wangenknochen sah mir entgegen. Manche meinten, ich hätte eine Ähnlichkeit mit Avril Lavigne und mit Schminken bekam ich normalerweise mein Aussehen ganz gut so hin, dass ich mir selbst auch gefiel.Besonders sexy fühlte ich mich jedoch nur, wenn Ben mich erregt und gierig ansah, so, als wäre ich eine Sexgöttin. Für mein Ego war er also auf jeden Fall das perfekte Mittel, um mich toll zu fühlen, doch heute, in diesem Moment, als blasse junge Frau vor diesem hell beleuchteten Spiegel in meinem kleinen Badezimmer, da fühlte ich mich alles andere als sexy und begehrenswert.

Ich tastete mit den Fingern über die Krusten im Gesicht,

die sich längs von oben nach unten in mehreren Linien bis zum Kiefer zogen. An der Spitze war das blaue Auge drapiert, das mich an die Boxkämpferin in dem Film »Million Dollar Baby« erinnerte. Ich sah genauso lädiert aus. Die vollen Lippen, mit denen ich zum Glück gesegnet war und die ich für gewöhnlich gerne mit rosa Lipgloss betonte, konnten von meinem katastrophalen Aussehen heute auch nicht ablenken. Ich seufzte unglücklich. Wie lange es wohl dauern würde, bis ich wieder normal aussah?

Mangels besserem Zeitvertreib begann ich, mich zu schminken. Meine Augen gefielen mir mit schwarzem Kajal und dunkler Wimperntusche viel besser. Ohne wirkte ich, als wäre ich frisch aus dem Leichenhaus wiederauferstanden, fand ich. Mit geübten Griffen begann ich, mein Aussehen zu verbessern. Ich trug Puder auf und versuchte, die Kratzer abzudecken. Erst jetzt wurde mir bewusst, mit welch grässlichem Anblick ich mich vor wenigen Stunden auf die Straße gewagt hatte! Ich hatte ganz vergessen, dass ich noch gar nicht geschminkt und stattdessen völlig zerschrammt war! Peinlich! Jetzt wusste ich auch, warum mich so viele Leute angestarrt hatten ...

Nach etwa zehn Minuten war ich fertig, und während ich das Resultat zufrieden im Spiegel betrachtete, läutete es an der Tür. Wer mochte das sein? Ich sah auf die Uhr und mein Herz begann, schneller zu schlagen. Konnte es Ben sein? War er gekommen, um mich zu überraschen?? Hoffnung stieg in mir auf, die jedoch sofort zunichtegemacht wurde. Der Blick durch den Türspion ließ mein aufgeregtes Herz in Sekundenbruchteilen wieder normal schlagen. »Hallo, Frau Huber«, murmelte ich enttäuscht, als ich die Tür geöffnet hatte.

»Fräulein Gruber, wie geht es Ihnen?«, quäkte die dürre alte Frau vor mir. In der Hand hielt sie eine Schüssel, die mit einem Tuch abgedeckt war. Noch ehe ich antworten konnte, fuhr sie fort: »Ich dachte, ich bringe Ihnen etwas zu essen, damit Sie mir nicht vom Fleisch fallen.« Sie drückte mir die Schüssel in die Hand. »Es ist ja so schlimm, was den Leuten heutzutage alles passiert. Da darf man nicht wegschauen«, erklärte sie mit mahnendem Finger und sah mich eindringlich an.

Perplex stand ich mit dem Essen in der Hand in der Tür und murmelte: »Das wäre aber nicht nötig gewesen.« Im nächsten Moment fühlte ich die Hände meiner Nachbarin an meinen Schultern. Ich biss die Zähne zusammen und grinste tapfer, als eine Welle des Schmerzes durch meinen Körper fuhr.

»In schwierigen Situationen muss man zusammenhalten«, schärfte sie mir eindringlich ein. »Immerhin wohnen wir Tür an Tür. Da darf so etwas nicht mehr geschehen! Wir werden von nun an auf Sie Acht geben. Beim nächsten Mal, wenn Sie laut rufen, holen wir die Polizei! Jetzt wissen wir ja Bescheid«, erklärte sie mir.

Von was redete sie? Dann fiel der Groschen. »Aber Frau Huber, es ist nicht, wie Sie denken! Ich hatte einen Unfall.« Doch da hatte sie mich schon losgelassen und sich abgewandt. Für sie schien das Thema erledigt und sie hatschte langsam die Treppe hinunter. Gerade als ich wieder in meine Wohnung gehen wollte, hörte ich von unten ein leises Tuscheln.

»Sie ist geschminkt. Verleugnet wohl die Tatsachen«, nahm ich geschäftig flüsternd wahr.

Ich stöhnte auf und warf die Tür hinter mir laut ins Schloss. Was für Tratschweiber! Zum Glück kam Sex in meiner Wohnung nur selten bis nie vor. Das wäre eine Katastrophe, wenn dann die Polizei vor der Tür stünde!

Bisher hatte ich mit den zwei alten Hausbewohnerinnen nicht viel zu tun. Hin und wieder baten sie um Hilfe, die ich nur widerwillig leistete, denn schließlich waren wir hier nicht im betreuten Wohnheim. Ansonsten war das Leben hier im Haus recht angenehm. Die anderen Nachbarn kannte ich nur von flüchtigen Begegnungen.

Als ich die Schüssel, die mir die Huber in die Hand gedrückt hatte, in der Küche abstellte, warf ich einen Blick unter das Tuch, um den Inhalt zu erkunden. *Schinkenhörnchen*, stellte ich fest und verspürte plötzlich Hunger. Ich nahm einen Teller, belud ihn mit einer großen Portion und stellte ihn in die Mikrowelle. Es dauerte nicht lange, da saß ich auf der Couch und schaufelte heiße dampfende Nudeln in mich hinein, die überraschenderweise sehr lecker schmeckten.

*Rrrrrr.*

Wieder läutete es an der Tür. Ob das jetzt Ben war? Abermals begann mein Herz aufgeregt zu klopfen, während ich den Teller abstellte und zur Tür eilte. Wie sehr ich doch hoffte, er würde wieder zu mir kommen!

»Verli.« Ich klang enttäuscht.

»Das ist ja eine Begrüßung«, erwiderte meine Freundin und hielt mir grinsend eine Schachtel Pizza unter die Nase.

»Sorry, ich dachte, vielleicht ist es …«

»… dein Liebhaber, der sich ja sooo um dich sorgt und alles stehen und liegen lässt, um für dich da zu sein«, unterbrach sie mich und schob sich an mir vorbei. »Hab gedacht, du hast vielleicht Hunger.«

»Das dachte die Huber vorhin auch«, sagte ich, als ich

Verli ins Wohnzimmer folgte und auf die Nudeln zeigte.

»Oh. Naja, egal, machen wir uns halt einen italienischen Abend.« Verli grinste. Ihre Fröhlichkeit war ansteckend und auch meine Stimmung verbesserte sich sofort, als wir nebeneinander auf der Couch saßen und sie mir von ihrem Arbeitstag erzählte. Ich war zwar kaum zwei Tage außer Gefecht gesetzt, doch mir kam es so vor, als wäre ich von der Welt ausgeschlossen. Alles schien weiterzulaufen, während ich stehengeblieben war. Das würde wohl noch eine lange langweilige Woche werden …

»Und, wie war dein Tag so?«, fragte mich Verli schließlich.

Ich schob gerade das letzte Stück Pizza in den Mund und wischte mir an meiner Jogginghose die Finger ab. »Sehr spannend und ereignisreich«, erklärte ich sarkastisch.

»Todlangweilig«, übersetzte sie lachend.

»Total. Du glaubst gar nicht, was für Mist im Fernsehen läuft. Ganz zu schweigen von all diesen verrückten Leuten, die es gibt und die sich tagelang filmen lassen, nur um ihr Ego aufzupolieren oder ihrem Geltungsdrang gerecht zu werden.« Ich verdrehte die Augen und musste wieder an die Bauern mit ihren Bio-Produkten denken, wovon ich ihr schließlich erzählte.

»Die hab ich auch gesehen. Das muss die Wiederholung von letzter Woche sein. Ganz interessant, vor allem dieser Kerl mit der Bio-Kiste. Ich überlege auch schon, ob ich mir so eine bestellen soll.«

»Du? Echt jetzt?«

»Ja, warum nicht? Ich weiß doch, wie schwer es ist, gutes Bio-Gemüse zu bekommen.«

»Das ist doch viel zu teuer. Das Gleiche kriegst im

Supermarkt günstiger«, winkte ich mit einer Handbewegung ab.

»Das kann man so nicht vergleichen«, erklärte Verli und zählte die Vorteile einer Bio-Kiste auf.

»Die Produkte sind meist regional, nachhaltig angebaut und natürlich bio. Und ich als Kunde weiß zudem, von wo die Sachen wirklich sind. So schlecht finde ich die Idee gar nicht.«

Ich fühlte mich ein wenig vor den Kopf gestoßen und wusste nicht, was ich erwidern sollte.

»Schaust du denn überhaupt nicht auf gute regionale Lebensmittel?«, fragte mich Verli und sah mich ein wenig irritiert an.

»Nicht wirklich. So viel Geld hab ich ja gar nicht.«

Sie winkte ab. »Ach Blödsinn, das hat doch nichts damit zu tun, viel Geld zu haben.« Sie lachte. »Man muss nur wissen, was man wie und wo kauft.«

»Hört sich zeitaufwändig an.«

»Vielleicht zu Beginn, wenn man sich noch nicht so auskennt. Wenn man aber erstmal weiß, auf was man achten muss, dann dauert es gleich lang wie bei einem konventionellen Einkauf.«

Ich war überrascht. Dachte ich doch, sie hätte ihre vegane Zeit und Bio-Phase hinter sich gelassen. »Das heißt, du achtest da voll drauf, was du so einkaufst?«

Sie zuckte mit den Schultern. »Ein bisschen zumindest. Ich weiß, dass ich noch viel bewusster einkaufen könnte, doch da müsste ich mich wohl mehr mit dem Thema auseinandersetzen. Auch im Alltag könnte ich wohl noch einige Dinge ändern, um nachhaltiger zu leben.«

»Inwiefern?«

Sie richtete sich neben mir auf der Couch auf und sah

sich im Wohnzimmer um. Dann zeigte sie auf den Fernseher und den Kabelsalat, der daneben in der staubigen Ecke des Wandverbaus lag. »Dieser Verteilerstecker zum Beispiel. Du könntest einen mit einem Ausschalter verwenden und die Geräte so vom Strom trennen, wenn du sie nicht mehr brauchst.«

»Ach, das bisschen Strom.« Ich winkte ab. »Das ist ja lächerlich.«

»Nein, ist es nicht«, widersprach mir Verli. »In Summe aufs Jahr und zig Millionen Menschen gesehen geht damit viel Energie verloren«, erklärte sie und sah sich weiter um. Ihr Blick fiel durch die Tür rüber in die Küche. »Mikrowelle«, sagte sie schließlich. »Ganz schlecht für die Lebensmittel.«

»Naja, das ist ja nicht erwiesen«, versuchte ich zu verteidigen und erinnerte mich daran, dass meine Großmutter mich auch immer vor diesem gefährlichen Ding gewarnt hatte, das angeblich die Lebensmittel kaputt machte. »Die einen sagen so, die anderen so.«

»Nein, es ist schon so, dass diese Mikrowellen dein Essen zerstören. Befass dich mal mit dem Thema«, forderte sie mich auf.

Mir gefiel gar nicht, in welche Richtung unser Gespräch ging. Ich fühlte mich ertappt und angeprangert. Wir hatten noch nie über so etwas gesprochen – über hochwertige Lebensmittel und bewusstere Lebensweisen. Warum dann heute? Warum kam es mir plötzlich so vor, als würde alles und jeder nur noch bio denken und sein? Die Öko-Tante fiel mir ein. Das war es! Seit ich ihr begegnet war, sah ich ständig nur diese Bio-Kacke! Es war, als hätte sie mir einen Floh ins Ohr gesetzt, der mich ständig zwickte.

»Weißt du was?«, unterbrach Verli meine Gedanken. »Wir bestellen beide die Bio-Kiste. Die kleine Variante kostet nicht viel und wir können sie für vier Wochen testen. Absolut unverbindlich.« Verli überschlug sich fast beim Reden und hörte sich an wie eine Verkäuferin, die ein grandioses Produkt verhökern wollte. Dann riss sie ihre Augen auf und klatschte aufgeregt in die Hände. »He, jetzt hab ich DIE Idee! Du könntest dich doch, während du im Krankenstand bist, mit einer nachhaltigen gesunden Lebensweise befassen! Du hast ja jetzt schließlich genug Zeit!« Ihre Augen waren beinahe tellergroß, so kam es mir vor, und begeistert fuhr sie fort: »Für den Einstieg nehmen wir beide die Bio-Kiste, dann können wir uns über gesunde Rezepte austauschen. Und im Internet gibt es da diesen Footprint. Hast du davon schon gehört?«

Ich schüttelte stumm den Kopf.

»Brauchst nur mal googeln«, wies sie mich an. »Glaub mir, wenn du das einmal machst und dich damit auseinandersetzt, dann ist dir bestimmt nicht mehr langweilig«, stellte sie grinsend fest und hob die Hände in die Luft. »Quasi ein Öko-Krankenstandsprojekt. Klingt doch cool, oder?«

Ich setzte ein Lächeln auf und hoffte, sie würde es mir abkaufen. »Das wird toll«, sagte ich und sah mich in Gedanken schon verzweifelt in der Küche vor dem vielen Obst und Gemüse aus der Bio-Kiste stehen, ohne zu wissen, was ich damit tun sollte, denn eigentlich mochte ich kein Gemüse. Oder zumindest nicht viel. Das gefrorene Sommergemüse mit Erbsen, Mais und Babykarotten reichte mir für gewöhnlich. An Obst aß ich maximal Äpfel oder Bananen. Im Winter vielleicht noch Mandarinen und Orangen. Und dann gleich eine ganze Kiste mit so

Vitaminzeugs? Mit Obst und Gemüse, das ich sonst nie kaufen würde? Und dann sollte ich auch noch auf Nachhaltigkeit achten?

»Ich muss jetzt los«, rief Verli plötzlich und sah auf die Uhr. »Stefan wartet schon. Wir wollen noch ins Kino gehen«, erklärte sie. »Aber wir können morgen weiterreden, okay? Du kannst ja mal im Internet nachsehen, was dich vom Angebot her anspricht. Gib einfach *Bio-Kiste* in Google ein. Bei uns gibt es eh einen Zusteller aus der Gegend. Lies dir das mal durch. Ich komm dann morgen wieder vorbei. Ach, und vergiss nicht, deinen Footprint auszurechen!« Sie küsste mich auf die Wange. »Und wenn du was brauchst, schreib mir eine SMS.«

Und weg war sie. Ich blieb allein zurück. Allein und mit vollgequatschtem Kopf.

# 7.

Verli hieß eigentlich Verena. Diesen Namen fand sie jedoch seit ihrer Jugendzeit uncool, also ließ sie sich von jedem Verli nennen. Seit ein paar Jahren waren wir nun schon befreundet und ich hätte eigentlich gedacht, dass ich sie gut kannte, doch diese Seite an ihr war mir irgendwie fremd. Wir sprachen zwar viel und hatten Spaß bei unserem Mittagslunch und beim Fortgehen, doch so richtig tiefgreifend über unsere Lebensweisen hatten wir noch nie gesprochen, das wurde mir schmerzlich bewusst. Was wusste ich noch nicht über sie? Ihre gesunden Phasen waren immer nur kurze Momente gewesen. Episoden in ihrem Leben, die meines nicht weiter beeinflussten, denn was ging mich das an, wenn Verli auf tierische Produkte verzichtete oder nur Biofutter essen wollte? Wichtiger war für mich, dass sie sich in all den Jahren meine Männergeschichten, die meist nur kurze Flirts oder One-Night-Stands waren, anhörte und mir Tipps gab, wie es mit einem Kerl mal klappen könnte. Gefruchtet hatte das zwar nie, aber diese Gespräche waren mir immer sehr wichtig gewesen. Nun stellte ich mir zum ersten Mal die Frage, was eigentlich ich für sie getan hatte. Wie sehr hatte ich ihr bisher zugehört? Ich kam echt ins Grübeln und wurde den Verdacht nicht los, dass ich eine schlechte Freundin war. Vielleicht sollte ich mir mehr Zeit für sie nehmen und mehr Interesse bekunden, wenn sie wieder so eine *Ich-krempel-mein-Leben-um-Phase* hatte. Und möglicherweise würde es uns ganz gut tun, gemeinsam das Projekt Bio-Kiste zu starten. Oder eben dieses von ihr vorgeschlagene Öko-Krankenstandsprojekt.

Bei dem Gedanken daran musste ich lachen. Ich und bio und öko – das passte so gut zusammen wie Pinguine zu Madagaskar! Doch irgendwie hatte mich Verli neugierig gemacht. Ich nahm mein Tablet und sah mir die Seite des Bio-Kisten-Lieferanten meiner Region mal genauer an. Vielleicht war er ja so ein Schnuckelchen wie der Bauer im Fernsehen? Ich klickte auf die Informationen über den Biohof. Fehlanzeige. Es gab kein Foto von einem braungebrannten Schönling zu sehen, stattdessen konnte man Infos zur Familie lesen, die diesen Hof betrieb, und wie wichtig in deren Augen eine biologische nachhaltige Lebensweise sei. Langweilig! Also wieder zurück auf die Startseite, wo ich mir das Angebot genauer ansah.

Beim Überfliegen der Bio-Kisten-Inhalte der kommenden Woche stachen mir nur Äpfel und Birnen ins Auge. Ach ja, und Gurke, das kannte ich auch noch. Alles andere waren Sachen, die ich für gewöhnlich nicht kaufte, geschweige denn verkochte … Melanzani. *Würg.* Datteln. *Doppelwürg*. Rettich. *Ihhh.* Pastinaken. *Wähh*. Na, das konnte ja noch lustig werden … Dann entdeckte ich die Rezeptsammlung des Biohofes. Das konnte für mich vielleicht ganz hilfreich sein, weil ich echt null Plan hatte, was ich mit so komischem Zeug alles kochen konnte. Also scrollte ich mich durch die Gerichte. Gemüseauflauf, gebratenes Gemüse, Kartoffelpizza, … das Wasser lief mir nicht gerade im Mund zusammen, bemerkte ich. Ob das an meinem vollen Magen lag oder doch an dem eher gewöhnungsbedürftigen Angebot? Ob Verli von diesen Kochideen begeistert wäre?

Je länger ich auf der Seite stöberte, desto unsicherer wurde ich, denn ich war eigentlich überhaupt kein Gemüsetyp. Das klang doch alles viel zu gesund! Ich war eher der »Schnell-mal-was-mit-Fleisch-kochen«-Typ. Oder der »Kauf-dir-was-beim-Heimfahren«-Typ. Okay, ich geb's zu – ich war eher der Fast Food-Typ. Mäci und Subway waren meine Favoriten. Und immerhin: Es war ja eh auch Gemüse dabei, fast jedes Mal ein bisschen Salat oder eine Tomatenscheibe. Hey, und die Pommes waren aus Kartoffeln! Die waren doch gesund, oder? Und solange ich nicht zunahm und völlig unförmig wurde, hatte ich eigentlich nicht vorgehabt, etwas an meiner Ernährungsweise zu ändern. Mein Blutdruck war okay, ebenso mein Zucker. Bisher war alles supi gelaufen, doch je länger ich auf dieser Webseite herumsurfte, desto unsicherer wurde ich. Einerseits freute ich mich auf etwas Neues, auf eine

Herausforderung – andererseits fürchtete ich, dass der Großteil der Bio-Kiste unberührt vergammeln würde. Doch dann hatte ich DIE Idee! Ich würde einfach gemeinsam mit Verli eine Kiste auswählen, und ich behielt, was mir schmeckte und den Rest konnte sie bekommen! Natürlich würde ich es ihr nicht genau so erzählen, doch bestimmt würde sie einwilligen. Schließlich war sie ja flexibel und wir waren Freundinnen!

Erleichtert, endlich eine für mich annehmbare Lösung gefunden zu haben, legte ich mein iPad zur Seite und griff nach meinem Handy. Erst jetzt bemerkte ich, dass es blinkte. Scheinbar hatte ich es überhört. Ich entsperrte das Display und sah, dass ich eine Nachricht auf WhatsApp bekommen hatte. In freudiger Erwartung begann mein Herz schneller zu klopfen und tatsächlich hatte Ben geschrieben.

*Hi, wie geht's?*

*Alles klar bei mir,* tippte ich zurück. *Und bei dir?* Ich schickte die Nachricht ab und wartete. Es überraschte mich ein wenig, dass er um diese Uhrzeit online war. Normalerweise aß er zu Abend und machte auf heile Familienidylle.

*Passt auch alles. Bin grad alleine. Hast du noch Schmerzen?*

Ich bewegte probehalber meinen Arm. Wenn ich ihn ruhig hielt, war nichts zu spüren, hob ich ihn, schmerzte die Schulter. Mein Kopf brummte auch noch ein wenig, stellte ich bei der Bestandsaufnahme fest. *Geht so,* schrieb ich zurück.

*Schön,* tauchte bei mir am Handy auf.

Schön? Das war alles? Was sollte ich da bloß schreiben? Ich hatte irgendwie gehofft, wir würden uns angeregter unterhalten …

*Pling*, tönte es aus meinem Handy.
*Ich wär jetzt geil auf dich.*

*Rrrr.* Das gefiel mir schon besser. *Ich auch,* tippte ich zurück.

*Hätte dich gerne heute vernascht und dich dann …*

Freudig las ich, was er mit mir angestellt hätte und sofort begann wieder das bekannte Kribbeln zwischen meinen Beinen. Oh, war ich geil auf diesen Kerl! Wenn er bloß Zeit für mich hätte! Hier und jetzt! Ich schob meine Unterhose nach unten, um ungestört an mir fummeln zu können und stellte mir vor, es wäre seine Hand.

*… hätte ich dich von oben bis unten geküsst und dich berührt.*

Das wäre schön gewesen, dachte ich erregt und malte mir in Gedanken aus, wie es heute im Ruheraum gewesen wäre, während ich Ben umständlich mit dem Daumen tippte, was ich gerade tat.

*Rrrrr*, schrieb er zurück. *Ich würde dich dann ganz hart fgzeztiok*

Häää? Ich starrte auf mein Handy. Was sollte das heißen? Ich fummelte weiter an mir herum und tippte, doch als ich sah, dass Ben gar nicht mehr online war, ließ ich es sein und wartete stattdessen. Da lag ich nun mit dem Handy in der einen Hand, die andere lag zwischen meinen Beinen. Die Minuten vergingen und Ben blieb offline. Na toll! Ich fühlte mich wie ein Esel, dem eine Karotte vor die Nase gehalten wurde. Oder wie ein Kind vor Nachbars Zaun, hinter dem die Himbeeren am Strauch dunkelrosa glänzten. So kurz davor, und dann war NICHTS!

Verärgert warf ich das Handy neben mir auf die Couch und zog den Slip wieder hoch. Die Geilheit war weg. Ich fühlte mich absolut unbefriedigt. Warum schrieb er nicht mehr? Wahrscheinlich war seine Frau gekommen, mutmaßte ich. Oder es hatte jemand angerufen. Na toll!

Als mein Handy wenig später dann piepste, schnappte ich in freudiger Erwartung danach. Doch es war nur Verli.

*Und? Hast du dir die Kisten schon angeschaut? ;)*

*Ja*, schrieb ich zurück. *Aber keine Ahnung, ob mir das Grünzeug überhaupt schmeckt. Was soll ich mit Karfiol anfangen??*

Verli schickte einen lachenden Smiley zurück. *Du kannst auch angeben, dass du bestimmte Gemüsesorten von vornherein nicht willst.*

*Welche Kiste nimmst du?*, fragte ich und war recht froh darüber, abgelenkt zu werden. Sonst würde ich hier sitzen und noch immer hoffen und darauf warten, dass Ben online ging.

*Pling.*

*Ich werde wohl die kleine gemischte nehmen. Hört sich gut an. Und sie ist abwechslungsreich mit Obst und Gemüse bestückt.*

*Hm*, schrieb ich zurück und rief mir das Angebot nochmal ins Gedächtnis. *Ich glaub, ich bin eher der Obsttyp.*

*Dann nimm die kleine Obstkiste*, riet mir Verli. *Ich komm morgen vorbei und dann bestellen wir gemeinsam :-)*

*OK*, tippte ich. *Dann bis morgen.*

Soviel zum Thema »Kiste teilen« ... Ich legte das Handy beiseite und mir wurde bewusst, dass ich einen ersten Schritt getan hatte. Zwar war es erst beschlossen worden, doch ich würde Kundin eines Bio-Bauern werden! Ein eigenartiges Gefühl irgendwie. War ich jetzt auch so ein grünzeugfressender Alternativler? *Nein*, antwortete ich mir. *Ich werde es ja nur mal probieren.* Außerdem: Ich war sonst wie immer. Und ich würde jetzt auch nicht weiß Gott wie meine Ernährung umstellen. Ich würde nur statt des normalen Obstes eben Bio-Obst essen. Sonst nichts. Sonst war alles wie bisher. Ach, und es würde mich pro Woche rund 16 € kosten … Sonst alles gut …

Ich verdrängte den Gedanken an das Geld und dachte lieber an das Obst, das ich bekommen würde – direkt vor die Haustüre geliefert. Und je länger ich über Lebensmittel nachdachte, desto mehr Lust bekam ich darauf. Also stand ich mühsam auf und ging zu meinem Schrank im Wohnzimmer direkt neben dem Fernseher. Ich öffnete ihn und sah auf die vorhin gekauften Schokoladetafeln, Bens Kekspackung vom Krankenhaus und dünn verpacktes Mikrowellen-Popcorn. Das alles war vitamin- und nährstofftechnisch zwar weit entfernt von bio und gesund, doch mir war das in diesem Moment völlig egal. Schokolade machte glücklich – und das war jetzt die Hauptsache!

Ich schnappte mir alles, was mein Naschfach hergab, und während ich das Popcorn in die Mikrowelle legte und die Zeit auf vier Minuten einstellte, aß ich davor stehend die erste Rippe Schokolade. *Hmmm, lecker!* Als es zu poppen begann, schob ich bereits die zweite Rippe in den Mund und schnupperte den Duft frischen Popcorns, das zwei Minuten später fertig war. Mit Schokolade, Keksen und der dampfenden Tüte bewaffnet ging ich zurück ins Wohnzimmer, schaltete den Fernseher an und machte es mir gemütlich. Perfektes Timing, ging es mir dann durch den Kopf. Ich hatte die Hauptsendezeit erwischt. Es war 20:15 Uhr. Ein Blick in die Fernsehzeitung am iPad verriet mir, dass ein Film mit Adam Sandler begann, der interessant klang. Und lustig. Perfekt zum Ablenken und nebenbei Naschen. Gut, dass ich keinen Kalorienzähler eingebaut hatte ...

Zur ersten Werbepause, die bereits 10 Minuten später begann, zappte ich durchs Programm. Werbung, Werbung, langweilige Schnulze, Werbung, ... sprachen sich die Sender untereinander ab? Irgendwie lief fast überall ein Werbeblock. Schließlich blieb ich bei einer Reportage hängen. Darin ging es um eine Studentin namens Lisa, die wohl bemerkt hatte, wie viel Müll sie wöchentlich produzierte. Demonstrativ hatte Lisa ihren Esstisch in der Küche mit dem angesammelten Müll der letzten Tage beladen. Sie schien entsetzt zu sein, ich war eher überrascht. Ich hatte nicht den Eindruck, dass es jetzt übermäßig viel war, was sich auf ihren Tisch so angesammelt hatte. Ein Karton voller Zeitungen und Papierreste, ein Kübel Biomüll, ein großer Sack mit Restmüll und ein mittelgroßer Haufen mit Plastikverpackungen und -flaschen. Die Studentin hatte alles schon vorbildlich getrennt. Wo war das Problem? Ich erkannte ihr Dilemma nicht, doch Lisa schien eines zu haben, denn sie wirkte unglücklich und zeigte auf den Berg mit Plastik. Theatralisch fegte sie danach mit einer Handbewegung den Müll vom Tisch, und während der Sprecher verkündete, Lisa wolle ihr Ziel der Plastikreduktion in zwei Wochen erreichen, stellte sie ein großes Einweckglas auf die Tischplatte. Der tägliche Plastikabfall, den Lisa, die Studentin, von nun an produzieren würde, solle in dieses Glas passen und der Umwelt keine weiteren nachhaltigen Belastungen mehr zuführen. *Amen.*

»Die hat doch einen Knall«, entkam es mir, während ich mir eine Handvoll Popcorn in den Mund stopfte. Schuldbewusst sah ich auf die Tüte und erkannte erleichtert, dass die aus Papier bestand. *Na Gott sei Dank*. Beruhigt aß ich weiter.

Der Film mit Adam Sandler war vergessen, stattdessen blieb ich bei dieser Reportage und beobachtete gespannt, wie Lisa mit Stofftaschen bepackt von Geschäft zu Geschäft lief, um herauszufinden, wo sie verpackungsfreie Ware kaufen konnte. *Das schafft die doch nie,* dachte ich mir, doch ich wurde eines Besseren belehrt, denn scheinbar gab es einen Laden, der genau das anbot – ein sogenannter Zero-Waste-Supermarkt, also ein verpackungsfreies Geschäft. *Was es nicht alles gibt!*

Interessehalber googelte ich nebenbei nach dieser Art von Geschäften. Das Angebot war mickrig – in Österreich gab es bisher nicht mal fünf solcher Läden und auch die Anzahl in Deutschland war überschaubar gering.

Ich klickte auf ein Geschäft. Dabei stach mir das Wort *Precycling* ins Auge. Recycling war wohl zu langweilig geworden … Wo waren die grünen Weltverbesserer, die von Mülltrennung und angemessener Entsorgung sprachen? Weg. Verschwunden. Entsorgt. Jetzt gab es die Precycler, die gar keinen Müll mehr entstehen ließen. Dosen, Büchsen und Flaschen sollten einfach immer wieder zum Einsatz kommen. Ob das funktionierte? Ich konnte mir das nicht recht vorstellen und verfolgte deshalb gespannt die Reportage, in der Lisa endlich einen verpackungsfreien Laden betreten hatte und ihre Stofftaschen, Papiersäckchen, Einweckgläser und Flaschen, die sie in weiser Voraussicht bereits mitgebracht hatte, befüllte. *Welch kluges Mädel.*

Insgesamt verfolgte ich eine Stunde lang die Reportage. Dann stand Lisa wieder vor ihrem Tisch in der Küche. Er war leer. Theatralisch stellte sie dann bei stimmungsvoller

Musik und einem absolut begeistert klingenden Sprecher ein großes Einweckglas auf den Tisch. Es war gefüllt mit ein wenig Plastikmüll. *Ganz wenig Plastikmüll*, musste ich mir eingestehen. Lisa hatte es tatsächlich in nur zwei Wochen geschafft ihren täglichen Plastikmüll immens zu reduzieren und blickte übers ganze Gesicht grinsend in die Kamera.

Beeindruckt schob ich die letzte Rippe Schokolade in den Mund, während der Abspann lief. In alter Gewohnheit zerknüllte ich die Schokoladenverpackung und warf sie auf den niedrigen Wohnzimmertisch vor mir, wo bereits die leere Popcorn-Tüte und Keksverpackung lag. Als ich darauf sah, stockte ich. Ich erkannte plötzlich, dass ich in einer Stunde so viel Plastikmüll produzierte, wie Lisa an einem Tag! Wie viel produzierte ich in 24 Stunden? Ich stand auf, um in meine Abstellkammer zu sehen, wo ein großer Sack für Plastikverpackungen stand. Ich brachte ihn ungefähr einmal die Woche raus auf die Müllinsel, wo einmal im Monat die Müllabfuhr kam. Bereits eine Woche vorher quollen die ersten Tonnen über, und bis die orangefarben bekleideten Männer kamen, lagen bereits rundherum die Säcke mit Plastik. Meine Nachbarn waren scheinbar alle keine sparsamen umweltbewussten Menschen. Ich erkannte durch Lisa, dass es wohl auch anders gehen konnte und mir wurde schmerzlich bewusst, dass ich bisher dachte, es würde reichen, den Müll einfach zu trennen, doch scheinbar war das nicht nachhaltig genug.

Ich ging wieder ins Wohnzimmer zurück und gab im iPad in der Google-Suche »*Wie wird Plastik entsorgt*« ein. Kurz darauf las ich Artikel um Artikel, in denen es um die Verwertung von Plastik ging.

Das klang doch alles nicht so schlecht, fand ich. Es würde weiterverwendet werden und wieder seinen Weg in den Verkauf finden – ob als Tasche oder Laptophülle oder sonstwas. Es gab sogar eine Firma, die sich darauf spezialisiert hatte, Fassadenverkleidungen, Straßenmöbel oder Bretterböden aus recyceltem Plastik herzustellen!

Ich klickte weiter und fand einen Blog einer umweltbewussten jungen Frau, die verschiedene Missstände in der Gesellschaft aufzeigte. In einem Artikel wies sie darauf hin, dass nur rund 41% des Plastikmülls stofflich genutzt wurden, also wiederverwertet, und sage und schreibe 57% energetisch genutzt wurden, also in Müllverbrennungsanlagen beseitigt. Das war mir eigentlich noch nie so bewusst!

Schließlich fiel mir ein weiteres Problem ein, das wahrscheinlich in dem ganzen Mülldilemma eine noch größere Rolle spielte – was geschah mit dem Restmüll? Dieser wurde doch einfach auf Deponien verscharrt oder verbrannt, oder?

Wieder googelte ich und las. Die Erkenntnisse, die ich dadurch gewann, beruhigten mich nicht wirklich. Im Gegenteil. Mir wurde schlecht, denn durch die ganze Klickerei kam ich irgendwann auf ein YouTube-Video, bei dem es um Restmülldeponien ging. Sage und schreibe 350 Millionen Tonnen Restmüll sollten es laut dem Sprecher jährlich allein in Deutschland sein, die von den Menschen produziert wurden. Eine unvorstellbare Summe, wie ich fand, und ich schluckte entsetzt. *Ach du Scheiße ...* Und ich war absolut unbedacht immer ein Teil davon gewesen, denn was nicht offensichtlich zu Plastik oder Altpapier gehörte, kam bei mir in die Restmülltonne. Und die leerte ich recht häufig aus. So alle paar Tage trug ich einen kleinen Sack runter, um ihn draußen auf der Müllinsel zu versenken. Aus den Augen, aus dem Sinn ... Dass zwei Drittel des Abfalles verbrannt und nur etwa 5% als Altstoffe aussortiert wurden, schockierte mich. Standen da tatsächlich Leute dort, die im Restmüll herumwühlten und Zeug raussuchten? Das musste doch furchtbar eklig sein! Angewidert schüttelte ich mich. Soviel konnte mir wohl keiner bezahlen, dass ich diesen Job machte ... Und doch musste ihn jemand machen, denn sonst würde das ganze noch viel schlimmer aussehen.

Als ich das iPad endlich beiseitelegte, war es schon spät. Mein Handy war noch immer stumm geblieben, also schaltete ich es enttäuscht aus. Meine Gedanken an Ben versuchte ich zu verdrängen, denn sonst würde ich nur wieder genervt sein und mich vor allem einsam fühlen.

Eine plötzliche Müdigkeit übermannte mich und mein Kopf schmerzte. Der Arzt hatte bei der Abschlussuntersuchung eigentlich gemeint, ich solle mich erholen und weniger fernsehen und lesen, um mich nicht zu sehr anzustrengen, doch in den letzten zwei Stunden hatte ich alle Gebote ignoriert. Nun hatte ich das Resultat ... Ich stand auf, warf noch eine Schmerztablette ein, ging Zähneputzen und legte mich ins Bett. Der Schlaf überkam mich rasch und ich träumte von Müllbergen, die immer größer wurden, bis sie in den Himmel ragten.

## 8.

Ich erwachte gegen sechs Uhr zum ersten Mal, doch als mir einfiel, dass ich im Krankenstand war und nicht zur Arbeit musste, drehte ich mich um, stöhnte kurz schmerzerfüllt auf, weil ich mich auf die verletzte Schulter gelegt hatte, entschloss mich dann für die Bauchlage und schlief weiter. Erst um halb zehn raffte ich mich auf und schlurfte aus dem Schlafzimmer.

Mein erster Weg führte mich zur Kaffeemaschine, wo ich eine Kapsel einwarf und darauf wartete, dass die Tasse voll wurde. Eine kleine Tasse wohlgemerkt. Irgendwie dauerte das bei diesen Geräten immer so ewig lange, auch wenn man dafür mit einem perfekten Kaffee mit perfekter Crema belohnt wurde.

Endlich war der letzte Tropfen gelandet, also nahm ich meinen duftenden Kaffee und setzte mich auf die Couch, schaltete den Fernseher an und hoffte, dass ich rasch richtig wach werden würde. Blöderweise ging es mir nämlich immer so, dass ich noch müder war, je länger ich schlief. Das war wohl ein Grund, warum ich an den Wochenenden nur faul herumlag und überhaupt nicht in die Gänge kam.

Während ich, mit der Kaffeetasse in der einen Hand, so dalag, tippte ich nebenbei am Handy herum. Auf Facebook hatte sich nicht viel getan, auch wenn die Neuigkeiten voll von morgendlichen Statusmeldungen waren.

*Guten Morgen, Welt! Ich bin wach und angezogen!*

Weiter unten stand bei einem Bild von einem

verschwitzten Shirt: *Morgendliche Laufrunde – DONE!*

Und noch ein Stückchen weiter bei einem Foto von einem rosa Ferkel: *Ich wünsche euch allen einen wuuundeeerschöööööönen guuuuten Morgäääähhhnnn!*

Ich überflog all diese Meldungen und stellte nebenbei enttäuscht fest, dass WhatsApp verdächtig ruhig war. Keine neue Nachricht, kein »Guten Morgen. Gut geschlafen?« von Ben, kein irgendwas. Absolut tote Hose.

Ich öffnete den letzten Chat mit Ben. Ich konnte nicht sehen, wann er zuletzt online war, also starrte ich auf seinen Namen und hoffte, dass dort bald *online* stehen würde. In Gedanken zählte ich immer wieder von zehn runter bis null, in der Hoffnung, ich könnte ihn telepathisch dazu bringen, sein Handy zu nehmen … 9 … 8 … 7 … das Display zu entsperren … *6 … 5 … 4 …* WhatsApp zu öffnen … 3 … 2 … 1 … und mir zu schreiben … *0* … doch da war nichts. Enttäuscht warf ich das Handy in die Ecke der Couch, nippte an meinem Kaffee und sah sinnloses Zeug im Fernsehen.

Wenig später fühlte ich mich wacher. Und ich hatte Hunger. Also schlurfte ich barfuß zurück in die Küche, immer darauf bedacht, nicht zu fest aufzutreten. Der Papagei der Ringelmeier musste schließlich geschont werden. Vor dem Kühlschrank wusste ich erst mal nicht, was ich frühstücken sollte. Normalerweise trank ich nur einen Kaffee, fuhr dann in die Arbeit und nahm mir unterwegs eine Kleinigkeit für die Vormittagspause mit. Ideenlos starrte ich auf die hell beleuchteten, nur spärlich befüllten gläsernen Fächer meines Kühlschrankes und nahm schließlich eine Milchpackung. Ein leichtes Schütteln ließ erahnen, dass sie halbvoll war, also schnappte ich eine Schüssel, einen Löffel und eine Packung Cornflakes.

Damit bewaffnet kehrte ich zur Couch zurück, die in den nächsten Tagen meine einsame Insel sein würde, auf der ich nach einem Schiffbruch – alias Radunfall – mutterseelenallein und verletzt gestrandet war.

Es raschelte, als ich die Cornflakes aus der Verpackung holte. Unwillkürlich musste ich beim Geräusch des Plastiks wieder an die Reportage denken. Ob ich jemals wieder essen würde können, ohne ein schlechtes Gewissen zu bekommen, wenn das Lebensmittel in Plastik verpackt war? Ich verdrängte den Gedanken und beruhigte mich damit, dass ich es eh getrennt entsorgen würde – das Plastik in die gelbe Tonne und den Karton zum Altpapier. Es war also alles gut, redete ich mir gut zu. Immerhin taten es Millionen von Menschen auch so, oder?

Während ich aß, starrte ich nebenbei in den Fernseher. Das Programm war auch nicht mehr das, was es einmal war, bemerkte ich, denn auf den deutschen Sendern lief Reality-TV, das so schlecht dargestellt war, dass die Schauspieler wohl vom ersten Semester der Schauspielschule sein mussten. Die hatten ja noch nicht mal Talent! Ständig hörte ich theatralisch »Oh mein Gott« und »Wie konntest du nur?«, was wohl die Situation dramatisieren sollte, jedoch so gekünstelt rüberkam, dass ich umschalten musste. Auf dem nächsten Sender lief *»Mit den Cops unterwegs«*. Da ich vage in Erinnerung hatte, dass diese Sendung mal recht interessant war und ich die Polizisten und ihre Fälle recht spannend gefunden hatte, legte ich die Fernbedienung beiseite, nahm die Schüssel wieder hoch, aß und verfolgte im TV, wie zwei Autobahnpolizisten einen Raser verfolgten und ihn schließlich auf einen Parkplatz lotsten. Der folgende Dialog lief dann ungefähr so ab:

»Na, Sie waren aber schnell unterwegs.« Polizist sehr nett.

»He, Alter, ich muss mich halt beeilen.« Extrem cooler Typ mit Sonnenbrille und gestikulierender Hand mit Ellbogen am Fenster.

»Führerschein und Zulassungsschein bitte.« Polizist immer noch sehr nett.

»Alter, ihr immer mit euren scheiß Kontrollen!« Cooler Typ etwas aufgebracht und nicht mehr so cool.

Kurz darauf gab es ein kleines Handgemenge und der Kerl wurde aus dem Auto gezerrt. »Sie sind festgenommen wegen Widerstand gegen die Staatsgewalt.«

Mit offenem Mund saß ich da und verfolgte das Geschehen. Das war doch sowas von gestellt! Wo waren die echten Polizisten hin, die ihre Verkehrskontrollen bei echten Menschen durchführten, die sich noch normal verhielten? Wieso musste alles immer mit Möchtegernschauspielern gedreht werden? Da half es auch nichts, wenn für zwei Millisekunden eingeblendet wurde: »*Die gezeigten Fälle basieren auf wahren Begebenheiten.*« Deshalb waren die Amateurschauspieler trotzdem extrem unrealistisch!

Genervt schaltete ich wieder weiter und kam auf den Homeshopping-Channel. Möglicherweise erheiterten die Moderatoren meine Laune, denn mir kam es bei denen immer so vor, als hätten sie vor der Sendung Speed zu sich genommen. Große Augen, ausschweifende Gesten und eine über drüber begeisterte Sprechweise – da konnten nur Drogen im Spiel sein! Und scheinbar war der Sender ein guter Abnehmer, denn auch die heutigen beiden Moderatoren grinsten und gestikulierten um die Wette.

»… eine neuartige Tagescreme, die *Sie* begeistern wird!« Bei dem »*Sie*« grinste der braungebrannte Sunnyboy überschwänglich in die Kamera und zeigte mit dem Finger geradewegs zu mir auf die Couch. Unbewusst wich ich zurück.

»Oh, Jim, das hört sich ja toll an!«, rief die blonde Moderatorin. »Ich bin ja jetzt schon ganz begeistert, obwohl ich sie noch nicht einmal aufgetragen habe!« Dem folgte ein hysterisches Lachen.

»Mandy, wir können die Creme gerne an dir testen. Du wirst sehen, dass sie dich umhauen wird!«

»Oh, Jim, dann setze ich mich wohl besser.« Wieder folgte ein hysterisches Lachen und die blonde Dame setzte sich auf einen Hocker, während Jim die eine Hälfte ihres Gesichts mit einem feuchten Tuch abwischte.

*Ob das so eine gute Idee ist?*, fragte ich mich. Ich konnte mir kaum vorstellen, dass Mandy scharf darauf war, ihr ungeschminktes Gesicht dem Millionenpublikum zu zeigen.

»Wir haben in dieser Tagescreme nur pflanzliche Inhaltsstoffe, die direkt auf die gereinigte Haut müssen. Deshalb unbedingt vorher die Haut reinigen!« Kicher, kicher, hysterisch lach. »Darin enthalten sind keine Konservierungsmittel, keine künstlichen Zusatzstoffe.« Jim zählte an einer Hand Punkt für Punkt mit, ehe seine Augen untertellergroß wurden. »Und nun das Allerbeste: auch keine tierischen Produkte!« Seine Stimme überschlug sich fast und schwoll um fünf Oktaven an. »Also auch Veganer werden begeistert sein!«

»Oh, Jim, das klingt ja so aufregend!«, meinte Mandy mit geschlossenen Augen auf ihrem Hocker sitzend und hibbelte wie ein kleines Kind vor einem Geschenk.

»Oh, Jim«, äffte ich und verdrehte die Augen. Meine Schüssel war leer, also stellte ich sie auf den Tisch und hörte, wie Jim von den vielen Vorzügen der natürlichen Inhaltsstoffe berichtete.

»Diese Creme eignet sich hervorragend für alle Hauttypen, denn sie enthält eine spezielle natürliche Formel aus feinstem Roten Klee. Außerdem haben wir hochwertigstes Bio-Sonnenblumenöl drin, was für ein samtweiches Hautbild sorgt.«

*Wir.* Ja klar. *Er und seine Laborheinis, oder wie?* Und während der Kerl so vor sich hin schwärmte, schmierte er Mandy rötlich-gelbes Zeug auf die eine Gesichtshälfte.

»Die Creme ist so natürlich, dass sie gegessen werden könnte.« Dem folgte ein lautes *Hahahaha*. Scheinbar konnte Jim über seine eigenen Witze am besten lachen.

»Ha Ha«, äffte ich. *Wer isst schon Tagescreme?*

Interessehalber stand ich auf und holte meine eigene Creme aus dem Badezimmer. Ich studierte die vielen Inhaltsstoffe, wurde jedoch nicht schlau, denn ungefähr 50 unaussprechliche Namen standen auf der Rückseite des Tiegels. *Aqua* konnte ich noch zuordnen, alles Weitere war mir unbekannt. *Glycerin? Methylpropanediol? Alpha-Isomethyl Ionone?? Häähh?*

Während ich das Gefühl hatte, rund um mich herum würden Fragezeichen im Kreis schweben, schwärmte Jim immer noch aus dem Fernseher und schmierte an Mandy herum, was das Zeug hielt.

»Diese natürliche Creme ist einfach unschlagbar! Sehen Sie sich diese Ergebnisse an!«

Es wurden Vorher-Fotos von ernst dreinschauenden, ungeschminkten, faltigen Gesichtern eingeblendet, die nach der 7-tägigen Pflege mit der Creme viel frischer und weniger faltig aussahen und grinsend in die Kamera blickten. Dass sie wohl auch professionell geschminkt waren, spielte keine Rolle. *Verdammt nochmal, die Creme kann Wunder bewirken!*, rief meine innere Stimme sarkastisch.

Kopfschüttelnd blendete ich Jim aus und widmete mich wieder den Inhaltsstoffen meiner eigenen Creme. *Wie soll ich rausfinden, was das ganze Zeug da drin zu bedeuten hat? Google muss helfen,* beschloss ich. Also tippte ich den Produktnamen und den Hersteller ein und fügte das Wort *Inhaltsstoffe* hinzu. Als erstes Suchergebnis kam gleich ein Produkttest. *Aqua* war wohl mit 16 weiteren Inhaltsstoffen empfehlenswert. Die anderen Zusätze füllten die Palette von *eingeschränkt empfehlenswert* (6 Inhaltsstoffe) bis hin zu 3 nicht empfehlenswerten Zusätzen. Die Erklärung zeigte, dass manche Stoffe sogar im Verdacht standen, allergen oder gar krebserregend zu sein. Angewidert legte ich die Creme auf den Tisch. Mit diesem Zeug hatte ich täglich mein Gesicht eingeschmiert!

Am Ende des Produkttests gab es den Verweis, dass man mit einer App vom Handy aus ganz einfach selbst Produkte überprüfen konnte. Eine Minute später hatte ich diese auf mein Smartphone geladen und installiert, lief strichcodesuchend durch die Wohnung und scannte alles, was mir in die Finger kam.

*Bilimm.* Empfehlenswert.

*Bilimm.* Nicht empfehlenswert.

*Bilimm.* Bedenklich.

Ich konnte es nicht glauben! Nicht nur, dass meine Schulterschmerzen plötzlich unwichtig waren, nein, meine Wohnung glich einem Giftlager, so kam es mir vor! Mein Haarshampoo – voll von Silikonen und weiß der

Kuckuck was! Mein Duschgel beinhaltete Mikroplastik, was für ein reinigendes Hautpeeling gedacht war, doch laut einem beigefügten Artikel in der App wohl bis ins gereinigte Wasser der Kläranlage erhalten blieb! Wieso wusste ich das nicht? Die gleichen Kügelchen waren auch in meiner Zahnpasta enthalten, fiel mir ein. Das hieß ja, dass ich auch Plastik schluckte! Was wohl noch so darin enthalten war?

*Bilimm.* Nicht empfehlenswert.

Ich las die angeführten Hinweise. Fluor wurde auch bekrittelt. *Fluor? Warum denn das?* Ich dachte, das sei so gut für die Zähne? Wieder setzte ich mich auf die Couch, nahm mein iPad und tippte in die Google-Suche *Fluor warum giftig* ein. Der erste angeführte Artikel verwies auf »*Fluor – Spurenelement oder Gift?*« und ich klickte darauf. Dann las ich einen scheinbar endlos langen Bericht über Ärzte und Zahnärzte, deren Empfehlungen und den Auswirkungen dieses Giftes. Himmelherrschaftszeiten! Das waren vielleicht Neuigkeiten für mich! Nicht nur, dass ich jetzt wusste, warum es mir als Kind mal so dreckig ging, als ich eine Tube Erdbeerzahnpasta spaßhalber gegessen hatte, nein, ich wusste auch, warum ich immer wieder so weiße Flecken auf den Zähnen hatte! Dem Artikel und weiteren Verweisen nach war dies wegen dem Fluorüberschuss! *Na toll ...* Ratlos und verwirrt lehnte ich mich zurück. Vor mir auf dem Couchtisch türmten sich die nichtempfehlenswerten Produkte, die ich in meiner Wohnung mit der App aufgespürt hatte, und ich hatte keine Ahnung, was ich mit den ganzen Informationen nun machen sollte, geschweige denn mit diesen Produkten. Wegwerfen? Sondermüll? Oder gleich Giftmüll?

Mittlerweile war es Mittag geworden, der Fernseher lief unbeachtet weiter und zeigte irgendeine Familie bei einem Campingausflug. Ich fühlte mich plötzlich genervt von den flackernden Bildern und den lauten Geräuschen, also drehte ich die Kiste ab und starrte wieder auf den Berg auf meinem Tisch. Wenn ich all diese Produkte wegwarf, ging es mir durch den Kopf, dann hatte ich nicht nur Geld zum Fenster rausgeschmissen, sondern auch noch zusätzlich die Umwelt belastet. Verschenken ging nicht, denn wer nahm schon eine halbverbrauchte Zahnpastatube oder ein geöffnetes Shampoo? Ich war echt absolut planlos, denn ich hatte kein gutes Gefühl dabei, diese Dinge weiterzuverwenden, bis sie aufgebraucht waren, jetzt wo ich Bescheid wusste. Und plötzlich merkte ich, dass es gar nicht so einfach war, bewusst und informiert zu leben. Für einen kurzen Moment dachte ich darüber nach, ob es nicht besser wäre, einfach unwissend zu sein … Einfach unbedacht mit der Masse mitzuschwimmen und das zu kaufen und zu konsumieren, was einem die Industrie in der Werbung als absolut toll und brauchbar anpries.

*Pling.*

Mein Handy holte mich aus meinen Gedanken. Ich hatte eine WhatsApp-Nachricht bekommen. Als ich draufdrückte, schlug mein Herz gleich schneller. Ben.

*Hi! Alles klar bei dir?*

Kein »Sorry, dass ich mich erst jetzt melde« oder »Wie geht es dir?« Ich hatte ja bloß einen Unfall, seit dem mein Kopf brummte und die Schulter wehtat, wenn ich den Arm bewegte, und ich furchtbar einsam war. Aber hey, alles kein Problem!, ging es mir genervt durch den Kopf.

*Ja, alles klar,* tippte ich zurück. *Und bei dir? Was war gestern los?*

*Oh, sorry, sie ist reingekommen. Musste das Handy ausschalten und heute hatte ich viel zu tun. Aber jetzt hab ich Mittagspause und Zeit für dich ;)*

*Bist du alleine?*, schrieb ich neugierig und stellte mir Ben vor, wie er in Jeanshose und mit Hemd im Büro hinter seinem Schreibtisch saß.

*Pling.*

*Ja, ganz alleine. Und ich wäre jetzt richtig scharf auf dich.*

Uhhh, das gefiel mir. Aufgeregt tippte ich zurück und ein heißer Dialog entwickelte sich, der dazu führte, dass er im Büro auf dem Klo verschwand, während ich an mir herumfummelte. Kurz vor 13 Uhr kam dann die Nachricht: *Ich danke vielmals. Geil war's ;) Muss jetzt wieder zurück.*

*Ok. Viel Spaß noch :)*, tippte ich, während ich mit runtergezogener Unterhose mit gespreizten Beinen auf der Couch lag und auf seinen Namen starrte. Er war nicht mehr online. Und ich selbst war eigentlich noch gar nicht so weit gewesen! Wieder musste ich an den Esel mit der Karotte vor der Nase denken, der mir in letzter Zeit immer öfter in den Sinn kam. »Scheiß drauf«, sagte ich ins stille Wohnzimmer und warf das Handy wieder neben mich.

Ich beschloss, mich abzulenken und duschen zu gehen. Meine Haare hatten es bitter nötig und ich wohl auch, bemerkte ich, als ich an meinen Achseln schnüffelte. Obwohl es bereits früher Nachmittag war, hatte ich null Zeit in Körperpflege investiert, was ich nun dringend ändern musste.

Ich zog mich aus und ging nackt ins Badezimmer. Ehe ich das Wasser anstellte, fiel mir auf, dass alle Shampoos und Duschgels noch im Wohnzimmer waren. Unsicher warf ich einen Blick auf den Tisch, wo ich den schwebenden Totenkopf über den Plastikflaschen förmlich sehen konnte. Und nun? Ich konnte doch nicht nur mit Wasser duschen gehen! Also holte ich mein Lieblingsduschgel mit Pfirsichduft und das Haarshampoo mit Weizenextrakt (das scheinbar doch nicht so gesund war, wie auf der Verpackung angepriesen) und stellte mich unter das heiße Wasser. Ich war sehr zurückhaltend beim Gebrauch der Mittelchen, was recht untypisch war. Normalerweise liebte ich es, wenn es duftete und richtig schön schäumte. Heute musste ich jedoch ständig an die Zusätze denken, die ich dabei richtig schön in die Haut rieb … Noch nie war duschen so unentspannt für mich gewesen!

Mit frischem Trägershirt, knallpinker Unterhose und nassen Haaren ging es zehn Minuten später dann mit einem Glas Wasser zurück auf die Couch, wo ich den Fernseher anstellte und eine Schmerztablette einwarf. Ich sollte den Arm weniger bewegen, musste ich feststellen, denn die Schulter schmerzte nun wieder heftiger. Also legte ich mich hin und hoffte, die Tablette würde rasch wirken, denn ich hasste Schmerzen. Und Kopfschmerzen erst recht! Normalerweise war es so, dass ich eine Tablette nahm, sobald ich spürte, dass es im Schädel pochte, denn dann war es eine Stunde später wieder vorbei und mir ging es gut. Alles war wieder in Ordnung. Migräne kannte ich nur vom Hörensagen. Doch seit dem Unfall konnte ich mir gut vorstellen, wie sich die kopfschmerzgeplagten Frauen fühlen mussten, denn irgendwie pochte es nun schon den dritten Tag ständig in meinem Kopf und das Ziehen in der Schulter war nach dem Duschen kaum auszuhalten. Also versuchte ich, mich so wenig wie möglich zu bewegen. Mit der Fernbedienung in der Hand zappte ich durchs Programm. Bilder von Kindersendungen wechselten sich mit irgendwelchen Assi-Menschen ab, die ihr Leben vor der Kamera zur Schau stellten.

*»Täglich leiden mehr als eine Million Menschen in Deutschland an Schmerzen ...«*

Ich hielt inne und starrte auf eine Moderatorin, die einen Beitrag ankündigte. Im Hintergrund war ein Bild mit zahlreichen weißen Tabletten und Verpackungen zu sehen – darunter auch meine Schmerzmittel, die ich vor mir auf dem Tisch liegen hatte. Neugierig stellte ich lauter.

*»... wir sahen uns die Medikamente genauer an und analysierten sie mit einem Chemiker im Labor.«*

Es folgte ein Bericht mit den Skandalen der letzten Jahre. Demnach sollte festgestellt worden sein, dass bestimmte Inhaltsstoffe zu Infarkten oder Schlaganfällen geführt hätten, weshalb bestimmte Präparate vom Markt genommen wurden. Dem seien vertuschte Todesfälle vorausgegangen und sei eine millionenschwere Strafe gefolgt. Nun wollte das Fernsehteam wissen, wie es mit den gängigen Produkten aussah, die aktuell auf dem Markt waren, und wie es um die Nebenwirkungen stand.

Als ich das hörte und bei den gezeigten Bildern wieder meine Schmerztabletten entdeckte, war ich unsicher, ob ich das überhaupt sehen wollte. Mein Daumen schwebte bereits über den Knopf zum Umschalten, doch schließlich überlegte ich es mir und hörte mir eine Stunde lang die Laborergebnisse und die Wirkungsweisen der Tabletten und deren Inhaltsstoffe an. Besonders ein Wirkstoff war kurz zuvor negativ aufgefallen und wurde dementsprechend in den Medien thematisiert, denn genau dieser Wirkstoff war in fast 600 Arzneimitteln versteckt!

Laut dem Fernsehbericht soll eine Nebenwirkung sein, dass man emotional abstumpfe. Das Schmerzmittel dämpfe positive, wie auch negative Gefühle, so der Sprecher. »*In den USA nimmt etwa ein Viertel der Gesamtbevölkerung – also über 80 Millionen Menschen – Schmerzmittel mit eben diesen Wirkstoff ein.*«

»Dann wundert mich nichts mehr«, entkam es mir. Wenn emotionale Abgestumpftheit eine Nebenwirkung war, dann kam dies bestimmten Führungskräften der Welt gewiss sehr gelegen. Ich stellte mir bildlich vor, wie lauter kleine Marionetten genau das taten, was ihnen gesagt wurde, ohne groß das Wieso zu hinterfragen, während über ihnen flinke Hände die Anweisungen gaben … Ich stutzte. Was war los mit mir? Seit wann machte ich mir über das Weltgeschehen Gedanken?? Stöhnend griff ich mir an den Schädel, der wieder heftig brummte. Der Aufprall auf den Asphalt dürfte wohl die eine oder andere Schraube gelockert haben, kam es mir in den Sinn und ich hatte das Bedürfnis mich abzulenken. Ich wollte nicht mehr nachdenken und nicht mehr in die Glotze starren. Ich wollte … ich wollte einfach raus! Also schlüpfte ich in Gewand und Schuhe, band meine nunmehr trockenen Haare zusammen und verließ die Wohnung, um eine Runde zu gehen. Wann hatte ich das zum letzten Mal gemacht? Ich wusste es nicht mehr, doch ich merkte, dass mir die Bewegung und die frische Luft gut taten und meinem Kopf halfen. Wahrscheinlich sogar wirkungsvoller als diese Medikamente …

## 9.

Ich war sage und schreibe eine Stunde lang unterwegs. Das war Bewegungsrekord für mich! Und es fühlte sich gut an. So gut, dass ich richtig erstaunt von mir selbst war, denn so kannte ich mich gar nicht. Doch was sollte ich sonst auch tun? Zeit hatte ich im Krankenstand massig und Bewegung bekam ich kaum. Beim Spazierengehen bewegte ich die Beine, baute etwas Kalorien ab und die Schulterschmerzen hielten sich in Grenzen, da ich die Hand einfach in die Tasche meiner Weste geschoben hatte.

Als ich zurück in die Wohnung kam, hatte ich einen glückseligen Grinser im Gesicht, einfach nur, weil ich mich so fabelhaft fühlte. Der Blick auf die Uhr an der Wand verriet, dass es bereits später Nachmittag war. Ich dachte an Verli, die heute vorbeikommen wollte und stellte mir schon vor, wie ich ihr von meinem Spaziergang erzählte. Bestimmt würde sie ganz erstaunt sein und mir gar nicht zutrauen, mich freiwillig so viel bewegt zu haben. Auch für mein Krankenstandsprojekt machte es sich bestimmt gut, wenn ich meine Beine mehr nutzte, und ich beschloss, öfters kurze Wege zu Fuß auf mich zu nehmen und so einen kleinen Beitrag zu Nachhaltigkeit leisten.

Kaum hatte ich den Gedanken fertiggedacht, läutete es an der Tür. Das musste Verli sein. Da ich wusste, dass die untere Haustür heute verschlossen war, drückte ich den Summer und öffnete meine Wohnungstür, während ich schnell ins Bad ging, um mir die Hände zu waschen.

»Wie geht's?«, rief ich in den Vorraum, als ich Schritte hörte, während ich mein errötetes Gesicht im Spiegel betrachtete. Trotz der Anstrengung für meinen lädierten Körper fühlte ich mich hervorragend. So voller Energie und guter Laune. Ich grinste mein Spiegelbild an.

»Da hat aber jemand gute Laune«, hörte ich plötzlich eine Stimme neben mir.

Erschrocken fuhr ich herum. Das war nicht Verli!

»Ben!«, entkam es mir erstaunt und ich starrte auf diesen unglaublich geilen Kerl, der plötzlich vor mir stand. Er hatte eine Jeans und ein enganliegendes Shirt an. Sein hellblaues Hemd trug er in der Hand, das er schließlich auf dem kleinen Tisch in der Küche ablegte. Mit verführerischen dunklen Augen sah er mich mit schrägem Kopf grinsend an.

»Hi«, sagte er und grinste weiterhin.

»Was machst du denn hier?« Ich war völlig perplex. Damit hatte ich grad gar nicht gerechnet!

»Ich habe dich ein paar Mal angerufen, aber du warst nicht erreichbar«, erklärte er und kam auf mich zu, »also bin ich einfach hergefahren.« Beim letzten Wort hatte er mich erreicht und küsste meinen Hals, während er seine Hüfte an mich drückte.

»Aber … wie …«, stammelte ich, dachte kurz an mein Telefon, das im Wohnzimmer auf der Couch lag, und schloss die Augen. Dieser Mann hatte tatsächlich die Fähigkeit, mich von einer Sekunde auf die andere geil zu machen! Und feucht, bemerkte ich erregt und heftiger atmend.

»Sie hat mich angerufen und mir gesagt, dass sie noch bei ihren Eltern auf Besuch ist und erst später heimkommt.«

*Sie, seine Frau,* übersetzte mein Gehirn.

»Also wollte ich dich anrufen und dich fragen, ob ich vorbeikommen kann, doch du hast nicht abgehoben«, erklärte Ben zwischen Küssen auf meinen Hals und an mein Ohr. *Ohh, ist das schön!*

»War spazieren«, erklärte ich leise stöhnend. Ben wusste, wie er mich berühren musste, um mich richtig heiß zu machen. »Handy vergessen«, ergänzte ich stammelnd. Schon wieder brachte ich keinen vollständigen Satz mehr heraus, doch in diesem Moment war mir das egal. Ich drückte mich an ihn und suchte mit meinem Mund seine Lippen. Stürmisch berührten sich unsere Zungen und ich fühlte, wie es in seiner Hose hart wurde.

»Du machst mich so an«, flüsterte er und hob mich mit einer Leichtigkeit hoch, die mich erstaunte. Er war einfach so stark, so männlich, so … Oh Gott, ich könnte ewig in seinen Armen liegen!

»Schlafzimmer oder Küche?« Grinsend sah er mich an. Seine dunkelbraunen Augen schienen vor Erotik und Geilheit zu leuchten.

»Schlafzimmer«, antwortete ich und klammerte mich an seinen Hals, während er mich rübertrug und aufs Bett legte.

»Zieh dich aus«, wies er mich an, während er selbst aus seiner Hose schlüpfte. Kaum waren wir nackt, schob er sich bereits drängend mit seiner Hüfte zwischen meine Beine.

Nur Augenblicke später waren wir zutiefst vereint. Wir stöhnten und schwitzten in verschiedenen Positionen, kosteten unsere Vereinigung aus, bis wir erschöpft nebeneinanderlagen und völlig befriedigt an die Decke starrten. Ich fühlte mich, als hätte ich eine Explosion überlebt. Ben schaffte es, mir das zu geben, was ich brauchte, um den Gipfel der Erotik zu erreichen. Ein sprühendes Feuerwerk der Gefühle hatte mich erfasst, einfach weil er wusste, wie er mich berühren musste. Ich konnte mein Glück manchmal gar nicht fassen, denn so eine Schönheit und Sexgranate im Bett zu haben, das war nicht selbstverständlich! Noch dazu jemand, der so verdammt attraktiv, gutaussehend, geil und …

»Ich muss dann mal.«

… vergeben war.

Ben sah auf die Uhr und richtete sich auf.

*Krabumm* – ich war wieder am Boden der Tatsachen. Die harte Realität hatte mir eine Ohrfeige verpasst. »Jetzt schon?« Ich drehte mich zu ihm und kuschelte mich an seine Brust. Mit den Fingern spielte ich mit seinen dunklen Brusthaaren und tastete mich dann langsam nach unten, doch er nahm meine Hand und wehrte den zweiten Akt, den ich forderte, ab.

»Ich muss wirklich. Bis ich zuhause und geduscht bin, dauert es nicht mehr lange, bis sie kommt.«

Sie. Seine Frau.

»Wo hab ich meine Socken?« Ben war bereits aufgestanden und suchte nackt und mit schlaffem Schwanz sein Gewand zusammen. Nur kurze Zeit später war er angezogen. Ich lag noch immer im Bett, wo er mich mit schiefem Kopf betrachtete. »Geil war's«, meinte er schließlich grinsend und beugte sich zu mir, um mir einen Kuss auf die Stirn zu geben. »Bis zum nächsten Mal.«

»Mhmmm«, murmelte ich genervt. Wieso musste er schon weg? Wieso konnte er nicht noch bleiben und eine weitere Runde mit mir einlegen? Diese Gedanken kreisten in meinem Kopf, doch zu Ben sagte ich nichts. Brauchte ich auch nicht, denn ich wusste sowieso, was er sagen würde. »Es geht leider nicht anders«, war seine Standardantwort, wenn es um dieses Thema ging. »Es ist leider so. Seien wir froh, wenn wir überhaupt Zeit für uns haben.«

Heute sagte er dies nicht, doch ich wusste, er hätte es gesagt, wenn ich ihn drauf angesprochen hätte. Stattdessen hörte ich noch ein leises »Tschüss« und kurz darauf die Wohnungstür, die ins Schloss fiel.

Ich blieb allein und nackt im Bett zurück. Mir war heiß, meine Schulter tat wieder weh, außerdem war meine Laune im Keller. Auch wenn Ben absolut befriedigend war, die Situation war es nicht, musste ich mir eingestehen. Zu gern wäre ich mit ihm noch liegen geblieben. Danach hätten wir zu Abend essen können und dann vielleicht noch einen Film gemeinsam angesehen. Wir hätten noch ein weiteres Mal Sex haben können, bis wir vor Erschöpfung eingeschlafen wären ...

Das Läuten der Tür holte mich aus meinen Tagträumen. Ich stand auf und drückte kurz darauf den Summer, ehe ich Schritte im Stiegenhaus hörte und die Wohnungstür öffnete. »Hast du was vergessen?«, fragte ich und sah durch den Türspalt nach draußen. Doch da stand gar nicht Ben.

»Oh, hi, Verli!« Auf sie hatte ich ganz vergessen.

Verli bedachte mich mit einem skeptischen Blick, als sie sah, dass ich nackt war. »Störe ich gerade?«

»Nein, schon gut. Komm rein. Ich zieh mich nur schnell an.« Ich ging quer durch die Küche zurück ins Schlafzimmer und schlüpfte in Jogginghose und T-Shirt. Meine zerzausten Haare band ich mit raschen Bewegungen zusammen, ehe ich zurück zu Verli ging, die bereits an meinem kleinen Esstisch saß und einen Zettel vor sich liegen hatte.

»Wie geht's?«, fragte sie.

»Ganz gut«, meinte ich und rieb mir nachdenklich die ziehende Schulter. *Vielleicht hätte ich mich doch ein wenig zurückhalten sollen*, ging es mir durch den Kopf. Manche Stellungen mit Ben waren nicht gerade förderlich für mein lädiertes Gelenk …

»Und, was machst du so den ganzen Tag?«

Verli tat unschuldig, doch ich wusste genau, dass sie Ben gesehen hatte. Sie musste ihn einfach gesehen haben! Er war schließlich kurz vor ihr erst gegangen. Bestimmt waren sie sich am Parkplatz begegnet. Wie er aussah, das wusste sie von den Facebook-Fotos, die ich ihr von seinem Profil gezeigt hatte.

»Och, ein bisschen Fernsehen und so«, antwortete ich ausweichend und setzte mich ihr gegenüber. »Spazieren war ich auch. Wollte mich ein bisschen bewegen.«

»Bewegen«, echote Verli und sah mich doppeldeutig an, doch ich ignorierte ihre Anspielung.

»Was hast du da?«, fragte ich stattdessen und sah auf den Zettel vor ihr auf dem Tisch. Ich hatte keine Lust auf eine Moralpredigt. Ich wusste sowieso, was sie von dem ganzen hielt.

»Das wäre die Bestellung für die Bio-Kiste«, erklärte Verli und schob mir den Zettel rüber. »Wir brauchen sie nur fertig mit unseren Bankdaten und Adressen auszufüllen und hinmailen, dann sind wir schon morgen bei der Tour dabei.«

»So schnell geht das?«

Verli nickte. »Ich hab mit dem Bauern telefoniert, der die Kiste für unsere Region bestückt. Er hat uns schon eingeplant. Sobald die Bestellung schriftlich bei ihm ist, sind wir fix dabei.«

Ich holte einen Stift und füllte gemeinsam mit Verli das Blatt aus. Bei der Wahl der Kiste war ich ratlos. Verli nahm die »bunte Kiste«, die gemischt mit Obst und Gemüse befüllt war. Ich war mir nicht sicher, ob mir das viele Gemüse schmecken würde, geschweige denn, was ich damit kochen sollte.

»Hier, nimm die Obstkiste.« Verli tippte auf die untere Zeile. »Nächste Woche kannst du ja eine andere nehmen. Brauchst nur ein Mail hinzuschreiben. Das geht echt easy«, erklärte sie mir knapp, während sie selbst noch ihre Adresse ergänzte und schließlich das Formular unterschrieb.

Ich folgte Verlis Rat und kreuzte die Obstkiste an, ehe ich unten das Kleingedruckte las. »Was, der kommt um sechs?«, bemerkte ich erstaunt. »Da schlaf ich ja noch.«

Verli lachte. »Ab sechs«, erklärte sie. »Außerdem kannst du dem Zulieferer sagen, wo er sie dir hinstellen soll. Du brauchst gar nicht anwesend zu sein, du kannst ihm auch für unten einen Schlüssel legen, dann stellt er dir die Kiste vor die Wohnungstür.«

»Und das klappt?« Ich war skeptisch. Ich sollte einem wildfremden Menschen den Schlüssel unter die Türmatte legen?

Verli nickte. »Ja, der Bauer meinte, das würden sie bei vielen Wohnungen so machen. Da brauchst du keine Bedenken zu haben. Sie sind absolut vertrauenswürdig«, versicherte sie mir.

Meine Zweifel waren noch nicht ganz aus der Welt geräumt, doch ich fügte mich. *Verli wird schon wissen, was sie tut*, sagte ich mir.

Kurz darauf scannten wir unsere Formulare und ich schickte sie per Mail mit meinem PC, der meistens unbenutzt auf dem Schreibtisch in der Ecke des Wohnzimmers stand, zu der angegebenen Adresse. Die Bestätigungsnachricht würde ich später von meinem iPad aus abrufen. Doch zuerst musste ich etwas essen. Ich hatte mächtigen Hunger, fiel mir auf. Ben hatte meine Energiereserven ziemlich verbraucht.

»Hast du schon gegessen?«, fragte ich Verli und holte mein Handy. »Ich bestell mir was vom Chinesen.«

»Ich hab schon, danke.«

Also orderte ich für mich allein. Reis, Huhn süß-sauer und Frühlingsrollen. Eine halbe Stunde würde es dauern, so die Auskunft. In der Zwischenzeit vereinbarte Verli mit dem Zulieferer, der bei ihr angerufen und nach unseren Lieferwünschen gefragt hatte, wo er die Kisten hinterlegen sollte.

»Ja, genau. Einfach hochkommen in den ersten Stock und dort vor die Tür stellen. Den Schlüssel können Sie in den Briefschlitz werfen … Okay, alles klar … Bis morgen.« Verli legte auf und grinste mich an. »Na, da bin ich mal gespannt. Musst mir dann sagen, wie das bei dir klappt. Bei mir stellt er sie hinten zur Terrassentür.«

»Machen die das bei jedem Kunden, dass sie so zuvorkommend sind und extra anrufen?«

»Das Unternehmen gibt es noch nicht so lange«, erklärte mir Verli. »Und der Fahrer, der grad am Telefon war, hat gemeint, er würde bei jedem vorher anrufen, damit er Bescheid weiß. Über zwei Ecken über das Büro würden nämlich oft Infos verloren gehen.«

»Was für ein Arbeitseifer«, entkam es mir sarkastisch.

»Ja, er klang voll nett und voll motiviert«, erwiderte

Verli ernst.

»Jung oder alt?«

»Hm, könnt ich jetzt gar nicht sagen. Schwer zu schätzen.« Verli zog die Schultern hoch. »Keine Ahnung.«

Ich stellte mir vor, wie ein älterer, rundlicher Herr in Latzhose und mit schwieligen Händen die vielen Kisten auslieferte und den Leuten vor die Tür stellte. Am Kopf setzte ich ihm gedanklich noch so eine alte typische Kappe auf. In meinen Vorstellungen konnten solche Leute nur so aussehen. Verli erzählte in der Zwischenzeit von ihrer Arbeit, doch ich hörte nur mit einem halben Ohr zu. In Gedanken war ich wieder bei Ben und unserem geilen Sex.

»Hörst du mir überhaupt zu?«

»Hm? Ja, klar, wieso?«

»Ich hab gerade gefragt, ob du noch etwas brauchst. Soll ich morgen noch mal kommen?«

»Ach so, nein, ich komm klar«, winkte ich ab.

»Dann meld dich einfach, wenn du Lust zum Quatschen hast.« Verli stand auf und hängte ihre Tasche um die Schulter. »Ab morgen bist du außerdem dann eh mit vielen Vitaminen versorgt«, fügte sie zwinkernd hinzu, ehe sie sich verabschiedete und die Wohnung verließ.

Lange währte die Ruhe nicht. Kurz darauf läutete es wieder. Heute gab sich zum dritten Mal schon ein Besuch die Klinke in die Hand, fiel mir auf.

Ich meldete mich an der Gegensprechanlage – nochmal würde ich nicht mehr einfach so die Tür öffnen, hatte ich mir vorgenommen.

»Sie haben Essen bestellt«, knackte es durch den Hörer, also drückte ich den Knopf für die Haustür. Kurz darauf setzte ich mich vollbepackt mit Frühlingsrollen, Reis,

Fleisch und Soße auf die Couch und ließ es mir schmecken, während im Fernsehen *The Big Bang Theory* lief. Ich mochte die Serie rund um den hochintelligenten, jedoch irgendwie verrückten Kerl Sheldon, auch wenn ich mich oft weit entfernt von seiner Intelligenz fühlte. Manchmal konnte ich den Dialogen nicht richtig folgen, vor allem wenn es um irgendwelche physikalischen Dinge ging …

*Pling.*

Ich legte meine Gabel beiseite und griff zu meinem Handy. Eine Nachricht von Ben. Aufgeregt öffnete ich sie.

*Bin daheim und war grad duschen. Geil war's.*

*Ja, voll geil. Ich esse gerade,* tippte ich grinsend zurück. Irgendwie grinste ich immer, wenn ich mit Ben schrieb. Ich konnte nicht anders und war froh, dass ich allein war. Sah bestimmt eigenartig aus – ich mit Handy in der Hand und Dauergrinser im Gesicht.

*Essen klingt gut. Muss erst schauen, was es gibt. Sie ist noch nicht da.*

*Hättest ja mitessen können*, schrieb ich und schob mir die letzte Frühlingsrolle in den Mund.

*Hätte lieber noch an dir weitergenascht.*

*Das klingt noch besser.* Dann starrte ich auf das Display. Ben anscheinend auch. Niemand schrieb. Jeder wartete auf den anderen.

*Und was geht sonst so?,* tauchte schließlich auf meinem Handy auf.

*Nicht viel. Verli war vorhin noch hier.*

*Aha.*

Wieder Stille.

*Wie lange bist du eigentlich noch zuhause?*

*Bis nächste Woche bestimmt. Am Montag muss ich zum Arzt zur Kontrolle.*

*Aha. Wär toll, wenn wir uns dann wieder sehen könnten ;)*
*Ich werde mich bemühen*, schrieb ich zurück und fügte noch einen grinsenden Smiley hinzu. *Sehen wir uns vorher noch mal?*
*Hm, eher nicht. Komme arbeitsmäßig nicht gut weg und ich weiß nicht, was sie diese Woche noch geplant hat.*
Sie. Seine Frau.
*Okay,* tippte ich ein wenig enttäuscht zurück, was Ben nicht mehr las, denn er war offline und blieb dies auch bis zum nächsten Morgen. Sie war wohl wieder zuhause ...

# 10.

Früh am Morgen weckte mich Schlüsselklappern. Meine Schlafzimmertür war offen und der Vorraum lag nur wenige Schritte entfernt, weshalb mir laute Geräusche im Stiegenhaus kaum verborgen blieben, erst recht nicht jene, die direkt vor meiner Tür stattfanden. Mein Zuhause war klein und die Wände so dünn, dass ich manchmal in der Wohnung neben mir den Föhn hören konnte. Und heute war es eben dieses Schlüsselklappern, das ich von irgendwo da draußen im Halbschlaf wahrnehmen konnte.

Ich drehte mich um und wollte weiterschlafen, doch dann vernahm ich ein lautes Geräusch direkt an meiner Wohnungstür. Erschrocken setzte ich mich in meinem Bett auf und horchte. War jemand in meiner Wohnung? Vielleicht ein Einbrecher?? Vorsichtig lugte ich um die Ecke zum Vorraum und erkannte im Dämmerlicht des frühen

Morgens die Lärmquelle. Der Schlüssel, den ich wie vereinbart unten an der Haustür hinterlegt hatte, war durch den Briefschlitz hereingeworfen worden. Meine Tür war noch eine von dieser altmodischen Sorte mit diesen schmalen Klappen, durch die die Post direkt in die Wohnung fallen konnte. Würde sie denn im Haus verteilt werden, rief ich mir in Erinnerung. Seit es die neuen Postkästen unten gab, musste jeder Bewohner selbst die Post holen, weshalb diese Briefschlitze eigentlich völlig unnötig geworden waren und nie genutzt wurden. Oder zumindest fast nie.

Erleichtert darüber, dass es kein Einbrecher war, ging ich in den Vorraum und hob den Schlüssel auf. Dann öffnete ich die Wohnungstür und sah eine grüne Plastikkiste vor mir stehen, gefüllt mit frischem Obst und kleinen Zeitungspapierpäckchen. Meine erste Bio-Kiste war da!

Auch wenn ich mehr oder weniger von Verli dazu überredet worden war, so freute ich mich doch darauf und war gespannt, was denn so alles drinnen sein würde. Ich hob die Kiste hoch, trug sie in die Küche und stellte sie auf den Tisch, wo ich neugierig begann, den Inhalt auszuräumen. Pfirsiche, Birnen, Bananen und eine kleine Melone kamen zum Vorschein und landeten eines nach dem anderen auf meinem Esstisch. In Zeitungspapier gewickelt fand ich Trauben und Heidelbeeren und war etwas überrascht von dieser Menge an Obst. Ojemine, was sollte ich bloß mit so viel machen? War das tatsächlich eine kleine Kiste? Ich sah auf dem Lieferschein nach. Es schien kein Fehler unterlaufen zu sein, denn die Menge war dort genau so vermerkt und ich begann darüber nachzudenken, wie ich das alles bloß am besten verwerten konnte. Noch dazu in nur einer Woche! So viel Obst aß ich doch nicht einmal in einem ganzen Monat und schon gar nicht so viel unterschiedliches! Ob ich vielleicht auf einen zweiwöchigen Rhythmus umsteigen sollte?

Nachdem die Kiste endgültig geleert war, fand ich am Boden ein schmales A4-Heftchen. Bestimmt war es auf umweltfreundlichem Papier gedruckt, denn es war matt und bräunlich. Für einen Moment wurde ich an die Zeit in der Volksschule erinnert, wo es bei manchen Eltern schick war, wenn man das familiäre Umweltbewusstsein demonstrieren und die Kinder mit bräunlichen, recycelten Heften in die Schule schicken konnte. Wie hatte ich diese Hefte gehasst! Andere Kinder hatten schöne weiße und ich so hässliche braune …

»*Unser biologischer Rezepttipp*« las ich auf der ersten Seite des Bio-Kisten-Heftchens in verschnörkelter Schrift. Dem folgte eine Anleitung für ein Wiesenhuhn auf Gemüsebett. Wiesenhuhn? Ich las zweimal, doch ich hatte mich nicht verlesen. Schließlich erfuhr ich, dass dies die Bezeichnung für ein biologisches, völlig artgerecht gehaltenes, überglückliches Huhn war. Und ich dachte beim Einkaufen immer, es würde reichen, wenn ich ein inländisches Huhn kaufen würde!

Am Ende des Rezeptes stand in einem orangefarbenen Kreis noch eine Frage wie bei einem Rätsel: *Was bevorzugen Sie – Biofleisch vom Diskonter oder regionales Schnitzelfleisch vom Metzger?* Ich dachte kurz nach und kam zu dem Entschluss, dass Biofleisch wohl vorzuziehen sei, doch meine Meinung war falsch. Warum, war im Artikel geklärt, der als Themenschwerpunkt dieser Ausgabe auf der nächsten Seite folgte. Lang und breit wurden die Vorzüge eines regionalen Metzgers erläutert, der einen Handwerksberuf ausübe, der unter Druck stehe, denn die

EU-Zulassungen würden es ihm nicht leicht machen. Weiters arbeiten immer weniger kleine Metzger richtig handwerklich. Viele konnten bereits dem enormen Druck der großen Konzerne, die selbst Bio-Fleisch mit günstigen Preisen auf den Markt brachten, nicht mehr standhalten. So war er zum Sterben verdonnert, wie der kleine Greißler-Laden und der Bäcker ums Eck.

Als weiterer Vorteil, beim regionalen Metzger einzukaufen, wurde im Artikel hervorgehoben, dass ein guter Fleischverarbeiter sein Produkt kenne. Er könne Unterschiede im Fleisch erkennen und dem Kunden beschreiben, zudem biete er auch Spezialitäten an. Außerdem wäre die Wahrscheinlichkeit groß, dass er mit regionalen Produzenten und Bauern zusammenarbeite, weshalb sich der ökologische Fußabdruck verringern würde. Der, bitte, was?? Der ökologische Fußabdruck? Ich überflog die weiteren Vorzüge des Metzgers und las am Schluss den Hinweis, dass in der letzten Ausgabe über den Fußabdruck berichtet wurde. Online könne man diesen Artikel nachlesen, was ich dann auch gleich auf meinem iPad tat. Vorher las ich mir die Begriffserklärung auf Wikipedia durch:

*»Unter dem ökologischen Fußabdruck (auch englisch Ecological Footprint) wird die Fläche auf der Erde verstanden, die notwendig ist, um den Lebensstil und Lebensstandard eines Menschen (unter den heutigen Produktionsbedingungen) dauerhaft zu ermöglichen. Das schließt Flächen ein, die zur Produktion von Kleidung und Nahrung oder zur Bereitstellung von Energie benötigt werden, aber z.B. auch zur Entsorgung von Müll oder zum Binden des durch menschliche Aktivitäten freigesetzten Kohlenstoffdioxids. Die Werte werden in globalen Hektar pro Person und Jahr angegeben.«*

*Footprint, da war doch was?*, dachte ich mir und grübelte. Schließlich fiel mir ein, dass Verli mich aufgefordert hatte, meinen Footprint zu berechnen. Ich hatte völlig darauf vergessen, doch jetzt schien der Moment zu passen und ich klicke auf einen solchen Rechner, der in den weiterführenden Links des Bio-Kisten-Heftchens angegeben war. Ich war neugierig geworden und wollte wissen, wie denn mein Fußabdruck aussehen würde, der laut Verli ziemlich viel über das eigene Leben und Konsumverhalten aufzeigen solle.

Knapp zehn Minuten brauchte ich für die vielen Fragen zu den Bereichen Wohnen, Ernährung, Mobilität und Konsum. Das Ergebnis folgte sofort: Ich lag über den Durchschnitt, was mich aber eigentlich nicht so verwunderte, da ich mir gut vorstellen konnte, dass es viele gab, die bewusster lebten als ich. Richtig beunruhigend fand ich erst den Satz, der meinem Ergebnis folgte, denn dort stand: »*Hätten alle ErdenbürgerInnen Ihren Fußabdruck, bräuchten wir 3,49 Planeten, um allen den gleichen Zugriff auf Ressourcen und Energie zu ermöglichen.*«

3,49 Planeten?? Das fand ich ziemlich heftig. Es gab ja nur unsere Erde! Und das bloß einmal, zumindest so lange, bis irgendwo ein weiterer lebenswerter Planet gefunden wurde. Hätten alle Menschen so eine Lebensweise wie ich, würde also in einer Generation die Erde nur noch ein trostloser verbrauchter Ort sein, fasste ich zusammen und fand diese Vorstellung ziemlich bedrückend. Konnte das tatsächlich so sein? Ich ging die einzelnen Fragen noch einmal durch und fand einige Punkte, die ich verbessern konnte, um einen kleineren Fußabdruck zu erhalten. Im Bereich Wohnen ließ sich nicht viel machen. Ich konnte nicht das Haus umbauen und die Heizung ökologischer gestalten, das war mir als Mieterin einfach nicht möglich, doch vor allem in den Bereichen Ernährung und Konsumverhalten war noch viel Potenzial vorhanden, bemerkte ich.

Gefühlsmäßig saß ich eine halbe Ewigkeit vor diesem Heft des Biohofes und vor meinem iPad. Ich las, dachte nach und holte mir den mittlerweile dritten Kaffee, den ich dann nebenbei schlürfend aus einer grellgelben Tasse trank, bis ich mich mit brummendem Schädel auf meinem Sessel zurücklehnte. Mein ökologischer Fußabdruck hatte mir verdeutlicht, dass meine unbedachte Lebensweise so nicht weitergehen konnte. Ich musste etwas an mir und meinem Verhalten ändern! Wie gelegen doch dieses Krankenstandsprojekt gerade jetzt kam, auf das Verli mich gebracht hatte!

Ich nahm mir vor, mich intensiver mit den Themen Nachhaltigkeit und ökologische Lebensweise auseinanderzusetzen und ich nahm mir vor, meinen Fußabdruck zu verringern. War das machbar? Doch vor allem: Wie sollte ich das anstellen? Ich holte Stift und Papier und begann die Empfehlungen der einzelnen Kategorien des Online-Tests zu lesen und diese für mich passend aufzuschreiben. Zehn Minuten später war ich fertig. Ich hatte ungefähr zwanzig Kritikpunkte meiner Lebensweise notiert, Punkt 1 und 2 würde ich gleich umsetzen.

*1.) Den Stromverbrauch reduzieren.*
*2.) Ressourcenschonendes Leitungswasser trinken.*

Für gewöhnlich trank ich gerne Säfte und hin und wieder Limos, doch anscheinend war es besser (und natürlich auch gesünder) wenn man sich auf Leitungswasser beschränkte, sofern es denn genießbar war. Da ich wusste, dass das regionale Trinkwasser bei uns qualitativ sehr gut war, hatte ich in dieser Hinsicht keine Bedenken. Mehr Sorgen machte ich mir hingegen um mich selbst, denn auf Dauer konnte ich mir nicht vorstellen, nur fades Wasser zu trinken.

Ich sah im Kühlschrank nach und entdeckte noch zwei Orangensaftpackungen. Die würde ich noch austrinken, beschloss ich, und danach keine neuen mehr kaufen. Den Himbeersirup neben meinem Spülbecken würde ich hingegen nicht aufgeben, denn dieser hielt ja eh fast ewig. Zudem würde der mein Wasser nicht ganz so langweilig schmecken lassen. Ich fand, dies war ein guter Mittelweg und war fürs Erste zufrieden.

Als nächstes begann ich, stromfressende Übeltäter zu suchen. Ich steckte alle Geräte aus, die ich nicht brauchte, denn anscheinend benötigten diese im Standbymodus gewaltig viel Strom. Vor allem wenn man das auf das Jahr oder die durchschnittliche Lebenszeit eines Menschen rechnete! Eine Menge, die nicht sein musste, wenn man die Geräte aussteckte oder sie an eigene Stromverteiler anschloss, die man mit einem Kippschalter ausschalten konnte. Ich entfernte also den Föhn im Bad, der neben dem Waschbecken an der Wand hing und ständig eingesteckt war, und einige Geräte im Wohnzimmer. Da ich wusste, dass ich einen solchen Verteiler mit drei Steckdosen hatte, der separat ausgeschaltet werden konnte, schloss ich diesen an meinem Fernseher an.

So war ich den ganzen Vormittag über beschäftigt. Ich eilte durch die Wohnung wie ein hektisches Huhn – immer noch in Nachtgewand, ungeschminkt und mit zerzausten Haaren. Vom Steckdosenumstecken kam ich schließlich zum Staubwischen und Aufräumen, bis ich letztendlich mit dem Staubsauger barfuß durch die

Wohnung schlurfte. Plötzlich war ich voll motiviert, etwas zu tun und für Ordnung zu sorgen. Da dies sehr selten vorkam, musste ich die Chance nutzen, sagte ich mir und ignorierte meinen pochenden Schädel und die schmerzende Schulter, die ich weitgehend zu schonen versuchte, was gar nicht so einfach war.

Gegen halb 12 ließ ich es dann sein, stellte den Staubsauger zurück in den Abstellraum und setzte mich auf die Couch. Ich war fix und fertig. Und ich hatte Hunger. Gedanklich holte ich meine Liste hervor und erinnerte mich an den nächsten Punkt meines Fußabdruckes:

*3.) Biologischen, saisonalen und regionalen Lebensmitteln den Vorzug geben.*

Auch wenn es nur Obst war, meine Bio-Kiste kam mir sehr gelegen. Biologischer ging es wohl nicht mehr, dachte ich und bedankte mich gedanklich bei Verli, dass sie mir den Schubs gegeben hatte, die Kiste zu bestellen. Irgendwie war es gar keine so schlechte Idee gewesen.

Mit dem Inhalt, den ich am Morgen in der Kiste hatte und der noch immer auf meinem Esstisch verteilt lag, machte ich mir einen Obstteller. Voll motiviert schnitt ich von den vielen Früchten Scheiben ab und drapierte diese ansehnlich. Ich hatte richtig gute Laune und war ein wenig später vom Geschmack des Obstes ganz überrascht, denn als ich es aß, musste ich mir eingestehen, dass es sehr gut schmeckte. Und so intensiv! Die Pfirsiche waren saftig und angenehm süß, ebenso die Heidelbeeren, die ich vom Teller pickte und verschlang. Dabei wurde ich an meine Kindheit erinnert, als ich mit meinen Eltern bei ausgedehnten Spaziergängen im Wald im Spätsommer massig die Heidelbeeren von den Sträuchern aß …

*Rrrrrrrr.*

Das laute Klingeln an meiner Wohnungstür holte mich aus meinen Gedanken. Kurz darauf hörte ich Geräusche im Stiegenhaus. Ich stand auf und sah durch den Türspion. Frau Huber stand kurzatmig vor meiner Tür. Ich seufzte.

»Ja bitte?«, fragte ich durch den Türspalt und setzte ein falsches Grinsen auf. In Wirklichkeit war ich genervt. Was wollte sie von mir?

Für einen kurzen Moment starrte mich die Huber entsetzt an, dann schien sie die Fassung wiederzuerlangen und hielt mir eine Tupperware-Schüssel mit Deckel unter die Nase. Mir wurde bewusst, dass ich wohl immer noch furchtbar aussah. Und ich war noch immer in Nachtwäsche.

»Wie geht es Ihnen, Fräulein Gruber? Schau'n S', ich hab Ihnen was 'kocht, damit S' mir nicht verhungern. Sie sind ja ganz allein und da muss man sich halt in der Nachbarschaft ein bisschen behilflich sein, oder was meinen S'?«

Ich nickte und grinste wieder. »Danke«, sagte ich schließlich und nahm die Schüssel entgegen. »Das wäre aber nicht nötig gewesen.«

»Oh doch«, erwiderte die Huber und starrte mich mit großen Augen an. »Geht es Ihnen denn wirklich gut?« Eindringlich begutachtete sie mein Gesicht und rückte mehrmals ihre dicke Brille zurecht.

»Ähh, ja, alles gut«, meinte ich und wich einen Schritt zurück in meine sichere Wohnung. Die Frau war mir unangenehm. Wieso starrte sie so? Mein blaues Auge kannte sie ja bereits und ich fand, es sah auch gar nicht mehr so schlimm aus.

»Ich stelle Ihnen später die Schüssel vor die Tür«,

erklärte ich und bedankte mich noch einmal. »Bin schon gespannt, wie es schmeckt«, fügte ich höflich hinzu, hielt die Schüssel hoch und grinste wieder, was Frau Hubers Augen noch größer machte.

Noch ehe sie etwas erwidern konnte, hatte ich die Tür geschlossen und die Schüssel in die Küche gebracht, wo ich sie abstellte. Bevor ich unter den Deckel sah, wollte ich wissen, warum die alte Schachtel so komisch glotzte. Nur Sekunden später wusste ich warum. Mein Spiegelbild im Badezimmer offenbarte mein Aussehen – ungeschminkt mit strähnigen zerzausten Haaren und … blauen Lippen und bläulich-roten Zähnen! *Ach du Scheiße … die Heidelbeeren!* Ich sah furchtbar aus, doch als ich an den Blick der Huber dachte, begann ich zu lachen. Was sie sich wohl dachte? Bestimmt konnte sie mit ihren schlechten Augen nicht recht erkennen, warum ich so entsetzlich aussah! Und während ich so lachte, musste ich wieder an meine Kindheit denken. Stundenlang waren wir so im Wald herumgelaufen – mit blauen Lippen und Zähnen. Selbst die Finger waren bläulich-rot gewesen und es hatte ewig gedauert, bis die Farbe weggegangen war. *Na toll, das sind ja tolle Aussichte*n, dachte ich und lachte wieder los, ehe ich begann, Nudeln mit Fleisch und Soße, die ich in der Huber'schen Schüssel vorgefunden hatte, in der Mikrowelle aufzuwärmen. Und während ich eineinhalb Minuten dastand, dachte ich wieder nach. Dachte an den Fußabdruck, an hochwertiges Essen und … stutzte.

*PLING.*

Die Mikrowelle! War da nicht auch mal was?

Ich nahm den Teller mit dem dampfenden Essen vom gläsernen Drehteller und ging grübelnd ins Wohnzimmer. Dort setzte ich mich auf die Couch, hielt mit einer Hand die Gabel, währenddessen ich mit der anderen mit dem Zeigefinger wieder mal am iPad herumtippte. *Mikrowelle schädlich*, gab ich spontan einem flüchtigen Gedanken folgend auf Google ein. In Sekundenbruchteilen kamen die Suchergebnisse und ich hatte die Qual der Wahl.

»*Mikrowellen schaden der Gesundheit.*«
»*Wir machen uns mal frei – Die Angst vor der Mikrowelle.*«
»*Pro und contra Mikrowellengeräte.*«
»*Sind Mikrowellen ungesund?*«
»*Der böse Mikrowellenherd.*«
»*Mikrowelle – keine Gesundheitsgefährdung.*«

Ähh, ja, und nun? Ich entschied mich für den pro und contra Artikel und wurde gleich mal darüber aufgeklärt, was Mikrowellen eigentlich waren, und zwar elektromagnetische Strahlen, deren gesundheitliche Bedeutung noch ungeklärt war. Weiters stand, dass eine Mikrowelle in der Küche ungefährlich sei. Ja klar ... Widersprach sich das nicht?? Ich las weiter und wurde über die Vorzüge einer Mikrowelle in der Küche informiert. Schonenderes Auftauen war ein positiver Aspekt laut Artikel. Weiter ging's mit wertvollen Nährstoffen, die nach dem Garen in der Mikrowelle nicht geringer sein sollen als bei anderen üblichen Garmethoden. Im Gegenteil, der Vitaminverlust bei Gemüse sei sogar geringer als am Herd. Das klang ja jetzt nicht mal so schlecht, oder? Genüsslich und beruhigt aß ich mikrowellenerhitztes Fleisch und Nudeln von der Huber weiter.

Interessehalber wollte ich nun noch wissen, was bei den anderen Onlineartikeln stand, vorzugsweise bei den reißerischen mit negativer Aufmachung. Ich klickte auf den Artikel »*Mikrowellen schaden der Gesundheit*« einer bekannten Gesundheitsseite. Hier ging der Kontext in eine ganz andere Richtung, stellte ich sofort fest, denn Mikrowellen verursachten einer Studie zufolge Veränderungen im menschlichen Blut. Weitere Untersuchungen hätten Beweise dafür erbracht, dass Mikrowellenöfen ein großes Risiko für die menschliche Gesundheit darstellten. Keine Ahnung, warum, doch das Kauen fiel mir nun bedeutend schwerer. Dennoch las ich weiter. Schlechtere Hämoglobin- und Cholesterinwerte, Rückgang von Lymphozyten – was immer das auch war – und beschädigte Zellen im Essen, die leichte Beute für Viren, Schimmelpilze und andere Organismen wären. Weiter unten waren dann noch unzählige Nebenwirkungen aufgeführt, die von einem forensischen Team festgestellt worden waren. Punkt für Punkt las ich sie, kaute immer langsamer und schob schließlich meinen Teller beiseite. Mir war der Appetit gründlich vergangen!

Ich klickte auf den Zurück-Button und wählte den nächsten Artikel aus, den ich jetzt unbedingt brauchte, denn er lockte mit dem Titel: »*Wir machen uns mal frei: Die Angst vor der Mikrowelle*«. Darunter schrieb ein Kolumnist ein Plädoyer an die Mikrowelle. War das Sarkasmus oder ernst? Ich wurde aus den wenigen Absätzen und den wirren Sätzen nicht wirklich schlau, also klickte ich wieder zurück und las weiter. Und weiter. Und weiter … Letztendlich war ich so unsicher, dass ich beschloss, es erstmal sein zu lassen und den Gebrauch der Mikrowelle auf das Nötigste zu beschränken. Sicher ist sicher, dachte ich. Meinen weißen Blutkörperchen und dem Hämoglobin zuliebe …

## 11.

Irgendwann musste ich dann raus. Ich fühlte mich, als würde mein Kopf gleich zerplatzen und die Luft in der Wohnung kam mir abgestanden vor, trotz der gekippten Fenster in jedem Raum. Also zog ich mich an und drehte wieder eine Runde, zuerst einige Meter an den Wohnblöcken vorbei, dann über den Spielplatz in Richtung Wald. Wobei »Wald« eigentlich übertrieben war, denn es war nur eine Ansammlung von Bäumen, die am Rande der Wohngegend stehen gelassen wurden, um grüne Flecken inmitten der betonierten Bauten und Plätze vorweisen zu können und sich damit zu brüsten, dass man eh nicht alles verbauen würde. Bisher war es mir ziemlich egal, ob da Bäume standen oder nicht, doch heute war ich froh darum, denn eigentlich fand ich es doch sehr schön, mal die Asphaltwege hinter mir zu lassen und nur das Rascheln von Schotter, Blättern und Zweigen zu hören.

*BOING.*

Und das Scheppern von leeren Dosen, wenn man sie unabsichtlich wegkickte … Ich blieb stehen und schaute auf die zerdrückte Red-Bull-Dose, die nun neben dem Weg im Gebüsch lag. Sollte ich sie aufheben? Oder doch liegenlassen? Ich sah mich um, fand jedoch keinen Mistkübel. Wieder blickte ich unschlüssig auf die Dose. Wie lange würde so etwas wohl brauchen, bis es verrottet war? Ein paar Jahre? Jahrzehnte? Ewig? Auch wenn ich mich ekelte, ich überwand mich und hob die Dose auf. Bestimmt würde bald ein Mistkübel kommen, redete ich mir tapfer zu und ging weiter. Dabei fragte ich mich, was einen wohl bewegte, seinen Müll auf den Boden zu werfen? Pure Faulheit? Ich selbst war nicht völlig unschuldig, das wusste ich. Das eine oder andere Taschentuch war schon in der Botanik gelandet, vor allem wenn ich irgendwo unterwegs gewesen und weit und breit keine Toilette auffindbar war. Frauen hatten es da nicht so einfach wie Männer … Doch Taschentücher verrotteten! Aludosen nicht.

Kaugummis fielen mir noch ein. Die spuckte ich auch achtlos aus, doch auch da war ich mir sicher, dass diese irgendwann einmal verrotteten. Sonst versuchte ich eigentlich schon, den Mist entsprechend in die Tonne zu werfen.

Ich ging ungefähr zehn Minuten durch das kleine Waldstück, dann bog der Weg rechts ab und ich fand mich wieder von Betonbauten umringt in der Zivilisation vor. Das Rauschen der Bäume war verstummt, ebenso wie meine Gedanken, die sich die ganze Zeit um Abfall gedreht hatten. Und endlich fand ich auch eine Mülltonne, in der die Dose landete.

Kaum zuhause wusch ich mir gründlich die Hände und steuerte sofort die Couch an. Wieder war meine Neugierde geweckt – wie lange brauchte eine Aludose tatsächlich, bis sie verrottet war? Ich googelte und fand schließlich eine Tabelle, die ich überaus interessant fand und die mir gehörig den Kopf wusch, denn es war eine Liste mit Verrottungszeiten. Darin stand, dass Blechdosen 10-100 Jahre brauchten, bis sie verschwunden waren. Und Aludosen? War das das gleiche? Google brachte wieder die Antwort und die Seite eines großen Herstellers bewarb seine Aludose damit, dass sie zu 100% recyclebar war. *Das klingt doch gut,* fand ich. Doch was half das recyclen, wenn die Dose nicht im entsprechenden Müll, sondern im Wald lag? Ich fand, das war Augenauswischerei, denn ich war mir sicher, dass die meisten Menschen Aludosen nicht separat entsorgten, sondern in den Restmüll warfen. Und ob da jemand händisch die Dosen raussortierte, das wagte ich zu bezweifeln ...

Meine Taschentücher fielen mir wieder ein, die im Laufe meines Lebens weggeworfen worden waren. Und die Kaugummis. Wie lange brauchten sie, bis sie verrottet waren? Ich suchte noch einmal die Verrottungsliste. Ganz oben stand die Zeitung mit ein bis drei Jahren. Ein Zigarettenstummel brauchte schon sage und schreibe sieben Jahre! Um einiges länger brauchte schon Styropor mit 600 Jahren, gefolgt von Plastikflaschen mit bis zu 1.000 Jahren und Glas mit 4.000 Jahren Verrottungszeit. Das Papiertaschentuch fand ich mit fünf Jahren im Mittelfeld der Liste, gleichauf mit dem Kaugummi. Ach du Scheiße ... fünf Jahre! Damit hatte ich absolut nicht gerechnet! Ich dachte immer, nach ein paar Regengüssen würde das Taschentuch aufgeweicht und verschwunden sein ... In fünf Jahren fiel viel Regen, bis es sich aufgelöst hätte!

Ich stellte mir vor, wie in all den Jahren hunderte, nein, tausende Menschen durch das kleine Waldstück in der Nähe meiner Wohnung liefen und jeder Mensch immer wieder etwas wegwarf. Hier ein Taschentuch, dort ein Kaugummi, dort drüben eine Plastikflasche ... Vor meinem geistigen Auge war der Boden irgendwann nur noch von Müll bedeckt. Statt des angenehmen Raschelns von Blättern und Zweigen würde es vom Plastik knacken und die Dosen würden bei jedem Schritt scheppern, ganz abgesehen von den kaugummiverklebten Schuhsohlen ...

Angewidert schüttelte ich mich und fragte mich, warum ich mich gerade jetzt mit Müll auseinandersetzte. War es mir nicht sonst auch egal gewesen? Und was sollte ich schon tun? Ich war doch nur ein kleiner Teil in der riesigen Gesellschaft! Wieder pochte mein Kopf. Ich sollte nicht so viel nachdenken … Erschöpft und nachdenklich rieb ich mir die Schläfen und Augen, während ich mich auf der Couch zurücklehnte.

*Pling.*

Mein WhatsApp machte sich bemerkbar. Zum ersten Mal an diesem Tag, wie mir nun auffiel. Es war Ben, der wissen wollte, wie es mir ging und was ich so mache.

*Alles klar bei mir,* tippte ich zurück. *Was geht bei dir so?*
*Passt auch alles. Bin gleich mit der Arbeit fertig.*
*Schön,* schrieb ich. Dann tat sich mal einige Sekunden nichts. Gedanklich stellte ich mir vor, dass ich jetzt bei ihm wäre und wir im Ruheraum erregt übereinander herfallen würden. Lustvoll stöhnend und schnaufend und extrem heiß aufeinander … Ben schien das gleiche zu denken.

*Ich wäre jetzt so scharf auf dich.*

Ich grinste, während ich aufs Handy starrte und dann zurückschrieb. *Ich auch auf dich. Vermiss dich schon.*

*Ich dich auch. Würde dich jetzt gerne ausziehen und dich ganz nah spüren.*

Mein Grinsen wurde noch breiter. *Oh, das wäre schön. Ganz nah und tief.* Während ich die Buchstaben ins Handy tippte, kribbelte es zwischen meinen Beinen. Ich war so geil und Ben so weit weg. Zu gern wäre ich jetzt bei ihm gewesen, hätte ihm die Hose runtergezogen und mich auf ihn draufgesetzt. Hätte ihn geküsst, gestreichelt und einfach nur in mir gespürt … *Kannst du nicht noch schnell vorbeikommen?*

Sehnsuchtsvoll wartete ich auf eine Antwort. Minuten vergingen, doch Ben war nicht mehr online und ich war allein mit meiner Phantasie.

*Pling.*

*Sorry, mich hat wer angerufen. Muss jetzt dann leider los. Sie wartet schon. Bekommen noch Besuch.*

Sie, seine Frau, wartet. *Ich auch*, stellte ich in Gedanken mit Blick auf meine runtergezogene Hose fest und war extrem gefrustet. Am liebsten hätte ich laut aufgeschrien, mit der Hand auf den Tisch geschlagen, mit den Beinen auf der Couch um mich getreten und geflucht. Stattdessen starrte ich auf das Handy, während die Minuten vergingen und Ben offline blieb. Ich fühlte mich einsamer denn je. Und unbefriedigter denn je. Zum ersten Mal in den letzten sechs Monaten, seit Beginn der Affäre mit Ben, stellte ich mir die Frage, warum ich mir das eigentlich antat.

*Leck mich doch am Arsch*, tippte ich wütend ins Handy, nur um kurz darauf die Buchstaben wieder zu löschen. Ich rief mich zur Vernunft. Ich musste einfach akzeptieren, dass er ein Leben hatte, in dem ich nur eine Nebenrolle spielte. Aber eine wichtige Nebenrolle, redete ich mir gleich darauf ein, denn Ben mochte mich. Er mochte mich wirklich! Immerhin hatte er mir das oft genug gesagt und mir erklärt, dass er einfach nicht anders könne. Er könnte es sich nie verzeihen, wenn seine Frau wegen ihm rückfällig werden und sich in schwerster Depression etwas antun würde! Irgendwie konnte ich das verstehen, doch in Momenten wie diesen, in denen ich einfach nur scharf auf ihn war, war es schwer für mich, nur die zweite Geige zu sein.

## 12.

Ich kann mich noch gut daran erinnern, wie ich Ben kennengelernt hatte. Es war ein Samstag. Das Lokal, in dem Verli und ich viel Spaß hatten und in dem ich mit zwei Typen bereits seit einer Stunde heftigst flirtete, lag direkt neben einem noblen Restaurant, in dem eine Firmenfeier stattfand, wie ich später erfahren sollte.

Gegen Mitternacht, die Tanzfläche war gerade gerammelt voll, standen plötzlich ein paar Typen am Eingang in der Nähe von mir und sahen sich um. Sie fielen mir sofort auf, denn sie waren eher nobel bekleidet. Sie wirkten etwas deplatziert, während sie die tanzende Menge beobachteten. Einer von ihnen trug ein hellblaues Hemd unter dem Jackett und genau dieser Typ stach mir sofort ins Auge. Seine dunklen Haare waren am Oberkopf leicht gekräuselt und verliehen ihm mit dem Drei-Tages-Bart ein neckisches Aussehen. Er wirkte gar nicht wie der typische Geschäftsmann, sondern extrem cool und … geil. Ja, er sah einfach nur geil aus, wie er da in der Tür stand und seinen Blick über die Menge schweifen ließ.

Ich beobachtete, wie er mit den anderen Männern die Bar ansteuerte und sich beim Barkeeper etwas bestellte. Von meinem Platz aus konnte ich den Rücken des Mannes sehen. Er wirkte breit und muskulös, und als der Kerl schließlich das Jackett auszog, erkannte ich, dass er einen knackigen Arsch hatte.

Während Verli sich mit ein paar Bekannten von uns unterhielt und von den Neuankömmlingen noch gar nichts mitbekommen hatte, nahm ich mein leeres Glas und näherte mich leicht wankend der Bar. Es war gar nicht so einfach, extrem cool zu wirken, wenn man angetrunken war und noch dazu neue rote Ballerinas trug, die schon seit zwei Stunden an den Fersen schmerzten.

»Hoppla«, rief ich, als ich neben den Männern an der Bar ankam und mit dem Fuß auf dem nassen rutschigen Boden etwas weggerutschte, auf dem wohl jemand etwas verschüttet hatte. Unabsichtlich berührte ich den feschen Kerl, murmelte kurz »Sorry«, stellte mein leeres Glas ab und rief dem Barkeeper zu: »Nochmal so etwas!« Dabei bemerkte ich, dass der geile Typ mich mit einem Seitenblick beobachtete. Ich hatte seine Aufmerksamkeit erfolgreich auf mich gezogen, allerdings sah er eher genervt als von mir angetan aus und wich einen Schritt zur Seite, um mir Platz an der Bar zu machen.

»Noch ein Bacardi-Cola?«, wollte der Barkeeper wissen, der sich genähert hatte und das Glas fragend hochhob.

»Jep«, rief ich nickend und wippte dabei mein Gesäß zum Takt der Musik, während meine Finger im Rhythmus auf dem verklebten Tresen klopften. Ich bemühte mich, extrem cool und sexy zu wirken, denn der Typ neben mir gefiel mir sehr. Bestimmt war er ein richtiger Draufgänger, der nichts gegen kurze geile Sexabenteuer hatte.

»Bitte sehr.« Der Barkeeper stellte ein Glas vor mir ab und lenkte meine Aufmerksamkeit wieder auf sich. »4,50«, fügte er hinzu und hielt mir die offene Handfläche entgegen.

Ich kramte in meinem Handtäschchen, das seitlich neben meinem kurzen roten Kleid baumelte, und bemerkte, dass der geile Typ mich weiter beobachtete. Er sah auf meine nackten Schenkel, während er an seiner

Flasche nippte und ich noch immer nach Geld suchte. Oder zumindest so tat, denn ich wusste, dass ich gar keines dabei hatte. Zumindest nicht in meiner Handtasche.

»Ich übernehme das«, meinte der Typ schließlich und schob einen Fünfeuroschein zum Barkeeper. »Stimmt so.«

»Oh, das ist ja nett«, rief ich gegen die laute Musik kämpfend dem geilen Kerl zu. Dazu hielt ich meinen Kopf leicht gesenkt und klimperte mit meinen Augenlidern. Ich wusste, dass meine langen falschen Wimpern auf diese Weise am besten zur Geltung kamen und so den meisten Männern den Verstand raubten. »Das wäre aber nicht nötig gewesen, …«

»Ben«, ergänzte der geile Typ und zum ersten Mal lächelte er ein wenig.

»Ben«, wiederholte ich grinsend und hielt mein Glas hoch. »Na dann, Prost, Ben.«

Der unglaublich geile Typ stieß mit seiner Corona-Flasche mit mir an und lächelte nun etwas mehr. Dabei bekamen seine Augen einen ganz besonderen Ausdruck, der mich antörnte. Dann nahm er einen Schluck und fragte mich nach meinem Namen.

»Ich bin Laura«, rief ich ihm zu und näherte mich dabei seinem Ohr, damit er mich verstehen konnte. Dabei roch ich sein Parfum. *Mhhhhh …*

»Hübscher Name für eine hübsche Frau«, bemerkte Ben, stützte sich mit den Unterarmen auf die Bar und sah mich immer noch breit grinsend mit einem Seitenblick an. Er flirtet ja bereits mit mir, ging mir angetan durch den Kopf.

»Und, was machst du so? Bist du öfter hier?«, versuchte ich etwas von ihm zu erfahren.

Er wies mit dem Kopf neben sich, wo sich die anderen Männer angeregt unterhielten und laut lachten. »Ich bin mit denen hier. Hatten nebenan im Roxys eine Feier mit der Firma und dachten uns, wir schauen mal hier rein. Scheint ein netter Schuppen zu sein.«

»Ja, ist cool hier«, bestätigte ich.

Ben drehte sich um und lehnte sich mit dem Rücken an die Bar, ehe er seinen Blick suchend schweifen ließ. »Bist du allein unterwegs?«

»Nein, bin mit einer Freundin hier. Dort drüben«, wies ich mit der Hand quer über die Tanzfläche nach hinten zu einer Sitzecke, wo sich Verli laut lachend mit den anderen unterhielt.

»Dein Freund auch hier?«, wollte Ben wissen, ehe er scheinbar gelassen an seiner Flasche nippte.

Ich grinste und sah ihn an. »Hab keinen«, erklärte ich.

»Kann das sein?«, grinste Ben zurück und erwiderte meinen Blick.

Ich zuckte mit den Schultern und erklärte ihm, dass ich nicht so auf Beziehungen stand. »Mir sind die lockeren unkomplizierten Sachen lieber«, ergänzte ich.

Anerkennend zog Ben die Augenbrauen hoch. »Das hört man nicht oft von einer Frau.«

»Ich bin ja auch nicht irgendeine.« Wir sahen uns an. Rund um uns war Lärm, doch für einen kurzen Moment schien die Zeit stillzustehen. Ich sah nur seine blauen Augen, die einen antörnenden Kontrast zu seinen dunklen Haaren bildeten, und spürte, wie mein Herz aufgeregt zu klopfen begann. Der Typ machte mich unglaublich heiß!

»Ups, sorry!«

Wie aus dem Nichts rempelte mich plötzlich von der Seite ein Kerl an und hätte mir beinahe sein Getränk über mein Kleid geleert. Durch den unerwarteten Stoß wurde ich unsanft gegen die Bar gedrückt. Der prickelnde Moment war verflogen.

»Heee«, rief ich empört.

Sofort schob sich Ben zwischen mich und dem torkelnden Betrunkenen, hielt meinen Arm und schubste den Kerl weg. »Verschwinde!«, rief er ihm nach und fügte kopfschüttelnd »Vollidiot« hinzu. »Bist du okay?« Er sah mich besorgt an und hielt immer noch meinen Arm.

»Ja, alles bestens«, erwiderte ich lächelnd. »Passiert mir nicht zum ersten Mal.«

»Was für betrunkene Trottel hier rumlaufen«, stellte er fest.

»Ach was«, winkte ich ab. »Ich bin es mittlerweile gewohnt und außerdem: Ich bin nicht aus Glas. Ich halte schon was aus.« Mit klimpernden Augenlidern fügte ich hinzu: »Da muss man schon einiges anstellen, um mir was antun zu können.«

Stumm sahen wir uns in die Augen. Bens Gedanken schienen Purzelbäume zu schlagen und er nahm einen tiefen Schluck aus der Flasche, ehe er sie abstellte und sich mir zuwandte. »Jetzt hast du meine Neugierde geweckt«, meinte er grinsend. Dabei kam ein kleines Grübchen an seiner rechten Wange zum Vorschein, das ich unglaublich sexy fand. Sein Gesicht kam meinem bis auf wenige Zentimeter näher, ehe er wissen wollte, was man denn mit mir so anstellen könnte.

*Oh lala,* ging es mir durch den Kopf und ich sah ihn neckisch an, während ich mit meinem Finger mit dem Rand des Glases spielte, das mittlerweile leer auf dem Tresen stand. Kreisend bewegte ich die Fingerspitze und blickte zweideutig zu Ben auf, der knapp 20 cm größer war als ich. »Kommt drauf an«, erklärte ich schließlich. »Bei gewissen Betätigungen bin ich hart im Nehmen.« Ich zwinkerte. »Ich bevorzuge harte Sachen.« Dann winkte ich dem Barkeeper und bestellte noch zwei Bacardi-Cola. Dieses Mal würde ich bezahlen. Und zwar mit dem Geldschein, der genau für diese Zwecke in meinem Ausschnitt deponiert war.

»Neun Euro, bitte«, teilte mir der Barkeeper kurz darauf mit und knallte zwei Gläser auf die Bar.

Langsam griff ich in meinen Ausschnitt und ich fühlte förmlich Bens Blick, als er immer noch grinsend sah, was ich tat. »Stimmt so«, sagte ich knapp und nahm die Gläser. Dann drehte ich mich zu Ben und hielt ihm eines hin. »Stehst du auch auf harte Sachen?«, fragte ich schelmisch grinsend und bemerkte zufrieden, dass seine Hose im Schritt gebeult war.

Eine Stunde und drei Drinks später war die Spannung zwischen so geladen, dass es schon zu knistern und blitzen schien. Wir hatten uns durch zweideutiges Gerede so heiß gemacht, dass wir es kaum noch aushielten. Ich war feucht zwischen meinen Beinen und hatte bereits Angst, dass mir ein Rinnsal die Schenkel runterlief.

Ben wirkte auch, als müsste er sich ziemlich beherrschen, also merkte er an, dass er frische Luft brauche. Zu seinen Kollegen gewandt meinte er, er würde nach Hause fahren. Enttäuscht hörte ich, wie er sich verabschiedete, sah jedoch, wie er mir mit den Augen zur Tür deutete. »Komm mit«, schien sein Blick zu sagen.

Ich trank aus und folgte ihm nur wenige Sekunden später. Als ich auf den Parkplatz vor dem Lokal kam, überraschte mich für einen Moment die Kühle der Nacht. Ich zog meine dünne Jacke, die ich noch schnell von meinem Platz geholt hatte, enger an meinen Oberkörper und sah mich suchend um. Ungefähr 50 Meter weiter an einer schwach beleuchteten Mauer erkannte ich Ben, wie er dort wartend im Schatten einer Straßenlaterne stand. Ich ging zu ihm und folgte ihm stumm wenige Meter weiter um die Ecke. Ich wusste, dass dort ein schmaler unbeleuchteter Weg rüber zu den Lagerhallen führte. Dort befanden sich an den Wänden links und rechts zwischen den Hallen Notausgänge mit dunklen Nischen. In eine dieser Nischen zog mich Ben und drückte mich an die metallene Tür. Ich hörte seinen Atem an meinem Ohr, während er sich wortlos und erregt an mich drückte. Mit meinen Händen griff ich auf seinen Arsch und zog ihn noch näher an mich heran.

»Ich weiß nicht, wie du das angestellt hast, doch du machst mich so geil, dass ich nicht widerstehen kann«, presste er atemlos hervor, während seine Hand durch meine Haare fuhr und seine Lippen die meinen suchten.

Ich brachte kein Wort hervor, dazu war ich zu erregt, also küsste ich ihn einfach. Ich drückte ihn an mich und schob meine Zunge in seinen Mund, während ich ihn leise stöhnen hörte. Seine andere Hand fühlte ich an meinem Arsch. Dann wanderte sie suchend nach vorne und schob mein Kleid hoch, bis sie zwischen meinen Beinen nach oben wanderte. Ich stöhnte leise, als er mich berührte und er währenddessen mit seinem Mund mein Ohr küsste. Es gab kein Halten mehr für mich. Eine Hand zwischen den Beinen, seine Zunge an meinem Ohr – diese Kombination ließ mich völlig ekstatisch werden und ich spreizte die Beine, um ihm mehr Bewegungsfreiraum zu geben, während meine Finger an seinem Reißverschluss nestelten. Ich wollte ihn spüren – tief und fest. Dass er einen Ring an seiner rechten Hand trug, war mir in keiner einzigen Sekunde aufgefallen, ebenso wenig das halbe Herz, das an seiner Halskette baumelte. Für mich zählte nur Ben, der so unglaublich geil und sexy war und der mich hier und jetzt wollte.

## 13.

Es blieb nicht bei einem One-Night-Stand. Ben und ich trafen uns drei Wochen, ehe er endlich mit der Wahrheit rausgerückte und mir erzählte, dass er verheiratet war. Dann war ich erstmal so sauer, dass ich ganze vier Tage nicht mit ihm sprach, bis er plötzlich vor meiner Tür stand und sich mit Blumen und geilen Sex dafür entschuldigte, mir seine Frau und die gemeinsame Tochter verschwiegen zu haben. Während sein Schwanz in mir steckte, verzieh ich ihm und kaufte ihm sofort ab, dass ich etwas Besonderes für ihn sei. So hemmungslosen Sex, wie er mit mir hatte, hatte er zuvor noch nie gehabt – zumindest erwähnte er das immer wieder. Wir passten in dieser Hinsicht einfach perfekt zusammen und ich fügte mich in die Rolle der geilen Affäre, die es ihm so richtig besorgen konnte.

Jetzt, gute sechs Monate später, war ich immer noch die Affäre und der Sex immer noch bombastisch. Von mir aus konnte es ewig so weiter gehen, denn eigentlich gefiel es mir ganz gut, sonst keine Verpflichtungen zu haben. Und wenn ich beim Fortgehen jemand anderen traf, dann war es auch kein Weltuntergang, wie mir Ben einmal versichert hatte. Er hätte kein Problem damit, sagte er, würde er mit seiner Frau ja auch Sex haben, worüber ich eigentlich nur ungern weiter nachdenken wollte. Im Grunde passte es so zwischen uns – einzig an so einem Wochenende wie jetzt, wo ich wegen des Krankenstandes quasi zuhause eingesperrt war, nervte es mich tierisch, dass Ben verheiratet war. Für ihn waren die Wochenenden reine Familienzeit und da hatte eine Affäre nichts zu suchen. Ausnahmen bestätigten zwar die Regel, wie ich ja erst letztes Wochenende vor meinem Unfall erfahren durfte, doch für gewöhnlich spielte er auf heile Familie, machte Ausflüge, schlief morgens lange und ging mit Frau und Kind hin und wieder abends ins Kino. An diesen freien Tagen kamen wir nur selten dazu, uns mit dem Handy zu schreiben. Das Risiko, entdeckt zu werden, war bei ihm einfach zu groß, wenn er zuhause war.

Ich war richtig froh, als der Montag endlich da war und das langweiligste Wochenende meines Lebens hinter mir lag. Keine Ahnung, wie oft ich minutenlang aufs Handy gestarrt hatte, in der Hoffnung, Ben würde online gehen und mir schreiben … mir ein Foto schicken … mich geil machen … Doch nichts. Er war nicht da. Weder online noch hier bei mir.

In den letzten beiden Tagen fühlte ich mich einsamer denn je und ich sehnte mir die neue Woche herbei. Nicht nur, weil Ben dann endlich wieder von der Arbeit aus mit mir schreiben konnte, sondern auch, weil ich einen Kontrolltermin beim Arzt hatte. Bestimmt würde ich bald gesundgeschrieben werden und arbeiten können, redete ich mir erfreut zu. Nicht, dass ich mich auf die Arbeit im Laden freute, auf das stundenlange Klamottensortieren und auf das stinkfreundliche Getue mit den Kunden, sondern weil ich dann endlich wieder zu *ihm* konnte! Meine sexuelle Enthaltsamkeit würde ein Ende haben. Scheiß drauf, ob die Schulter schmerzte!

»Fräulein Gruber, das sieht mir leider noch nicht sehr gut aus«, fing der Arzt jedoch mit seiner Hiobsbotschaft an, als ich um zehn Uhr in seiner Praxis vorstellig wurde. Er hatte überaus gründlich die Beweglichkeit der Schulter untersucht und mein schmerzverzerrtes Gesicht zur Kenntnis genommen. »Mit einer geprellten Schulter ist nicht zu spaßen! Und bei Ihrem Job ist es erforderlich, dass Sie erst wieder arbeiten gehen, wenn keinerlei Schmerzen mehr vorhanden sind«, sagte er eindringlich und verlängerte meinen Krankenstand um eine weitere Woche. »Kontrolle in sieben Tagen, 9 Uhr«, verabschiedete er mich und fügte hinzu, dass ich die Schulter möglichst schonen solle.

Mir blieb kaum Zeit, ihm zu widersprechen. Erstens war ich durch seine Bewegungskontrolle viel zu sehr mit dem Schmerz in der Schulter beschäftigt, als dass ich nur ansatzweise etwas erwidern hätte können, und zweitens hatte die Mimik des Arztes sowieso kein Dagegenhalten zugelassen. Mein Hausarzt war einer vom alten Schlag, der mit dicker Brille auf der Nase und weißem Kittel über seinem Hemd hinter einem wuchtigen riesigen Schreibtisch in einem vollgeräumten Raum saß und seit Jahrzehnten nichts anderes tat, als Diagnose um Diagnose zu stellen und Rezepte zu schreiben. Widerstand oder gar Widerrede war zwecklos! Selbst Mütter, die mit ihren kranken Kindern in der Hoffnung auf eine homöopathische Behandlung kamen, um den Körper der armen Kleinen zu schonen, gingen mit geknicktem Kopf und einem Rezept in der Hand wieder aus der Praxis. Der Arzt wusste es einfach besser und in diesem Fall wusste ich: Nichts wird's mit Ben. Kein Ficken. Kein Rumgeschmuse. Nada. Niente. Fräulein Laura bleibt weitere sieben Tage in ihren vier Wänden …

Als ich die Praxis verließ, befand ich mich wieder in der Montagsstimmung, die bestimmt jeder kannte – alles scheiße! Die Sonne schien vom Himmel und ich fand es beschissen, dass es so blendete. Zudem hatte mein Auto einen Strafzettel auf der Scheibe kleben und mein Sprit war fast leer, wie ich an dem nervtötenden Signalton nach dem Anstarten des Motors feststellen musste. Wieder eine Tankfüllung für schlappe 60 Euro. Man gönnte sich ja sonst nichts …

Eine Stunde später war ich zuhause. Und ich war knapp 150 Euro ärmer, da ich noch bei der Bank den Strafzettel einzahlen und einkaufen war. Wahllos hatte ich Lebensmittel in den Einkaufswagen geschmissen, ohne mich näher mit Herkunft oder Anbauart zu befassen. Meine Laune war nämlich so richtig am Tiefpunkt angelangt, vor allem, weil Ben sich noch gar nicht gemeldet hatte. Er wusste doch, dass ich heute beim Arzt war. Wieso schrieb er dann nichts? Wieso fragte er nicht, wie es mir ging?

*Pling.*

Ich war gerade dabei, missmutig meine Einkäufe wegzuräumen, als sich der wohlvertraute Klang von WhatsApp bemerkbar machte. Bestimmt war das Ben! Erwartungsvoll setzte ich mich auf die Couch, denn erfahrungsgemäß konnte der Chat mit ihm mehr Zeit in Anspruch nehmen, doch ich wurde enttäuscht. Eine fremde Nummer hatte mir geschrieben.

*Servus! Wie geht es dir? Schon besser?*

Verwirrt starrte ich auf die Nachricht. Kein Absender. Zudem war mir die Nummer völlig unbekannt. Und vor allem, wer sagte heutzutage noch Servus?

*Wer bist du?*, schrieb ich zurück und fragte mich, wem ich zuletzt meine Nummer gegeben hatte. In Gedanken durchforstete ich meinen letzten Fortgehsamstag, der schon über zwei Wochen zurücklag. Normalerweise kamen solche unbekannten Nachrichten eher nach einem feuchtfröhlichen Wochenende.

*Oh, sorry. Ich bin's, Gilbert.*

»Wer zur Hölle ist Gilbert?«, murmelte ich, um kurz darauf die Erkenntnis zu haben. »Oh, ach du scheiße ...«, entfuhr es mir. Gilbert, der Radfahrer ... *Ach so. Du bist es*, tippte ich dann. *Danke, geht ganz gut. Bin noch bis nächste Woche im Krankenstand.*

*Oje, das klingt nicht gut*, kam kurz darauf zurück. *Schulter?*

*Ja*, antwortete ich und grübelte noch immer darüber, woher er meine Nummer hatte.

*Hast du auch einen Bluterguss? Schmerzen bei der Bewegung?*

Nachdenklich las ich die Nachricht. Häähh?? *Am Schulterblatt bin ich ein wenig blau. Und ja, es tut weh beim Bewegen.* Ich fragte mich, warum er das wissen wollte. Vielleicht war er so ein Spinner, der es geil fand, wenn jemand Schmerzen hatte. Weitere Bilder in meinem Kopfkino verbat ich mir.

*Pling.*

*Wenn der Arm ruht, ist es besser, oder?*

*Ja*, schrieb ich knapp zurück.

*Arnica Montana*, stand nur wenige Sekunden später auf meinem Display.

»Der hat einen kompletten Knall.« Kopfschüttelnd wollte ich das Handy weglegen, doch meine Neugier siegte. Außerdem hatte ich eh nichts Besseres zu tun, da konnte ich doch gleich mit einem Spinner die Zeit vertreiben … *Bitte was?*, schrieb ich deshalb zurück.

*Deine Symptome passen genau zu Arnica Montana. Hilft bei Verletzungen des Bewegungsapparates und bei Hämatombildung.*

Ah ja. *Und wo gibt's das?* Ich stellte mir vor, wie Gilbert mit seinen langen strähnigen Haaren hochkonzentriert eine grüne Paste mit diesem Arnica anrührte und mir auf die Schulter schmierte. Ich schaffte es einfach nicht, diese Bilder aus dem Kopf zu bekommen und war einerseits belustigt, andererseits auch beunruhigt. Wenn er meine Nummer hatte, würde er bestimmt auch meine Adresse wissen! Vielleicht war er ein Stalker!

*Wieso hast du eigentlich meine Nummer?*

*Hab dich auf Facebook gefunden. Da steht sie*, kam als Antwort zurück.

Ich konnte kaum glauben, was ich las … Ich hatte doch meine Nummer nicht drin! Schon gar nicht öffentlich!

Schnell öffnete ich den Browser meines Handys und klickte auf mein Facebook-Profil. Tatsächlich. Da stand meine Telefonnummer mit einer Weltkugel daneben. Das hieß, sie war öffentlich für jeden sichtbar. Und da mein Profilfoto unverkennbar mich zeigte, konnte mich jeder Depp, der meinen Namen wusste, aus den unzähligen Laura Grubers, die es auf Facebook gab, finden und anrufen … Wenigstens war mein Wohnort nur für Freunde sichtbar, stellte ich erleichtert fest und änderte die Einstellung sofort auf privat. Meine Nummer ging schließlich niemanden etwas an. Wenn, dann wollte ich selbst entscheiden, wer sie bekommen sollte. Und Gilbert gehörte definitiv nicht zu diesem Personenkreis, mit dem ich mich gerne austauschte ...

*Arnica bekommst übrigens in der Apotheke. Sind Globulis. Kannst ja mal probieren.*

Ja, klar. Ich sollte also Zuckerkugeln fressen ... Der Typ war echt nicht ganz dicht ... Wie sollten so Kügelchen bei einer Prellung helfen? Da ich jedoch kein unfreundlicher Mensch war, oder mich zumindest bemühte, es nicht zu sein, bedankte ich mich bei Gilbert für den Tipp und wünschte ihm noch einen schönen Tag. Möglicherweise würde ich später eh noch zur Apotheke fahren, da könnte ich dieses Arnicadingsbums gleich mitnehmen und lustvoll lutschen, fügte ich noch mit einem freundlichen Smiley hinzu, während in meinem Kopf der Sarkasmusdetektor laut lospiepste.

Wenn ich dachte, das würde reichen, um Ruhe von Gilbert zu haben, hatte ich mich gewaltig getäuscht. Weitere fünf Minuten lang gab er mir Informationen darüber, welch wunderbare Dinge die Natur nicht bereithalten würde, die man nutzen konnte, wenn man sie brauchte. Ich fand das so dermaßen uninteressant, dass ich die Nachrichten nur noch wegdrückte und irgendwann mal ein knappes »Danke, werd mich mal einlesen« zurückschrieb. Was ich bestimmt nicht tun wollte, doch ich hoffte, er ließ mich dann in Ruhe.

Um die Zeit zu vertreiben, zappte ich sinnlos durch das Fernsehprogramm. Es gab nur Mist und ich hatte keine Ahnung, was ich tun sollte. Gegessen hatte ich bereits, es war aufgeräumt und die Wäsche der letzten Tage gewaschen. Gegen vier Uhr nachmittags begann ich, auf meinem Handy WhatsApp zu öffnen und auf Bens

Namen zu starren. Irgendwann musste er doch mal online gehen, redete ich mir ein. Und tatsächlich, gegen 16:30 änderte sich sein Status und er schrieb schließlich etwas. Mein Herz begann sofort aufgeregt schneller zu klopfen.

*Alles klar bei dir? Hatte heute leider ziemlich viel Stress.*

*Ja, alles klar*, tippte ich zurück. Dann überlegte ich, was ich noch schreiben sollte und biss nachdenklich auf meiner Unterlippe herum. Hätten wir uns gesehen, wüsste ich, was ich tun würde, doch mit dem Schreiben war das immer so eine Sache.

*Wie war's beim Arzt?*

Er hatte es nicht vergessen! *Leider nicht so gut. Muss noch eine weitere Woche im Krankenstand bleiben.*

*Oje. Noch so schlimm?*

*Er meinte, ich kann erst arbeiten gehen, wenn alles schmerzfrei verheilt ist.*

*Nicht gut.*

*Nein.* Dann stockte die Konversation. Niemand schrieb mehr, doch wir beide waren weiterhin online. Ich konnte mir richtig vorstellen, wie er dort saß, an seinem Schreibtisch mit Hemd und Sakko, die dunklen Haare leicht gekräuselt und ein breites Grinsen im Gesicht, das sein kleines Grübchen an der Wange hervorzauberte, während er mit seinen wunderschönen blauen Augen auf das Handy starrte. Wir grinsten meistens beide, wenn wir miteinander schrieben, und wenn wir uns sahen, waren wir so geil aufeinander, dass wir übereinander herfielen und uns quasi dauerküssten. Oder ich blies ihm einen …

*Kopfkino! Ich wär jetzt so geil auf dich*, schrieb ich schließlich.

*Oh ja, ich auch :(*

*Scheiß Situation,* ärgerte ich mich und fühlte mich

extrem gefrustet.

*Wem sagst du das.*

Minuten vergingen. Ben ging offline und ich wartete. In solchen Momenten war ich mehr als genervt von dem ganzen Mist. Immer musste ich zurückstecken und mich an die Begebenheiten anpassen!

*Pling.*

*Sorry, hab schnell was erledigen müssen. Hab dafür gute Nachrichten ;)*

*Ach so? Da war ich ja mal gespannt.*

*Was hast du morgen vor?*

Was für eine Frage! *Hm, ich schätze mal, dass ich zuhause rumhäng ...*

*Dann zieh dir dabei nicht zu viel an ...*

In freudiger Erregung begann mein Herz wild zu klopfen, als ich seine Nachricht las. *Wieso?*, schrieb ich ahnungslos zurück.

*Ich muss morgen zu einem Termin in deiner Nähe. Da könnte sich danach ein Abstecher zu dir ausgehen ;)*

*Echt jetzt?* Ich konnte mein Glück kaum fassen!

*Müsste sich ausgehen. Schätze, so auf den frühen Nachmittag hin. Meld mich vorher noch.*

Das weitere Geplänkel, das zwischen uns hin und her ging, war nichts im Gegensatz zu dem, was sich in meinem Kopf bereits abspielte. Ich stellte mir vor, wie er zur Tür hereinkam und wir im Vorraum übereinander herfielen. Dann legten wir uns aufs Bett, um hemmungslos zu vögeln, ehe wir beide den Höhepunkt erreichten und uns erschöpft in den Armen lagen ...

*Pling.*

*Ich muss jetzt los. Hab Feierabend. Meld mich morgen. Wünsch dir einen schönen Abend!*

Und weg war er. Offline und abwesend. Nicht mehr greifbar. Ich blieb zurück – feucht, geil und lustvoll.

Den restlichen Abend hing ich vor meinem iPad herum und scrollte mich durch zig Facebookseiten und Profile. Unzählige »Freunde« berichteten, was sie heute getan hatten, wo sie waren oder was sie gegessen hatten. Drei Sportskanonen hatte sogar gerade eine Laufapp aktiviert, wo man über Facebook-Likes Durchhalteparolen senden konnte.

Ich kam von einem zum anderen und landete irgendwann auf der Seite von Netzfrauen. Schon oft waren mir deren Postings auf meiner Neuigkeitenseite untergekommen, doch richtig befasst hatte ich mich mit ihnen noch nie. So Umweltzeugs und Gesundheitssachen waren nicht so meins. Kurz dachte ich an Verli und an das Krankenstandsprojekt und fand, es war an der Zeit, mich mit den engagierten Damen zu befassen. Ich hatte schließlich viel Freizeit, also sah ich mir die letzten Meldungen auf deren Seite durch.

Nach einigen Sekunden des Überfliegens von langweiligen Überschriften stach mir ein Link ins Auge. Er wurde vor wenigen Stunden gepostet und hatte bereits 632 Likes. 1487 Mal war er schon geteilt worden. Beim Lesen des Titels wusste ich auch warum, denn dieser war tatsächlich sehr brisant. So brisant, dass ich erstmal mit ungutem Gefühl schlucken musste.

*»Vorsicht! 85% aller Tampons sind mit Glyphosat verseucht!«*, stand in großen Lettern auf meinem Display, nachdem ich den Link geklickt hatte. Darunter sah ich ein großes Foto mit Binden und Tampons und erkannte, dass es sich allgemein um Hygieneartikel handelte. Dinge, die ich jeden Monat benutzte, so wie jede andere Frau auch.

Dass dies schädlich sein sollte, davon hatte ich noch nie etwas gehört! Ernsthaft jetzt?, fragte ich mich und begann zu lesen.

*»Wissen Sie, welche Inhaltsstoffe in Ihren Hygieneartikeln, Binden und Tampons enthalten sind? Wie würden Sie reagieren, wenn es sich nicht um Naturfasern, sondern um nicht-natürliche Baumwollprodukte handelt und dazu noch mit krebsverursachenden Glyphosat-Herbiziden? War Ihnen bekannt, dass 85 % aller Baumwolle, die weltweit angepflanzt wird, genmanipuliert sind?«*

Ich las weiter. Absatz für Absatz. Und das beklemmende Gefühl wurde immer stärker, als darauf hingewiesen wurde, dass eben diese Baumwolle zu Watte und diese wiederum in gängigen Produkten verarbeitet wurde.

*»Erst im August haben wir Netzfrauen darauf hingewiesen, dass Tampons, Vorlagen bzw. Slipeinlagen immer noch mit einer Menge Stoffen belastet sind, die der Gesundheit nicht zuträglich sind. Gefährliche Inhaltsstoffe in Tampons, Binden und Slipeinlagen enthalten unter anderem:*
*- Rückstände von Chemikalien wie Dioxin und Furan, die aus dem Bleichprozess mit Chlor stammen können und als krebserregend gelten,*
*- unbekannte Duftstoffchemikalien, die Störungen im Hormonsystem oder allergische Hautausschläge auslösen können ...«*

Die Liste der Netzfrauen ging noch weiter und auch der Artikel offenbarte noch viel mehr zu diesem brisanten

Thema. Ich scrollte runter und sah eine Liste der Firmen, die genau diese belastete Baumwolle verwendeten. Fast alle Namen kannte ich, fast alle Produkte verwendete ich oder hatte sie mindestens einmal in meinem Leben in Gebrauch – bedenkenlos und ohne jeden Zweifel! Schließlich würde der Hersteller doch wissen, was er da tat und anbot, oder?

Ich war unschlüssig, was ich mit dieser Information anfangen sollte. Alle Tampons verbannen? Slipeinlagen wegwerfen? Und dann? Einfach so vor mich hin bluten? Die Antwort folgte Sekunden später, als ich zurück auf meine Facebook-Neuigkeiten-Seite klickte. Als hätte jemand beobachtet, was ich da gelesen hatte, tauchte eine Werbeanzeige inmitten meiner Neuigkeiten auf. Zu sehen war ein pinkes kelchartiges Ding, das jemand mit Daumen und Zeigefinger in die Kamera hielt. Unter dem Foto stand: »*Menstruationstasse – warum der Cup eine echte Alternative ist.*«

Bitte was? Noch nie gehört, noch nie gesehen. Und ich hatte ein beklemmendes Gefühl in der Brust. Edward Snowden und die NSA kamen mir in den Sinn. Da las ich einen Artikel und bekam sofort als Werbeanzeige eine Alternative präsentiert? Eigenartiger Zufall ... Und doch war meine Neugierde geweckt. In zwei Tagen war mein Pillenblister aus und die Tage standen an. Ich war mir nicht sicher, ob ich weiterhin ruhigen Gewissens ein Tampon unten reinschieben konnte, jetzt, wo ich diesen Netzfrauen-Artikel gelesen hatte ...

Bevor ich den nun gezeigten und gesponserten Link zu der Webseite der Frauenzeitschrift anklickte, wollte ich einen Blick auf die Kommentare unter dem Beitrag werfen. Erfahrungsgemäß ging es bei eigenartigen

Themen ziemlich wüst zu. Das Internet bot einigen Menschen den perfekten Raum, um sich derbe und ohne Rücksicht auf Verluste zu artikulieren. Wie wohl die Meinung zu diesem komischen Ding war? Ich musste nicht lange suchen:

*Boah, ist das eklig! Ich bleibe lieber bei meinen guten alten Tampons!*

*Ihhh, wie könnt ihr nur? Seid ihr im Mittelalter stecken geblieben? Wollt ihr vielleicht noch ein Süppchen damit kochen?*

*Igitt! Widerwärtig und abstoßend!*

*Das sieht ja echt komisch aus, komme mit Tampons jedoch nicht zurecht. Vielleicht probier ich das einmal aus.*

Direkt darunter als Antwort fand ich die, nun ja, nennen wir es netten Zeilen einer, laut Profilfoto, jungen Dame: *Du hast doch 'n Knall! Das ist doch voll grauslich! Allein die Vorstellung, so eine Tasse da unten reinzuschieben, ist mir zuwider! Außerdem kann ich mir gar nicht vorstellen, das Ding rein und dann wieder rauszubekommen!*

Ich scrollte amüsiert weiter. Manche führten sich auf, als hätten sie noch nie Sex gehabt … Mir fiel auf, dass die negativen Meinungen von vielen begeisterten »Tassenanwenderinnen«, wie sie sich nannten, übertroffen wurden. Fast sekündlich kamen neue Posts dazu, die durchwegs von positiven Erfahrungen zu dieser Menstruationstasse berichteten, von der ich bisher noch nie gehört hatte.

Schließlich fand ich ein paar Mädels, die von einer »Tassengruppe« schrieben und darauf verwiesen, sich dort doch mal zu informieren, ehe man sich eine Meinung bildete. Diese Gruppe wollte ich mir später ansehen, zuerst klickte ich auf einen anderen Link und fand mich acht Gründen gegenüber, warum die Menstruationstasse die bessere Alternative zu Tampons war. Die Redakteurin des Artikels habe sich laut eigenen Angaben dem Selbsttest gestellt und eine Tasse ausprobiert, die aus medizinschem Silikon hergestellt und somit absolut unbedenklich für die Gesundheit sei. Bis zu diesem Moment wusste ich nicht einmal, dass es medizinisches Silikon gab … Wieder etwas gelernt …

Insgesamt las ich acht Vorteile und am Ende des Artikels vier Nachteile. Wirklich schlauer war ich nicht geworden, denn immer noch konnte ich mir nicht vorstellen, wie das funktionieren sollte. Man schob sich da unten diese Tasse rein? Und wenn diese dann voll mit Blut war, dann …? Ich schüttelte mich unwillkürlich und sah mich vor mir, wie ich mit der vollen Tasse in der Hand vom Klo durch die Wohnung zum Waschbecken ins Badezimmer schlurfte und dabei aufpassen musste, nichts auszuschütten … Keine sehr schöne Vorstellung …

Und doch war mein Interesse geweckt. So viele Frauen berichteten, dass sie nie mehr etwas anderes verwenden wollten. Konnten die sich alle so irren? Ich suchte also diese ominöse Tassengruppe, von der einige berichtet hatten, und stellte eine Beitrittsanfrage. Zu sehen bekam ich noch nichts, da die Gruppe geschlossen war, also nicht öffentlich zugänglich und einsehbar. Und jetzt?

Ratlos saß ich vor dem iPad und dachte nach. Ich könnte duschen gehen, ging mir durch den Kopf. Meine Haare fielen schon wieder lasch auf die Schulter und glänzten unschön und strähnig. Ich wollte Ben morgen hübsch gegenübertreten, also zog ich mich aus und stieg unter die Dusche. Als ich mein Shampoo nahm und mir in die Haare schmieren wollte, fiel mir wieder die Öko-Tante vom Drogeriemarkt ein. Ob ich mit einem anderen, biologischen Mittel wohl schönere Haare hätte? Schon als Kind hingen mir die Strähnen langweilig ins Gesicht und mit dem Blondieren der Haare ging's rapide bergab. Sie waren noch strähniger und noch schneller fettig geworden, egal welches Shampoo ich verwendete. Zu gern hätte ich volles, dichtes Haar gehabt! Vielleicht sollte ich aufhören, die Haare zu färben und ein anderes natürliches Mittel probieren?

Ich brachte rasch meine Haarwäsche zu Ende, trocknete mich ab, wickelte mir ein Handtuch um den Kopf und suchte auf dem iPad nach Alternativen zu Haarshampoos. Sofort tauchten viele Seiten auf und die Empfehlungen gingen von Lavaerde *(hä?)*, Waschnüssen *(hää?)* und reinem Wasser bis hin zu Seifenkraut *(häää?)*, Natron *(wie bitte? Backpulver?)* und gar nicht waschen *(ernsthaft jetzt??)*. Meine Augen wurden immer größer, ebenso das Fragezeichen in meinem Kopf. Auch das von der Öko-Tante erwähnte Roggenmehl fand ich als Haarwaschalternative, doch konnte ich mich mit dem Gedanken, eine Mehl-Paste in mein Haar zu schmieren, gar nicht anfreunden.

Zu guter Letzt fand ich einige Erfahrungsberichte von Frauen, die seit Monaten ohne jegliches Shampoo auskamen und voll zufrieden damit waren. Ich suchte weiter und entdeckte schließlich einen Foreneintrag, wo es genau darum ging, welche Mittel empfehlenswert waren. Am einfachsten fand ich den Tipp, eine Biomarke vom Drogeriemarkt zu kaufen. Da würde ich mir das Rumgepansche mit Lavaerde, irgendwelchen Nüssen oder Mehlen sparen und hätte zudem einen guten Duft. Hoffte ich zumindest.

## 14.

Am nächsten Morgen wurde ich früh wach. Nicht nur, weil ich mich so sehr auf Ben freute, der heute kommen wollte, sondern weil ich am Vorabend noch eine Liste von Produkten aufgeschrieben hatte, die ich am Vormittag noch rasch besorgen wollte. Vom Bio-Haarshampoo war ich nämlich noch zu einem giftstofffreien Duschgel und einer Zahnpasta ohne Fluoride und chemischen Zusatzstoffen gekommen. Dies alles wollte ich heute kaufen und den Rest in die Tonne werfen. Diese Maßnahmen würden meinem Öko-Projekt bestimmt sehr zugutekommen und zudem würde mein ökologischer Fußabdruck noch kleiner werden, redete ich mir hochmotiviert ein.

Um das ganze noch entsprechend zu unterstreichen, warf ich mir meinen Rucksack auf die rechte schmerzfreie Schulter und ging zu Fuß. Ich war wieder einmal überrascht, wie angenehm es eigentlich war, einfach durch die Straßen zu gehen. Wenn man Zeit hatte, konnte man die Umgebung ganz anders wahrnehmen und zum ersten Mal fiel mir auf, dass ein paar Häuser weiter eine Familie mit drei kleinen Kindern wohnte, die mich ziemlich übermütig aus dem Fenster grüßten.

»Halloohooo!«

»Halli Hallo, wer sitzt am Klo?«

»Hallo, du! Gummischuh!«

Den Rufen folgte übermütiges Gekicher und ich konnte gar nicht anders, als mitzulachen und zurückzuwinken. Das fröhliche Lachen begleitete mich noch einige Meter weiter, ehe ich um die Ecke ging und den Drogeriemarkt erreichte.

Mit der App und dem Strichcodescanner bewaffnet, durchforstete ich alle Regale nach Produkten, die als empfehlenswert auf meinem Display aufleuchteten. Das war sehr mühsam, doch mit der Zeit wusste ich, welche Marken ich meiden musste. Außerdem bemerkte ich, dass die Eigenmarke dieses Drogeriemarktes sehr gute und scheinbar qualitativ hochwertige Produkte anbot, auf die ich nun zurückgriff. So landeten Shampoo, Duschgel, Körperlotion und Zahnpasta in meinem Einkaufskorb.

Bei der Wahl neuer Schminkutensilien hatte ich mehr Probleme und ich fand trotz intensiven Suchens keine Alternative zu meinem Erdbeerlipgloss, den ich so gerne mochte. Unschlüssig blieb ich zwischen den Regalreihen stehen und öffnete den Browser auf meinem Handy. Ich fand Berichte von ÖKO-Test, doch genau die als empfehlenswert eingestuften Produkte gab es hier in diesem Geschäft nicht. Alternativ könnte zwar ich den Lipgloss selbst herstellen, doch nach dem Studieren der Anleitungen fand ich, dass es viel zu aufwändig war.

»Kann ich irgendwie behilflich sein?«

Erschrocken fuhr ich zusammen. Für einen kurzen Moment hatte ich die irrsinnige Vorstellung, die Öko-Tante könnte mich wieder anquatschen, doch es war nur eine Verkäuferin, die mich freundlich abwartend anlächelte.

»Danke, ich suche nur ... ich ...« Entschuldigend hielt ich mein Handy hoch. »Ich war auf der Suche nach einem Lipgloss ohne bedenklichen Zusatzstoffen«, brachte ich schließlich leise hervor.

»Da hätten wir eines hier drüben.« Sie wies eine Regalreihe weiter und ging voraus, während ich ihr folgte. Nur Sekunden später drückte sie mir einen rosaleuchtenden Stift in die Hand und erzählte von den Vorzügen dieser Naturmarke, die frei von jeglichen Zusatzstoffen und Konservierungsmittel produziere. Dieser Lipgloss würde zwar nicht nach Erdbeere schmecken, meinte sie noch immer lächelnd, da ja dann künstliche Aromen drin wären, aber er würde denselben schönen Leuchteffekt haben, wie herkömmliche Produkte. Überzeugt von diesem Vortrag bedankte ich mich und legte den Lipgloss in meinen Einkaufskorb zu den anderen Artikeln.

»Darf's sonst noch etwas sein?«

Ich schüttelte den Kopf. »Nein, danke.«

Da ich nun alles hatte, ging ich Richtung Kasse, doch auf dem Weg dorthin musste ich bei einer langen Reihe mit Damenbinden und Tampons vorbei. Sofort erinnerte ich mich wieder an diesen Glyphosat-Artikel und blieb stehen. Gedanklich überschlug ich die Menge an Tampons, die ich noch zuhause hatte. Eine halbe Packung Slipeinlagen lag auch noch im Kästchen rum, das in meinem WC stand. Für die nächste rote Zeit war ich also ausgestattet, doch richtig wohl war mir bei diesem Gedanken nicht mehr. Nachdenklich besah ich die in Reih' und Glied ausgestellten Packungen, doch ich konnte nichts entdecken, wo *Bio* oder *Öko* angegeben war. Oder irgendetwas ähnlich Nachhaltiges.

»Fehlt doch noch etwas?«

Wieder die freundliche Verkäuferin. Wieso war sie vor über einer Woche bei der Öko-Tante nicht auch so hilfsbereit? Da war weit und breit niemand zu sehen gewesen, wo ich sie doch so gebraucht hätte!

»Äh, nein«, erwiderte ich. »Ich schau nur, was es so

gibt«, murmelte ich abweisend.

»Bei der Damenhygiene ist es leider momentan sehr schwierig, eine Alternative zu finden«, ignorierte die Verkäuferin meine verschlossene Haltung und fuhr unbeirrt fort: »Als Bioprodukt haben wir bisher nur diese Slipeinlagen hier.« Sie hielt mir eine hellgrüne Packung entgegen. »Tampons haben wir leider keine. Als Alternative kann ich jedoch dieses Menstruationsschwämmchen empfehlen«, sie nahm eine kleine Schachtel in die Hand und hielt sie mir entgegen, »und diese Tassen.« Mit der anderen Hand reichte sie mir eine weitere kleine Verpackung. »Bei den Tassen würde ich jedoch dazu raten, sich erst eingehend beraten zu lassen. Leider gibt es momentan viele Fehlkäufe.«

Verwirrt sah ich sie an. *Fehlkäufe?*

Die Verkäuferin schien meine Verwunderung zu erkennen und erklärte, dass die meisten einfach die Größe in M oder L nehmen würden, jedoch dann enttäuscht seien, weil sie die Tasse entweder schwer rein oder raus bekommen würden. Nach einer korrekten Beratung würde das nicht passieren, versicherte sie mir.

Ich starrte sie weiterhin an, hütete mich jedoch, sie zu fragen, wo man sich denn bitteschön beraten lassen konnte, denn ungern wollte ich hier mitten im Geschäft darüber weiterreden. Also sagte ich nur »Danke« und nahm ihr beide Packungen, die sie mir entgegenhielt, ab. »Ich sehe es mir einmal an«, fügte ich hinzu und hoffte, sie würde verschwinden, was sie dann auch tat, da jemand an der Kasse auf sie wartete.

Ich hatte vorgehabt, die Verpackungen schnell wieder ins Regal zu stellen, doch meine Neugierde siegte, denn ich hielt nun eine Menstruationstasse in der Hand, von der im Internet so viele geschwärmt hatten. Sie war pink, sah aus wie ein kleiner Trichter mit einem gerillten Griff unten dran und wirkte etwas groß, bis ich sah, dass es sich um Größe L handelte. Ich stellte das Schwämmchen, das ich ja auch noch in der Hand hielt, und die Tasse zurück ins Regal und griff nach der Verpackung mit der Aufschrift M. Durch das durchsichtige Plastik konnte ich erkennen, dass diese Tasse etwas kleiner war und nicht so angsteinflößend auf mich wirkte. Ob ich es entgegen dem Ratschlag der Verkäuferin einfach versuchen sollte? Was sollte da schon schiefgehen?

In Gedanken überschlug ich den Preis. Mit dem Kauf dieser Tasse, die ich jahrelang verwenden konnte, würde ich auf lange Zeit gesehen viel Geld sparen. Und zudem noch keinerlei Müll verursachen, stellte ich fest. Vor meinem geistigen Auge sah ich zufrieden meinen ökologischen Fußabdruck noch mehr schrumpfen. Als ich wenige Schritte neben mir einen Mann bemerkte, der um die Ecke kam, warf ich die Verpackung mit der Menstruationstasse rasch in meinen Einkaufskorb, legte das Haarshampoo als Sichtschutz drauf und eilte zur Kasse. Mir war es immer sehr unangenehm, wenn ich Frauensachen kaufen musste und dabei Männer anwesend waren. Irgendwie war das so ein eigenartiges Gefühl. Bei Kondomen und Schwangerschaftstests war das auch so eine Sache. Man kam sich vor, als würden sich alle Menschen um einen herum denken: »Schau mal, die kauft Kondome! So ein Luder!« oder »Oh, hat das gute Mädel nicht aufgepasst und muss jetzt einen Schwangerschaftstest machen«.

Mir fiel mein erstes Mal ein, als ich einen Schwangerschaftstest kaufte. Vor einigen Jahren platzte bei einem Kerl, mit dem ich zwei Monate zusammen war, das

Kondom. Zum Glück war es noch leer, also dachte ich mir nicht viel dabei, bis ich zwei Wochen später meine Tage bekommen sollte. Doch sie kamen nicht. In Panik kaufte ich so einen Frühtest, der ab Ausbleiben der Regel schon etwas anzeigte. Das war mir so extremst peinlich! Ich stand damals so lange vor dem Regal mit den Kondomen und Schwangerschaftstest, bis weit und breit niemand mehr zu sehen war, erst dann schnappte ich mir die Packung und eilte zur Kasse, wo ich nicht bedacht hatte, dass fünf Kunden vor mir waren. Als ich endlich dran kam, forderte mich die Verkäuferin auf, meine Artikel doch bitte auf das Band zu legen. Die zwei Frauen hinter mir und der Mann vor mir, der gerade noch seinen Rucksack einpackte, starrten mich an, als ich, blutjunges Mädchen mit siebzehn Jahren, den Test hinlegte. Wäre ich wegen der vermeintlichen Schwangerschaft nicht so nervös gewesen, hätte ich die Schachtel liegengelassen und wäre gegangen. Doch so wollte ich unbedingt wissen, was der Test sagen würde, also überstand ich die Situation, raste nach Hause, sofern das am hügeligen Land mit Fahrrad möglich war, schloss mich im Klo ein und pinkelte auf das Teststäbchen. Minuten später stand fest: Negativ. Keine Schwangerschaft. Den Kauf hätte ich mir sparen können, inklusive dem peinlichen Erlebnis an der Kasse, zumal abends im Kino dann die Blutung einsetzte, zwei Tage später als gedacht. Meine weiße Hose war darüber nicht so glücklich …

An diese Situation erinnert legte ich mit hochrotem Kopf meine Waren auf das kleine Fließband. Die Menstruationstasse platzierte ich zwischen meinen anderen Artikeln. Die Verkäuferin sagte beim Drüberziehen kein Wort, wofür ich ihr sehr dankbar war.

Nach dem Bezahlen packte ich die Dinge in meinen Rucksack und ging eilig nachhause, wo ich mich atemlos auf den Sessel am Esstisch fallen ließ. Ich hasste solche unangenehmen Situationen! Damit mir so etwas nie mehr passieren würde, hatte ich mit der Pille begonnen und nun schwor ich mir, dass dieses Menstruationsding das letzte war, was ich gekauft hatte! In dieser Hinsicht mochte ich vielleicht verklemmt sein, auch wenn ich es sonst nicht war. Ich konnte es mir ja selbst nicht erklären, warum mir das so peinlich war!

Nun ruhiger geworden leerte ich meinen Rucksack und tauschte die vorhin gekauften, nun ökologischen Produkte mit meinen vorhandenen aus. Ich war stolz auf mich, endlich den Schritt gewagt zu haben. Weg mit dem silikonverseuchten Shampoo, ab in die Tonne mit dem mikroplastikversetzten Duschgel, adieu Fluoridzahnpasta! Auch eine neue Bodylotion hatte ich gefunden, die laut App unbedenklich war, und eine Tagescreme mit natürlichen Rohstoffen und wertvoller Bio-Sheabutter war ebenfalls dabei. An die Summe, die ich bezahlt hatte, wollte ich nicht mehr denken, denn günstiger als meine anderen Dinge war dieser Einkauf nicht gewesen. Qualität hatte eben seinen Preis, redete ich mir gut zu und warf die angebrochenen nun unliebsamen Hygieneprodukte in den Restmüll. Doch als ich den vielen Müll sah, war mir nicht ganz wohl. Das war schon eine ziemliche Menge, die ich da wegwarf! Also fischte ich alles wieder raus und stellte es auf den Tisch. Ich beschloss, alles erstmal nur wegzupacken. Vielleicht würde ich mal etwas brauchen. Oder ich schenkte es her. Oder ich hatte mal unangekündigten Übernachtungsbesuch … Besuch. Ben fiel mir ein. Mittlerweile war es Mittag geworden und beim Blick auf die Uhr begann mein Herz wieder aufgeregt zu schlagen. Er würde sich bestimmt bald melden und dann vorbei kommen!

Um frisch und duftig zu riechen, sprang ich unter die Dusche und probierte gleich meine neuen Errungenschaften aus. Das Duschgel war nicht recht viel anders als mein bisheriges, stellte ich fest. Es roch nach Pfirsich und schäumte gut. Beim Haarshampoo war ich etwas skeptisch, doch auch da hatte ich eine gute Wahl getroffen. Es ließ sich leicht einmassieren und fühlte sich im ersten Moment ganz gut an.

Nach der Dusche putzte ich meine Zähne. Das tat ich normalerweise unter tags nicht, doch auch hier wollte ich meinen Kauf ausprobieren. Der erste Geschmack war nicht gerade überzeugend, doch das war immer so, wenn man die Zahnpasta wechselte, das wusste ich. Da schmeckte sie anfangs immer ganz eigenartig, was sich nach ein paar Tagen legte. Ich würde mich an den anderen Geschmack bestimmt gewöhnen.

Nach drei Minuten spuckte ich aus und griff zu meiner weiteren Errungenschaft – den Lipgloss. Meine Neugierde war sehr groß. Würde dieser gleich toll glänzen und langanhaltend sein wie mein bisheriger? Einzig der Erdbeergeschmack würde mir fehlen. Auch Ben stand darauf, beim Küssen meine fruchtigen Lippen zu schmecken. Vielleicht sollte ich Erdbeermarmelade auf die Lippen schmieren, wie es im Internet geraten wurde … Der Gedanke kam mir jedoch absurd vor. Also trug ich den natürlichen biologischen Lipgloss auf, schminkte mich – mit nicht-biologischen Schminkutensilien, denn übertreiben musste ich es ja nicht gleich – und föhnte meine Haare. Ich hatte gehofft, mit einem hochwertigen natürlichen Shampoo mehr Fülle und Glanz in meine Haare zu bekommen, doch scheinbar waren sie ein hoffnungsloser Fall. Sie hingen strähnig und glatt wie immer. Naja, wenigstens fühlte ich mich insgesamt schon recht gut. Mittlerweile war auch meine Vorfreude auf Ben ins Unermessliche gestiegen, auch wenn mein Handy noch immer stumm geblieben war. Kein Anruf, keine Nachricht. Bestimmt würde er sich jedoch bald melden!

Um die Zeit bis dahin totzuschlagen, aß ich eine Banane. Nicht gerade das hochwertigste Mittagessen, doch ich wollte nicht zu viel reinstopfen, denn das blähte meinen Bauch auf. War der Magen jedoch leer, dann war auch der Bauch flacher. Ein alter Fortgehtrick, um richtig sexy in einem hautengen Top auszusehen, den ich heute auch bei Ben anwenden wollte. Ich hatte nämlich vor, ihn gleich an der Tür nackt zu begrüßen, ihm die Kleider vom Leib zu reißen und ihm nur die Krawatte oben zu lassen. Damit würde ich ihn dann ins Schlafzimmer zerren und dann …

*Rrrrrrr.*

Das Läuten an der Tür holte mich aus meinen Tagträumen. War Ben schon da? Aber ich war doch noch gar nicht fertig! Zur Sicherheit sah ich nochmal aufs Handy, doch da war nichts. War er überraschend gleich hergefahren? Unsicher ging ich zur Tür und hob den Hörer an der Wand ab. »Ja?«

»Ähh, hallo, ich …«

Eine männliche Stimme stammelte unten vor verschlossener Tür. Das war nicht Ben, stellte ich enttäuscht fest.

»Hier ist Gilbert.«

Ich riss überrascht die Augen auf. Und auch entsetzt! Was machte der Freak hier? Ich konnte nicht mehr so tun, als wäre ich nicht zuhause, also drückte ich gottergeben den Türsummer und wartete, bis er die Treppe hochkam.

»Hi Laura«, sagte er, als er endlich im ersten Stock angekommen war. Wieder hatte er eine enge Hose und ein T-Shirt an, das ihn noch schmächtiger wirken ließ, als er ohnehin schon war. Das Shirt war bestimmt aus Bio-Baumwolle, doch dieses Mal ohne Spruch, sondern mit einem bunten Peace-Zeichen bedruckt. Oder händisch aufgemalt. Bestimmt mit irgendeiner Öko-Farbe … Seine schulterlangen Haare trug er zu einem Dutt am Hinterkopf, was ihm ein mehr als merkwürdiges Aussehen verlieh. Das kleine Ziegenbärtchen am Kinn war weg, ebenso die strähnigen Fransen, die ihm beim letzten Mal ins Gesicht hingen.

»Muss ich mir jetzt Sorgen machen, weil du meine Adresse weißt?« Es sollte eigentlich scherzhaft klingen, doch meine Skepsis kam durch. Bestimmt spiegelte sie sich auch in meinem Gesicht wider, auch wenn ich versuchte freundlich zu grinsen. Ich war überaus froh, dass ich mir zuvor nicht euphorisch die Kleider vom Leib gerissen hatte, in der Erwartung, dass Ben kommen würde. Das wäre sonst jetzt etwas peinlich gewesen …

»Deine Freundin hat sie mir gegeben«, erklärte Gilbert zu meiner Verwunderung und ich begann, Verli innerlich zu verfluchen. »Ich wollte dir ein kleines Geschenk vorbeibringen, als Entschuldigung.«

»Das wäre doch nicht nötig gewesen«, erwiderte ich irritiert und winkte ab. »Ich war doch diejenige, die Schuld an dem Ganzen war.« Erst jetzt fiel mir auf, dass Gilbert eine weiße Papiertasche in der Hand hielt. Er hatte sie etwas hinter seinen Beinen versteckt getragen. Nun hielt er sie mir entgegen.

»Hier. Damit du rasch wieder auf die Beine kommst.« Er grinste. Dabei tauchte ein kleines Grübchen an seiner Wange auf.

*Wie bei Ben*, ging es mir durch den Kopf und ich starrte irritiert darauf.

»Bitte sehr.« Noch immer hielt er die Tasche hoch.

»Äh, aber das … ich … Danke.« Ich riss den Blick von seiner Wange los und nahm sein Geschenk. Es fühlte sich schwer an, so, als wären Gläser darin. Was er wohl mitgebracht hatte?

*Pling.*

Mein Handy in meiner Gesäßtasche gab einen lauten Ton von sich und vibrierte. Auch wenn es unhöflich war, zog ich es hervor und sah aufgeregt nach. Bestimmt würde Ben bald kommen!

*Bin gerade fertig geworden. Muss aber leider heim. Sie ist krank geworden.*

Sie, seine Frau. Krank. Jetzt. Heute. *Oh du blöde Kuh!*

»Magst reinkommen?«, fragte ich spontan Gilbert. Ich hatte Zeit. Massig viel Zeit! Warum nicht auch mit Gilbert verbringen, wenn er schon vor meiner Tür stand?

»Gern.« Er grinste erfreut und zog sich noch im Stiegenhaus die Schuhe aus, stellte sie fein säuberlich in die Ecke und kam herein. Er schien gut erzogen worden zu sein, fiel mir auf. Ben war da ganz anders. Der schlüpfte aus den Schuhen und ließ sie dann einfach liegen, wie sie gefallen waren … Wieso verglich ich Gilbert mit Ben?? Ich schüttelte unwillkürlich den Kopf und ging mit der Papiertasche voran in die Küche, wo ich sie auf den Tisch stellte und ausräumte. Ein Marmeladenglas kam zum Vorschein, ebenso eine Salbe, fein säuberlich in einen Glastiegel abgefüllt, ein braunes Papiersäckchen mit getrockneten Kräutern und noch ein Säckchen mit getrockneten Apfelscheiben. Außer mit der Marmelade wusste ich mit nichts etwas anzufangen. Ich trank weder Tee, noch aß ich getrocknetes Obst, noch schmierte ich mich mit – ich sah auf den Tiegel – Arnika-Salbe ein.

»Die hat meine Mutter selbst hergestellt. Vegan und natürlich«, erklärte Gilbert stolz. »Die kannst du auf die Schulter auftragen. Sie hilft bei Prellungen und Blutergüssen. Wirst sehen, in zwei Tagen spürst du dann nicht mehr viel.«

Das wären ja gute Aussichten, dachte ich und sehnte einmal mehr ein baldiges Ende meines Krankenstandes herbei.

»Der Tee ist ein beruhigender Kräutertee. Er sorgt für Gelassenheit und Ruhe«, erklärte Gilbert weiter und zeigte auf das kleine Papiersäckchen. »Die Kräuter stammen aus unserem Garten oder aus der Gegend. Ein regionales Produkt also.« Er grinste. Wieder kam dieses Grübchen zum Vorschein, das mich so irritierte. Verlegen packte ich die Sachen wieder ein und schob sie beiseite.

»Danke«, sagte ich schließlich. »Setz dich doch.«

Gilbert stand immer noch und nahm nun auf dem Sessel Platz. Interessiert sah er sich um.

»Nette Wohnung«, sagte er schließlich. »Wohnst du alleine hier?«

Ich nickte. Dann senkte sich unangenehme Stille über den Raum. Ich stand an die Küchenzeile gelehnt, er saß. Beide starrten wir verlegen umher. Das hatte ich wieder notwendig gehabt, dass ich ihn hereingebeten hatte …

»Möchtest du einen Kaffee?« Motiviert und froh, etwas zu tun, holte ich zwei Tassen aus dem Küchenschrank, doch Gilbert winkte ab.

»Nein, danke. Nur Wasser, bitte.«

Während Kaffee in meine Trasse tropfte, füllte ich ihm ein Glas beim Wasserhahn und stellte es auf den Tisch. In dieser Zeit erklärte mir Gilbert, dass Kaffee ihn so unruhig mache und aufwühle. Er trinke diesen deshalb seit Jahren schon nicht mehr, sondern nur noch Wasser und Tee.

»Aha«, murmelte ich, nahm meine Tasse und setzte mich ihm gegenüber an den Tisch.

»Cola hat bei mir den gleichen Effekt«, fuhr er unbeirrt fort. »Was aber kein Wunder ist, bei den Zuckermengen und Zusatzstoffen die drin sind.« Er nippte am Glas. »Mhh, das schmeckt gut«, stellte er fest und nahm einen größeren Schluck.

Verarschte er mich? Das war doch nur Wasser!

»In der Stadt gibt es zwei große Wasserleitungen«, erklärte er, als er mein verwundertes Gesicht sah und wohl falsch interpretierte. »Eine schmeckt besser, als die andere. Das Wasser hier«, er hob das Glas anerkennend hoch, »ist das bessere.«

Mein Gesichtsausdruck war noch immer verwundert. Aber nicht, weil ich mich über zwei Wasserleitungen wunderte, sondern darüber, dass Wasser schmeckte! Wasser war doch nichts? Leer? Fad? Öde? Geschmacklos?

Gilbert fuhr mit seiner Laudatio für Wasser fort. Wie wertvoll es sei, wie hochwertig es für den Körper wäre gutes Wasser zu bekommen und vor allem, wo er überall schon gutes Wasser getrunken hatte.

*Der hat echt einen Knall,* stellte ich fünf Minuten später fest. *Aber so richtig.*

Irgendwann schien er zu bemerken, dass ich kaum etwas sagte, sondern nur hin und wieder ein »Mhm« oder »Aha« murmelte. Er legte beide Hände auf den Tisch, mit denen er bisher enthusiastisch gestikuliert hatte, und sah mich neugierig an, ehe er mich aufforderte, etwas von mir zu erzählen. »Ich weiß ja noch gar nichts von dir.« Er grinste abwartend.

»Äh, von mir gibt es nicht viel zu erzählen. Ich wohn seit ein paar Jahren hier und arbeite im Center Süd in einem Klamottenladen«, antwortete ich eher ausweichend.

»Wo hast du vorher gewohnt?«

Ich winkte ab. »In so einem kleinen Kaff. Da war nicht viel los.« Mehr wollte ich eigentlich nicht von mir erzählen. Er wusste auch so schon genug von mir, vor allem, wo ich wohnte ... *Schönen Dank auch, Verli!*

Seine weiteren Fragen galten meiner beruflichen Tätigkeit. Ob ich meinen Job gern machen würde und ob wir Bio-Stoffe im Sortiment hätten, was ich einmal bejahte und einmal verneinte.

»Schade«, meinte daraufhin Gilbert. »Sonst hätte ich mich ja einmal von dir beraten lassen können.« Er grinste wieder, dieses Mal allerdings noch viel breiter als zuvor. Das Grübchen an seiner Wange schien zu tanzen.

Der Kerl verwirrte mich. Was wollte er von mir? Ich konnte mit so komischen Freaks nicht viel anfangen und ich fragte mich, wie ich ihn nur loswerden konnte, ohne ihn zu offensichtlich rauszuschmeißen. Andererseits war ich jedoch auch froh, dass ich nicht alleine war. Nach Bens Absage war Gilbert eine willkommene Ablenkung, bemerkte ich. Also versuchte ich, das Beste aus der Situation zu machen, und ließ mir von Gilbert lang und breit erklären, was der Unterschied zwischen normaler und Bio-Baumwolle wäre. Und warum er auf regionale Produkte so Wert legte. Und warum Tee um so vieles besser sei als Kaffee aus der Plastikkapsel ...

## 15.

Bis Gilbert ging, hatte ich so viele Informationen über eine nachhaltige Lebensweise bekommen, dass mir der Kopf schwirrte. Kaum war er weg, legte ich mich auf die Couch und massierte meine Schläfen. Die Bewegung mit dem linken Arm tat nicht gut, denn meine Schulter begann wieder, unangenehm zu ziehen, weshalb ich beschloss, Gilberts Salbe auszuprobieren. *Hilft's nicht, schadet's nicht,* dachte ich mir und schmierte eine ordentliche Portion auf die Schulter, die dann ewig nicht einzog. *Upps.* Das war wohl zu viel, denn die vorher eher feste Paste gerann und floss dann an allen Seiten meinem Oberkörper entlang nach unten und ich hatte Mühe, meine Couch nicht zu beflecken. Ein paar Patzer gingen dann doch daneben, den Rest verschmierte ich auf der linken Körperseite von der Schulter Richtung Schulterblatt und vorne bis oberhalb der Brust. Mit einem Taschentuch versuchte ich, die Flecken auf dem Stoff zu beseitigen, doch ein paar ölige Tupfer blieben zurück.

Die Salbe roch sehr gut, stellte ich dann fest und bemerkte zudem, dass sich eine angenehme Wärme auf der linken Seite ausbreitete. Ich nahm eine Decke, legte mich hin und bettete den Arm auf einem Polster, so dass die Schulter entlastet war. Mit der rechten Hand griff ich nach meinem Handy und entsperrte mit einem Daumenwisch das Display. Verli hatte mir scheinbar vor einer Stunde geschrieben. Sie wollte wissen, wie es mir ginge.

*Danke, bestens. Nach so einem netten Besuch sowieso,*

schrieb ich sarkastisch zurück.

Kurz darauf piepste es. *Schön zu hören. War Ben bei dir?*

Schön wär's gewesen, dachte ich und schickte ihr einen wütenden Smiley mit hochrotem Kopf zurück. *Haha.*

*Was ist los?*

*Wieso gibst du Gilbert meine Adresse??? Und wie kommt er überhaupt auf dich???* Ich war wütend und je mehr Buchstaben ich tippte, desto größer wurde die Wut, bis ich merkte, dass ich gar nicht wegen Verli wütend war. Oder wegen Gilbert. Ich war es eigentlich wegen Ben ...

*Ah, war er bei dir? Er hat auf Facebook gesehen, dass ich dein BF bin ;) und er wollte dich überraschen. Außerdem sieht er sympathisch aus. Hab mir vorher natürlich in Ruhe sein Profil angesehen, bevor ich irgendetwas von dir preisgegeben habe ;)*

*Sein Facebook-Profil?* Das wurde ja immer lustiger. *Seid ihr befreundet, oder wie?*

*Ja, warum nicht? Er sieht nett aus. Vielleicht ein bisschen eigen. Ist ja arg, was du für Typen aufgabelst.*

*Ich hab ihn nicht aufgabelt! Er hat mich niedergefahren!!!*

*Ja, weil du ihm reingelaufen bist ;)*

Langsam wurde mir die Diskussion zu blöd und zur Wut kam auch ein wenig Unbehagen dazu. Gilbert kam immer mehr in meine Lebensbereiche. Zuerst sah er mich nach dem Unfall völlig hilf- und schutzlos am Boden liegen, dann fast nackt im Krankenhaus, dann nahm er Kontakt mit Verli auf und war jetzt auch noch bei mir zuhause, um mich mit seinen ganzen Öko-Bio-Nachhaltigkeits-Gedanken ganz meschugge zu machen ... Das war echt sein Thema. Da blühte er regelrecht auf, vor allem als er merkte, dass ich eine Bio-Kiste abonniert hatte. Wie toll das nicht sei und wie hochwertig die Lebensmittel da nicht wären ...

*Was läuft sonst so bei dir?*
*Nichts*, schrieb ich knapp zurück.
*Das ist nicht viel.*

Ich hatte dann keine Lust mehr, mich mit Verli weiter zu unterhalten, also legte ich das Handy weg. Ich würde mich davor hüten, Verli von Bens Absage zu erzählen, denn sie würde mich sowieso nicht verstehen. Schon jetzt wusste ich, was sie sagen würde. Er wäre eh nichts für mich. Und seine Frau gehe vor. Und damit müsse ich halt rechnen, wenn ich etwas mit einem Verheirateten hätte …

Je mehr ich nachdachte, umso größer wurde wieder meine Wut. Als Gilbert noch da war, war ich abgelenkt, doch jetzt drehten sich meine Gedanken nur noch um Ben. Ich hatte mich doch so auf ihn gefreut! Das wäre so geil geworden! Und jetzt? Jetzt lag ich hier rum, war wahnsinnig enttäuscht und fühlte mich einsamer denn je. Wenn ich bloß jemanden hätte, der mich verstehen könnte. Der mich einfach in den Arm nehmen würde und unendlich viel Zeit für mich hätte … Wieder musste ich an Gilbert denken und ich fragte mich, ob er eine Freundin hatte. Wohl eher nicht. Das passte irgendwie nicht, fand ich. Außer sie war auch so ein Öko-Freak … Ich stellte mir eine blondgelockte junge Frau vor, die ein langes schmales Band in ihrem Haar und große runde Peace-Zeichen als Ohrringe trug. So eine würde gut zu ihm passen. Dann konnten sie gemeinsam den ganzen Sommer barfuß rumlaufen, den Garten bepflanzen und sich darüber austauschen, wo es Bio-Klamotten zu kaufen gab … Oh, jetzt wurde ich gemein, stellte ich fest, schob die Gedanken beiseite und schaltete den Fernseher an. Vor lauter Frust beschloss ich, mich gleich bettfertig zu machen und dann vor der Glotze liegen zu bleiben, bis der

Schlaf mich übermannen würde. Um nicht mehr auf Nachrichten von Ben warten zu müssen, zog ich gleich die Notbremse und schaltete mein Handy aus. Heute wollte ich von niemandem mehr etwas hören!

Beim Zähneputzen mit der neuen Zahnpasta, die immer noch grauenvoll schmeckte, fiel mein Blick auf meine Pillenpackung. Ein Stück war noch drin, dann würde bald meine Mens kommen. Daran hatte ich ja gar nicht mehr gedacht! Ich öffnete meinen Spiegelschrank und holte die Packung mit der neu gekauften Menstruationstasse hervor. Soweit ich im Internet gelesen hatte, musste man diese vorher auskochen, also spuckte ich die Zahnpasta aus, spülte meinen Mund, legte die Zahnbürste beiseite und hantierte in der Küche mit Kochtopf und Menstruationstasse. Vage erinnerte ich mich an den Tipp in einem Blog, die Tasse in einen Schneebesen zu legen und diesen im Topf dann mit Wasser zu bedecken. Falls man dann auf sein Tassen-Süppchen vergessen würde und das Wasser verkocht wäre, könnte sie wenigstens nicht am Boden anbrennen. Das sei angeblich schon einigen passiert, auch wenn ich mir das nicht recht vorstellen konnte. *Naja, sicher ist sicher,* dachte ich, stopfte das Silikon-Ding in den Schneebesen und drehte die Herdplatte auf. Laut Anweisung sollte vor dem Erstgebrauch die Tasse 20 Minuten im Wasser köcheln, ansonsten würden fünf Minuten ausreichen.

Um die Zeit zu vertreiben, setzte ich mich mit dem iPad an den Esstisch und durchsah auf Facebook meine Benachrichtigungen. Und siehe da – meine Beitrittsanfrage, die ich für die Gruppe »Menstruationstasse« gestellt hatte, war genehmigt worden. Neugierig öffnete ich die Seite und scrollte mich durch die vielen Beiträge von einigen tausend Nutzerinnen. *Wow, das war ja eine ganze Menge an Frauen!* Ich war überrascht, wie viele sich hier zum Austausch eingefunden hatten.

Ich begann, einzelne Beiträge zu lesen. Großteils ging es darum, eine Empfehlung für eine passende Tasse zu bekommen und ich verstand endlich, was die Verkäuferin gemeint hatte. Um einen Fehlkauf zu verhindern, sei es am optimalsten, eine Tasse je nach Beschaffenheit des Beckenbodens und der Blutungsstärke auszuwählen, las ich dort im fixierten Beitrag. Das Allerwichtigste jedoch sei – und das fand ich eigentlich am Ärgsten – dass man die Höhe bzw. Tiefe des Muttermundes ertasten musste! Und das schrieben dann auch alle schön in diese Gruppe rein! Ich fand das irgendwie sehr befremdlich.

Ich scrollte weiter, las und wurde immer erstaunter. Über so viele körperliche Details hatte ich mir noch nie Gedanken gemacht! Weder wusste ich, wo mein Muttermund lag, noch wie der während des Zyklus rumwanderte. In Gedanken ging ich meine Daten durch: 24 Jahre – keine Kinder – Beckenboden ... ähm, nun ja ... wahrscheinlich gut? – Blutungsstärke würde ich sagen eher mittelmäßig. Ob das reichen würde? Ich war neugierig, was mir wohl empfohlen werden würde, doch scheute ich mich davor, in der Gruppe etwas reinzuschreiben. Wer wusste schon, wer das mitlesen würde! Immerhin waren hier tausende Frauen!

Ich scrollte weiter und entdeckte ungeahnte Möglichkeiten. Es gab doch tatsächlich Frauen, die die Tasse zwischen den Tagen bei vermehrtem Ausfluss verwendeten. Oder welche, die die Tasse nach dem Sex einführten! Um das Sperma aufzufangen! Aber hallo ... Ich las gar nicht weiter sondern blieb beim nächsten

Posting hängen, bei dem ein Bild mit kunterbunten länglichen Dingern dabei war. Es sah aus, als lägen dort lauter Stofffetzen rum, auf denen ich Eulen erkennen konnte. Ich fand, dass der Stoff sehr hübsch aussah und ich fragte mich, was das wohl war. Vielleicht etwas, um die Tasse zum Trocknen nach dem Auskochen hinstellen zu können? Ich las den dazugehörigen Text und entdeckte ein neues Wort in diesem Zusammenhang: *Backups*. Es dauerte einen kurzen Moment, doch dann begriff ich, dass dies wohl Stoffbinden waren, die im Notfall übergelaufenes Blut auffangen sollten.

Mein Kopfkino begann sofort, Bilder von diesem niedlichen bunten Stoff als blutverschmiertes Etwas zu zeigen. *Ihhh.* Die Vorstellung graute mir, zumal man die Dinger ja dann waschen musste. Normale Binden konnte man schließlich einfach so wegwerfen. Dennoch las ich die dutzenden Kommentare zu diesem Bild und entdeckte dann auch eine kleinere Version dieser Stoffbinden, denn die gab es auch dünner als Slipeinlagen. Die sprachen mich schon eher an. Und als ich las, dass bei Benutzung der richtigen Tasse eigentlich auch nichts daneben ging und diese Stoffteile echt nur zur Sicherheit genutzt wurden – eben als Backup – wollte ich es versuchen. Wenn ich schon von diesen glyphosatverseuchten Produkten à la Tampons und Slipeinlagen wegkommen wollte, dann brauchte ich ja auch außen rum eine Alternative!

Zwei Tage hatte ich Zeit, ehe meine Mens kommen würde, also loggte ich mich auf Amazon ein. Dort bekam man heutzutage ja eh schon alles, bestimmt auch so Stoffdinger, dachte ich mir und siehe da – es gab sie im praktischen 5er-Pack, jedoch nur öde in Weiß, was ich ziemlich langweilig fand, nachdem ich jetzt so viele verschiedene bunte Stoffe gesehen hatte. Also suchte ich bei Google weiter und fand einen Webshop mit einer riesengroßen kunterbunten Auswahl an Einlagen für schwache und starke Tage, mit oder ohne Flügel. Der Preis war eigentlich angemessen, wenn man bedachte, dass man diese Einlagen ja dann jahrelang verwenden und immer wieder waschen konnte. Abfallproduktion gleich null! Mein ökologischer Fußabdruck würde es mir bestimmt danken!

Meine Wahl fiel auf eine bunte Fünferpackung ohne Flügel. Ich legte das Pack in den Warenkorb und klickte auf Bezahlen. Gerade wollte ich meine Paypal-Daten eingeben, als mir ein komischer Geruch auffiel. *Oh, Scheiße! Meine Tasse!* Ich war so konzentriert gewesen, dass ich völlig auf die Herdplatte vergessen hatte! Das Wasser war weg und der Schneebesen lag auf trockenem Grund. Zum Glück, denn wer weiß, wie es gerochen hätte, wenn das Silikon direkt im Topf gelegen und geschmolzen wäre! Sofort nahm ich den Schneebesen und spülte ihn mitsamt Inhalt unter kaltem Wasser ab, ehe ich die Tasse rausquetschte und auf die Arbeitsfläche legte. Da war sie also, meine Menstruationstasse. Frisch ausgekocht und einsatzbereit!

# 16.

12 Stunden. Das war ein neuer Rekord! Noch nie hatte ich mein Handy so lange ausgeschaltet, oder zumindest konnte ich mich nicht daran erinnern ... Normalerweise hing ich bis zum Schlafengehen davor und tippt irgendwo herum. Vielleicht sollte ich mich öfters in Handy-Enthaltsamkeit üben ...

Gleich, nachdem ich wach wurde, hielt ich es jedoch nicht mehr aus und schaltete es neugierig ein. Kurz darauf bekam ich Nachrichten von Ben und Verli. Natürlich klickte ich auf Bens Chat zuerst.

*Guten Morgen. Gut geschlafen?*

Kein »Sorry wegen gestern« oder »Es tut mir so leid. Ich wäre so gern zu dir gekommen«. Nichts.

*Guten Morgen*, tippte ich kurz angebunden zurück. *Ja, geht so.* Ich klickte auf senden und wartete. Normalerweise müsste er um diese Uhrzeit bereits im Büro sitzen. Wenn er nicht gerade eine Besprechung hatte, würde er das Piepsen hören, das Handy nehmen und mir zurückschreiben ... Doch es tat sich nichts. Am Display waren nur zwei graue Haken neben der Nachricht zu sehen.

Ich klickte zurück auf die Chatübersicht und sah, was Verli geschrieben hatte.

*Hab nachgedacht. Sorry wegen Gilbert. Dachte wirklich, dass da nichts dabei ist, doch scheinbar magst du diesen Kerl echt nicht. Ich werde ihm sagen, dass es ein Fehler war, ihm deine Adresse zu geben und dass er dich in Ruhe lassen soll.*

Schön. Wenigstens eine sah ein, dass etwas dumm

gelaufen war … Wieso konnte Ben nicht auch so ein Blitzkneisser sein?

*Schon gut. Lässt sich ja nicht mehr rückgängig machen*, schrieb ich besänftigt zurück. *Eigentlich war es eh ganz nett mit ihm. So als Zeitvertreib.*

*Aha. Zeitvertreib*, kam kurz darauf zurück. Daneben war ein Zwinkersmiley platziert. *Was habt ihr so geredet? Er scheint ja ziemlich gut drauf zu sein, was Nachhaltigkeit anbelangt. Hast du dir seine Links auf seinem Profil mal angesehen?*

*Nein*, musste ich gestehen. *Aber er hat mir einiges erzählt. Er hat mir Tipps gegeben, wie ich den Stromverbrauch noch mehr reduzieren könnte und erklärt, dass mein Kaffee sowieso der allerschlechteste von allen wäre …*

*Ach ja, deine Kapselmaschine.*

*Genau. Die war ihm ein ziemlicher Dorn im Auge. Er hat mir vorgerechnet, wie teuer ein Kilo Kaffee wäre … Würde ich Fairtrade-Biokaffee im Filter brühen, käme es mir billiger …*

Verli schickte einen tränenlachenden Smiley zurück und ich fuhr fort: *Allerdings lobte er mich dafür, dass ich die Bio-Kiste habe. Er meinte allerdings, statt der Obstkiste die »Bunte« zu nehmen, da ich in meinem Zustand einfach mehr hochwertige Vitalstoffe brauche …*

*In deinem Zustand? Bist schwanger, oder was?*

*Quatsch. Wegen meiner Verletzung. Er meinte, wenn etwas im Körper heilen soll, dann muss man das auch von innen mit hochwertigen Lebensmitteln unterstützen.*

*Klingt logisch,* kam von Verli zurück. *Apropos Kiste. Was war heute in deiner? Ich bin ja gespannt, wenn ich heimkomm, was ich bekommen habe :-)*

Ach, die Bio-Kiste. Heute war ja Donnerstag. Das hatte ich ganz vergessen! *Gehört hab ich noch nichts. Kommt vielleicht später,* schrieb ich zurück und schälte mich endlich aus meiner Decke. Ich musste aufs Klo. Zeit aufzustehen. *Ich werd dann mal frühstücken. Wünsch dir einen schönen Tag,* schrieb ich Verli und drückte auf Senden. Kurz sah ich in den Chat mit Ben rein. Die Haken waren immer noch grau. Ein schwer beschäftigter Mann, wie mir schien …

Ich schlurfte leise, ständig darauf bedacht, dem armen Papagei unter mir nicht den Anschein zu erwecken, die Decke würde ihm auf den Kopf fallen, aufs Klo. Danach schlurfte ich weiter ins Badezimmer und nahm den Pillenblister. Da war sie – meine letzte Pille. Ich drückte sie aus der Verpackung, schluckte sie runter und war irgendwie schon ziemlich gespannt auf meine Mens. Dass ich das einmal erleben durfte! Normalerweise war die rote Pest das Letzte, was ich gespannt erwartete! Nachdem ich gestern im Bett am iPad noch ewig in der Tassengruppe gelesen hatte, war mein anfänglicher Ekel gegenüber dem Thema schnell verflogen. Ich hatte so viele intime Details gelesen, dass mich jetzt nichts mehr so schnell umhauen konnte …

Als ich ein Klappern an der Tür hörte, schrak ich aus meinen Gedanken und schlurfte neugierig aus dem Bad. Ich sah um die Ecke, wo mein Haustürschlüssel durch den Briefschlitz geworfen wurde. Die Bio-Kiste war da! Ich trocknete mein Gesicht ab und schloss, nur in Schlafshirt und Unterhose bekleidet, die Tür auf, um meine Kiste zu holen – und fand mich plötzlich der dicklichen Frau Ringelmeier gegenüber, die tief gebückt, den fetten Arsch nach hinten streckend, über meiner Kiste gebeugt stand und ihre Brille konzentriert auf ihrer Nase hielt

»Huch! Haben Sie mich erschreckt«, rief sie, fuhr von ihrer gebeugten Haltung hoch und legte ihre Hand theatralisch auf ihre füllige Brust.

»Verzeihung«, säuselte ich, nachdem sich meine eigene Überraschung gelegt hatte. »Ich hatte nicht gerechnet, meine liebe Frau Nachbarin aus dem Erdgeschoss hier oben anzutreffen.« Ich grinste, zog mein Schlafshirt bis zu den Knien und deutete einen Knicks an. *Blöde neugierige Kuh.*

»Ich ... ich wollte ...«, stammelte sie ertappt und zeigte die Stufen nach oben. »Der Dachboden«, erklärte sie schließlich.

»Aber natürlich.« Ich bückte mich und hob die grüne Kiste hoch. Noch ehe die alte Schachtel etwas erwidern konnte, drehte ich mich um und schmiss mit einem Fußtritt die Tür zu. *Neugieriges Weibsstück!* Schon jetzt wusste ich, dass es wieder Gerede geben würde. »Ach, das Fräulein Gruber lässt sich Lebensmittel liefern. So einen Luxus können wir uns nicht leisten, obwohl wir unser Leben lang hart gearbeitet haben.« Tratschweiber!

»Bla, bla, bla«, sagte ich in die Stille der Küche und begann, meine neue Lieferung auszuräumen. Ich fand Äpfel, eine Grapefruit, Erdnüsse, Bananen und Birnen. Die Vitaminversorgung der nächsten Tage war gesichert und mein Körper würde die nötigen Vitalstoffe erhalten, so, wie Gilbert es mir geraten hatte.

Trotz der gesunden Auswahl hatte ich dennoch Lust auf ein normales Frühstück. Also sah ich in den Kühlschrank, fand eine Packung Milch – die extra lange haltbar war, jedoch aus der Region stammte – und setzte mich damit inklusive einer Packung Cornflakes – ohne Zucker, also eh nicht sooo ungesund – und einer leeren Schüssel an den Tisch. Mein iPad platzierte ich schräg vor mir und öffnete meine Facebook-Neuigkeitenseite, wo sich Marc Zuckerberg scheinbar gemerkt hatte, wo ich mich gestern Abend noch herumgetummelt hatte, denn mein Newsfeed war voll mit Posts aus der Tassengruppe.

*Ich finde meinen Muttermund nicht! (...)*
*Meine 5. Tasse ist da! Juhuu! (...)*
*Oh, das muss ich euch erzählen, was mir passiert ist! (...)*

Während ich las, schob ich mir einen Löffel nach dem anderen vollbeladen mit Cornflakes in den Mund, sodass es nur so krachte. Ich erfuhr, wie sich Frauen den Finger reinschoben, um den Stand des Muttermundes zu erkunden, wie sie den Unterdruck der Tasse am besten lösten und welcher Cup für welche Beckenbodenstärke am geeignetsten war. Ich lernte in zehn Minuten in der Tassengruppe mehr, als in einem Jahr Sexualkundeunterricht in der Schule ...

Zurück zum Muttermundstand. Dieser war nämlich äußerst interessant, wenn auch etwas eklig am Anfang, wenn man es zum ersten Mal las. Um die perfekte Menstasse zu finden, sollte man die Höhe – oder eben Tiefe – in der »roten Phase« feststellen, denn das sei für die Tassenwahl überaus relevant, wenn sie, die Tasse, nicht in den Weiten der Vagina verschwinden oder eben gar nicht erst Platz haben sollte. Bei dem Gedanken an blutverschmierten Fingern, die dann an ein Lineal gehalten wurden, um den exakten Stand herauszufinden, schmeckte das Frühstück gleich noch viel besser ... Oftmals war es doch nicht so gut, wenn man mit einer guten Vorstellungskraft gesegnet war, denn mein Kopfkino projizierte die farbenprächtigsten Bilder ... Dabei fiel mir auf, dass ich mich nicht erinnern konnte, jemals etwas von meinem eigenen Muttermund mitbekommen zu haben. Vielleicht sollte ich Ben mal fragen, ob er da drin schon mal was entdeckt hatte ...

Ich scrollte weiter und fand inmitten der Tassen-Posts einen Link, den Verli heute Morgen geteilt hatte. Die Überschrift klang reißerisch und richtig heftig: *»Diese Mutter vergiftete ihr Kind, ohne es zu wissen! Was dann geschah, war unglaublich!«* Darüber war ein Foto mit einem Kind zu sehen, das vor einer Schüssel Cornflakes saß und heulte. Rund um die Müslischüssel war ein roter Kreis mit einem roten Pfeil daneben. Ich konnte gar nicht anders, als darauf zu klicken und den Artikel zu lesen, denn ich saß nicht recht viel anders vor so einer Schüssel, also fühlte ich mich angesprochen. Nur dass ich nicht heulte, sondern schlichtweg neugierig geworden war.

Im Nachhinein musste ich feststellen, es wäre besser gewesen, ich hätte nicht geklickt, denn hätte ich den Artikel nicht gelesen, wäre mein Weltbild noch ganz. Dann wäre ich noch immer eine glückliche Cornflakesesserin und Milchtrinkerin. Stattdessen verging mir gehörig der Appetit, denn in diesem Artikel wurde lang und breit darauf hingewiesen, dass Milch für den menschlichen Körper extrem ungesund sei. Hieß es nicht immer, dass Milch so gut wäre? Und so wichtig für den Knochenaufbau? Wuchsen wir nicht alle in dem Glauben auf, dass Milch in der Ernährung unumgänglich sei? Laut diesem Artikel war genau das Gegenteil der Fall, denn gesundheitsbewusste Menschen würden sich dem Milchkonsum abwenden! Wer auf Milch verzichte, hätte eine bessere Knochendichte, weniger Akne und Hautkrankheiten und Männer ein geringeres Risiko, an Prostata-Krebs zu erkranken, las ich in dem Bericht. Zudem seien durch die industrielle Verarbeitung der Milch kaum mehr relevante Nährstoffe vorhanden und sie würde nur Unverträglichkeiten und Darmprobleme hervorrufen.

Naja, ich war ein wenig skeptisch. Wir wussten doch alle, dass Milch gerade für Kinder so wichtig war. Liefen nicht den ganzen Tag Werbungen über Fruchtjoghurts, Milchriegel und Pausensnacks mit der »extra Portion Milch für gesunde Knochen«? War das etwa alles eine Lüge?!?

Um die Glaubwürdigkeit dieser Quelle zu überprüfen – man sollte ja nicht alles glauben, was im Internet stand – tippte ich *Milch gesund* in Google ein. Das Ergebnis waren unzählige kritische Artikel über Kuherzeugnisse mit der einstimmigen Meinung: Milch war ungesund! Absolut eindeutig und wissenschaftlich erwiesen! *Krabumm.* Weltbild zerstört! Zig Muttermundbeschreibungen, dutzende blutige Finger und unzählige volle Menstassen mit schleimigem roten Inhalt und Klumpen konnten mir nicht den Appetit verderben, doch diese Botschaft reichte aus, um meine halbvolle Schüssel mit nun aufgeweichten Flakes angewidert von mir wegzuschieben. Milch war also die Antwort all meiner Fragen, wenn ich von unreiner Haut, stinkenden Exkrementen und schleimigem Husten und Schnupfen geplagt war ... Als Draufgabe sah ich am Ende eines anderen milchkritischen Artikels den Hinweis, dass genveränderter Mais in nordamerikanischen Cornflakesproduktionen gefunden worden war. Es wäre nur eine Frage der Zeit, bis auch in Europa solche Fälle bekannt werden würden, so die Botschaft. Genveränderte Produkte würde dann auch bei uns Einzug halten. *Lebt wohl, Cornflakes!*

Ich räumte mein Frühstück weg, aß stattdessen eine Bio-Banane und trank ein Glas reines Leitungswasser. Damit besänftigte ich mein schlechtes Gewissen. Eigentlich hätte ich noch Lust auf einen Kaffee gehabt, doch jedes Mal wenn ich die bunten Kapseln sah, die in dem praktischen Kapselspender neben der Maschine gereiht waren, musste ich an Gilbert denken, wie er mir die Unsummen an Plastikmüll vorrechnete. Mein Einwand, viele Hersteller würden die leeren Kapseln zurücknehmen, um diese zu recyceln, tat er als Augenauswischerei ab, denn im Gegensatz zu der Unmenge an Verbrauchern, die die Kapseln wegwarfen, war das nur ein Tropfen auf dem heißen Stein, so seine Meinung. Am besten wäre, man würde die Firmen, die diesen extremen Müll verursachten, gleich mit all seinen Produkten boykottieren! Dieser Aussage folgte eine lange Liste, die er scheinbar auswendig gelernt hatte, von Firmen mit ihren Partnerfirmen und den unzähligen Artikeln, die auch in meinem Haushalt vorzufinden waren. Am besten, ich würde in Zukunft einen großen Bogen darum machen, so Gilberts Ratschlag.

*Pling.*
*Was machst du so?*

Ben hatte geschrieben und ich sah, dass er gerade online war. Abartigerweise klopfte mein Herz wie wild. Das tat es immer, wenn er mit mir schrieb. Symptomatisch kam dann auch noch ein fetter Grinser in mein Gesicht, einfach, weil ich mich so freute.

*Frühstücken*, schrieb ich zurück und warf die Bananenschale zum Bioabfall.

*Hm, ich hab auch Hunger. Würde dich gerne vernaschen.*

*Nicht gefrühstückt?*, ignorierte ich seine Anspielung und hielt ihn noch etwas auf Abstand, denn eigentlich war ich ja immer noch sauer, enttäuscht, versetzt, verletzt, …

*Nein, nur Kaffee getrunken.*
*Selber Schuld.*

Mein Cursor am Display blinkte. Er war zwar online, schrieb jedoch nichts.

Doch dann: *Hast Zeit zum Telefonieren?*

*Immer doch*, hätte ich am liebsten geschrieben. Stattdessen grinste ich in freudiger Erwartung, während ich ihn gleich anrief und darauf wartete, dass er abhob. Es hatte kaum geläutet, hörte ich schon seine angenehme Stimme.

»Ja, guten Morgen.«

»Hi.« Extrem bescheuert grinsend saß ich auf der Couch, das Handy mit der Hand ans Ohr haltend und die Beine unter einer dünnen Decke angezogen. »Wie geht's?«, fragte ich dümmlich und hoffte, er würde mir einiges erzählen, damit ich ihn lange hören konnte. Wenn schon nicht fühlen, dann wenigstens hören!

»Ganz gut. Viel Stress momentan. Und bei dir?«

»Auch gut. Kein Stress.«

Er lachte. Oh, wie ich dieses Lachen liebte!

»Das denke ich mir. Nicht lustig, zuhause rumzuhängen, oder?«

Ich stimmte ihm zu. Nie im Leben hätte ich gedacht, dass ein Krankenstand so langweilig sein konnte … Viel lieber wäre ich arbeiten gegangen, um danach zu ihm fahren zu können …

»Wie lange wird es noch dauern?«

»Hm?« Ich war kurz abgelenkt gewesen. Meine Gedanken waren bei Ben, den Ruheraum und seinem geilen besten Stück gewesen.

»Bis deine Schulter verheilt ist«, fügte er hinzu.

»Weiß nicht. Tut noch immer weh. Am Montag ist nochmal Kontrolle.«

»Hoffen wir das Beste«, meinte Ben und ich hörte eine

unterschwellige Erwartung in seiner Stimme. »Ich wäre nämlich ziemlich geil auf dich«, fügte er dann mit leiser Stimme hinzu.

Ein Schauer lief über meinen Rücken und mein Grinsen verstärkte sich, obwohl ich nicht dachte, dass dies noch möglich wäre. Ich grinste bestimmt schon im Kreis. »Oh, ich auch«, flüsterte ich zurück und konnte nicht anders, als hinzuzufügen: »Das wäre gestern so geil gewesen.«

»Ich weiß«, sagte er und ich hörte ihn tief ein- und ausatmen. »Wäre echt gern gekommen. Mindestens einmal.« Er lachte leise, ehe er wieder ernst wurde. »Ich konnte echt nicht. Ihr ging's nicht gut.«

»Verstehe«, sagte ich knapp. Meine Geilheit war verflogen beim Gedanken an *sie*.

»Und du kannst gar nicht weg?« Hoffnung lag in seiner Stimme, die ich zunichtemachen musste.

»Nein, leider. Das geht echt nicht. Ich darf nur zum Einkaufen raus. Was meinst, wenn ich durch die halbe Stadt fahr und mich sieht jemand.« Die Vorstellung, in Bens Armen liegen zu können und von ihm richtig fest genommen zu werden, war zwar extrem verlockend, doch ich konnte nicht das Risiko auf mich nehmen. So vernünftig musste ich einfach sein.

»Schade.«

Es wurde still. Wir beide sagten nichts mehr und ich spürte, dass in mir das schlechte Gewissen nagte. Ich wäre doch so gern bei ihm gewesen!

»Ich muss dann wieder«, sagte Ben schließlich knapp. Kurz darauf war unser Gespräch beendet und ich blieb einsam zurück. In mir drin fühlte ich das schlechte Gewissen, weil ich nicht weg konnte, und … ich horchte in mich hinein … Eifersucht! Ja, Eifersucht auf seine Frau, die ihn haben konnte, wann immer sie wollte, die jedoch zu blöd war, um sich beim Sex ordentlich anzustellen. Wenn *ich* mit ihm verheiratet wäre, *ich* würde ihn jeden Tag haben wollen! In allen erdenklichen Positionen und richtig hemmungslos! So einen geilen Mann konnte man doch nur ständig wollen!

*Pling.*

*Ich komme am Nachmittag.*

Ungläubig las ich Bens Nachricht. *Echt jetzt?*

*Wird sich schon irgendwie ausgehen. Will dich sehen,* folgte als zweite Nachricht, ehe ich zurückschreiben konnte.

Meine Freude war riesig und ich schickte ihm eine ganze Zeile mit roten Herzen. In meiner Brust fanden Saltos statt und ich konnte ein leises Jauchzen nicht unterdrücken. Ben würde kommen! Bestimmt würde es sich heute ausgehen!

*Muss jetzt noch einiges erledigen. Bis später.*

*Ja, bis später. Freu mich!*, schrieb ich zurück, doch Ben war schon offline.

In freudiger Erregung legte ich mein Handy beiseite und schaltete den Fernseher ein. Bestimmt würden sich die Stunden wieder wie Kaugummi ziehen.

## 17.

Gilberts Salbe schien zu wirken, denn seit gestern Abend waren Armbewegungen mit links viel erträglicher, also schmierte ich gegen Mittag noch einen Klecks auf die Schulter. Wieder breitete sich die angenehme Wärme aus. Ich fühlte mich gleich viel besser und schnappte mir gut gelaunt meinen Rucksack. Zu Fuß machte ich mich auf dem Weg zum Bioladen, der ein paar Busstationen weiter lag. Ich war noch nie dort gewesen, denn bisher hatte es genügt, im Supermarkt einkaufen zu gehen. Nun wollte ich mich jedoch dort umsehen und mir etwas Leckeres für mein Mittagessen kaufen. Meine bisher eher ungesunden und unbewussten Ernährungsgewohnheiten auf biologische Lebensmittel umzustellen, war der nächste Schritt meines Projektes. Mal schauen, wie mir das gelang. Vielleicht sollte ich auch auf Gilberts Rat hören und von der Obstkiste auf diese gemischte umsteigen. Dann hätte ich auch Gemüse zum Kochen und könnte ein paar der Rezeptideen vom Biohof umsetzen.

In dem kleinen Bioladen in einer Seitenstraße erwartete mich, nachdem ich die Tür mit einem lauten Klingelingeling geöffnet hatte, ein intensiver, sehr eigener Geruch, den ich nicht zuordnen konnte. Mir kam vor, ich roch Kräuter und Gewürze, doch mit Bestimmtheit konnte ich es nicht sagen. Auf jeden Fall roch es nicht so wie in einem Supermarkt. Eher so wie bei Oma zuhause in der Vorratskammer und ich fand, die Größe musste auch hinkommen. Der Bioladen war bestimmt keine 20

Quadratmeter groß.

»Guten Tag, darf ich behilflich sein?«, begrüßte mich eine Verkäuferin mit einer weißen Schürze, die hinter einem breiten Tresen mit einer großen wuchtigen Kasse gleich in der Nähe des Eingangs stand. Sie lächelte mich freundlich an. Ihre Hände waren weiß von Mehl und hinter ihr lag ein großer Teigklumpen auf einer Arbeitsfläche. Scheinbar wurde hier Brot selbst gebacken.

»Äh, nein danke, ich seh mich mal um«, erwiderte ich, schnappte einen Einkaufskorb und steuerte die erste schmale Regalreihe an, die bestimmt zwei Meter hoch war. Aus dem Blickfeld der Verkäuferin verschwunden, die sich gleich wieder ihrem Teig gewidmet hatte, warf ich einen Blick auf die Produkte und fand ein Regal voll mit Gewürzen aus biologischem Anbau und allerlei Getreidesorten in unzähligen Variationen für Müslis, zum Backen und zum Kochen. Außerdem entdeckte ich Päckchen mit Schokopudding und -mousse. Und ich musste zugeben, dass mich das etwas überraschte. Ich dachte immer, in Bioläden gäbe es nur gesunde Sachen … Der Pudding auf der Verpackung sah lecker aus, also rein damit in den Einkaufskorb.

Bei den Müslis fand ich eine große Auswahl an gesunden Variationen vor. Mit getrockneten Früchten, mit Nüssen, mit Schokolade, mit gepufftem Amaranth, … Meine Wahl fiel auf ein Schokomüsli mit Amaranth und Haferflocken und ich nahm noch eine Packung mit Dinkelcornflakes. Natürlich aus biologischem Anbau, was denn sonst! Bis jetzt verlief der Bio-Einkauf ja gar nicht so schlecht, stellte ich fest und ging mutig weiter.

Um die Ecke erwartete mich die nächste Regalreihe. Dort waren ätherische Öle, Putzmittel und allerlei Haushaltshilfen zu finden. Alles nachhaltige und umweltschonende Helferlein für Haushalt und Mensch. Ich packte ein ökologisches Waschmittel und ein flüssiges Geschirrspülmittel ein. So würde ich weniger Chemie in den Abfluss spülen, die in Kläranlagen wieder mühsam rausgefiltert werden musste.

Als ich Richtung Kasse ging, kam ich noch bei einem kleinen Kühlregal vorbei. Damit musste das Angebot dieses Bioladens ziemlich abgedeckt sein. Viel mehr Platz war ja auch nicht vorhanden. Wer eine Auswahl vieler verschiedener Produkte suchte, war hier fehl am Platz. Mir fiel auf, dass es wohl fürs tägliche Leben alles gab, was man so brauchte, jedoch eben nur von jeweils einem Anbieter und biologisch angebaut oder produziert. Wenn ich darüber nachdachte, fand ich das eigentlich gar nicht so schlecht. In großen Supermärkten wurde man ohnehin förmlich erschlagen, wenn man vor einem fünf Meter langen Regal stand und sich zwischen Marillenmarmeladen in zehnfacher Ausführung entscheiden musste …

Ich widmete mich noch kurz dem Kühlregal und entdeckte Eier von Freilandhühnern und Schinken vom Bio-Strohschwein. Sofort wusste ich, was es zu Mittag geben würde – ein glückliches Rührei mit Schinken. Um ein wenig Vitamingehalt vorzugaukeln, packte ich noch einen Salat und eine Tomate ein. Das musste fürs Erste reichen, also räumte ich am Tresen bei der freundlichen Verkäuferin, die mittlerweile saubere Hände hatte, meinen Einkaufskorb aus und zückte meine Geldtasche.

»Haben Sie alles gefunden?«

»Ja, danke«, antwortete ich, doch dann fiel mir etwas ein. »Ach so, eines vielleicht noch. Gibt es eine Alternative zu Milch?« Ich brauchte ja noch etwas für mein neues Bio-

Müsli.

»Natürlich. Dort drüben.« Sie ging lächelnd um den Tresen hervor und wies in der hinteren Ecke auf ein schmales hohes Regal, das ich scheinbar übersehen hatte.

»Hier hätten wir Drinks aus Mandel, Reis, Kokosnuss und Hafer«, zeigte sie mir die einzelnen Verpackungen.

»Äh, ich meinte eher sowas wie Milch.«

»Das *ist* wie Milch. Nur eben gesünder«, erwiderte sie und lächelte noch immer.

»Okay, und welche würden Sie mir raten?«

»Mögen Sie Kokos?«

Ich nickte.

»Dann versuchen Sie den Cocos-Drink hier«, sagte sie und drückte mir eine 1-Liter-Packung mit einer aufgedruckten großen Kokosnuss in die Hand.

Ich fügte mich, begab mich zurück zur Kasse und holte einen Fünfzigeuroschein hervor, während die Verkäuferin die Artikel händisch eintippte. Ein Barcode schien hier überflüssig zu sein.

»56 Euro und 80 Cent, bitte«, sagte sie schließlich mit zuckersüßer Stimme.

*Was?!?* Ich glaubte, meinen Ohren nicht zu trauen und starrte auf die wenigen Dinge, ich gekauft hatte. So viel Geld für so wenig Zeug? Doch ich hielt meinen Mund und kramte in meiner Geldtasche nach Kleingeld. Es ging sich haarscharf aus.

Erst zuhause wagte ich einen Blick auf den Kassenzettel und bemerkte, dass ein Einkauf im Bioladen recht aufs Budget schlagen konnte. Das Geschirrspülmittel kostete fünfmal mehr als vom Diskonter und das Waschmittel war doppelt so teuer wie mein herkömmliches, hatte aber sogar nur zwei Drittel des Inhaltes. Müsli und Cornflakes kosteten bestimmt auch mindestens doppelt so viel, doch rief ich mir ins Gedächtnis, dass mein Frühstück dafür garantiert nicht genverändert war. Dennoch, jede Woche konnte ich mir das nicht leisten, geschweige denn jeden Tag! Nachhaltigkeit hin oder her – Bio griff tief in die Geldbörse, und ob das für mich dann so gut war, wagte ich zu bezweifeln …

Trotz des kleinen Kostenschocks war mir der Appetit nicht vergangen, also briet ich in einer Pfanne Rührei mit Schinken und richtete in einer Schüssel den Salat an. Der Geschmackstest ergab, dass die Eier recht gut schmeckten, doch beim Schinken konnte ich nicht wirklich einen Unterschied feststellen. Er gab nur optisch mehr her als dieser Pressschinken, den ich sonst kaufte. Der Salat schmeckte auch einfach nach Salat, doch der Tomate musste ich einen viel intensiveren Geschmack zugestehen. Sie schmeckte nach … Tomate, fast so, wie früher in Omas Garten, fiel mir ein, wo sie frisch geerntet, knallrot und noch warm von der Sonne gleich gegessen wurde. Ich hatte den Geschmack ganz vergessen und merkte, wie abgestumpft ich von den Supermarkt-Tomaten geworden war.

Der Blick auf die Uhr verriet, dass es fast ein Uhr nachmittags war. Nicht mehr lange, dann würde Ben kommen. Bestimmt würde es heute klappen! Mein Herz begann bei dem Gedanken sofort wieder, freudig zu klopfen. Ich räumte das schmutzige Geschirr vom Mittagessen in den Geschirrspüler, wischte Tisch und Arbeitsflächen ab und hüpfte unter die Dusche. Ich wollte in Bens Gegenwart ja nicht müffeln …

Kaum aus der Dusche läutete mein Handy. Verli.

»Hi.«

»Hey, Süße, wie geht's?«, klang es fröhlich an meinem Ohr.

»Alles bestens. War grad duschen«, erklärte ich.

»Na, du hast ja ein Leben. Mittags erst zu duschen. Tzz.« Verli lachte.

»Ja, ein Leben in Krankenstand«, erwiderte ich und verdrehte die Augen. Mir fielen einige Dinge ein, die ich jetzt lieber machen würde, doch zum Glück würde Ben ja heute kommen. Sofort wurde ich wieder aufgeregt und grinste.

»Du, ich hab heute früher Schluss gemacht und komme dann bei dir vorbei. Stefan ist nämlich selbst irgendwo unterwegs, obwohl eigentlich sein freier Tag wäre.« Sie klang etwas genervt, als sie ihren Freund erwähnte. »Soll ich dir etwas mitbringen?«

»Puh, das passt heute gar nicht«, wimmelte ich Verli ab. An jeden anderen Tag hätte ich mich über ihre Anwesenheit gefreut, doch nicht heute, wo Ben kommen würde! »Ich möchte heute die Wohnung aufräumen und Wäsche hätte ich auch einige zum Wegräumen und ...«

Verli unterbrach mich. »Kommt dein Lover, oder wie?« Sie klang wieder genervt.

»Ja«, gab ich zu.

»Okay, dann viel Spaß.«

Ehe ich etwas erwidern konnte, hatte sie aufgelegt. Na toll, jetzt war sie beleidigt ... Konnte ich etwas dafür, dass ihr Freund nicht da war und keine Zeit für sie hatte? *Was soll's*, dachte ich mir, zuckte mit den Schultern und konzentrierte mich auf mein Haarstyling. Außerdem trug ich Make-up auf und sprühte meinen Lieblingsduft auf meinen Hals und Bauch. Ich wusste, dass er den Geruch mochte und bei dem Gedanken daran, dass er diesen dann auf dem Weg nach unten bemerken würde, begann es zwischen meinen Beinen aufgeregt zu kribbeln. Oh, wie ich mich auf Ben freute!

Eine knappe Stunde später war ich fertig. Die Wohnung war sauber, das Bett gemacht, die Räume gelüftet und mein Aussehen gepimpt. Um die Zeit zu überbrücken, setzte ich mich mit dem iPad auf die Couch und sah meine Neuigkeiten auf Facebook durch. Dabei kam mir wieder Gilbert in den Sinn. Ich suchte über Verli sein Profil und wurde rasch fündig. »Gilbert Stampfer«, murmelte ich. Was für ein Name …

Sein Profilfoto zeigte ihn, so wie ich ihn kannte – mit langen Haaren, einer Strähne im Gesicht, lächelnd mit Grübchen an der Wange und mit seinem Ziegenbärtchen. Er saß irgendwo auf einer Wiese und hatte frisches grünes Gras in der Hand, dass er grinsend in die Kamera hielt. Was er damit wohl vorhatte? Ich erinnerte mich an eine Reportage, die ich einmal gesehen hatte und in der jemand erzählte, dass er »Grasfresser« sei. Natürlich hatte er sich anders benannt, ich jedoch hatte nur noch diesen Begriff im Kopf, denn es war sehr ungewöhnlich für mich, jemanden Gras essen zu sehen. Jedenfalls ernährte sich dieser Mann nur von dem, was die Natur hergab. Roh. Unverarbeitet. Höchstens zerstampft oder durch die Saftpresse gelassen. Ob Gilbert auch so ein Grasfresser war? Zuzutrauen wäre es ihm.

Sein Titelbild zeigte ebenfalls eine Wiese. Darüber am Horizont stand ein Spruch in weißer Schrift vor blauem Himmel: »*Wenn die letzte Biene verschwunden ist, werdet ihr merken, dass man Geld nicht essen kann.*« Wie poetisch, dachte ich. Ohne Geld könnte ich nicht im Bioladen einkaufen gehen … Dazu braucht es nämlich viel Geld!

Ich schüttelte den Kopf und scrollte weiter nach unten. Gilbert nahm es mit Privatsphäre scheinbar nicht so genau, denn ziemlich viele Beiträge waren öffentlich gepostet worden. So wühlte ich mich durch zahlreiche Artikel zu den Themen Müllvermeidung, Ressourcenverschwendung, menschenunwürdigen Bekleidungsfirmen und über Lebensmittel. Was war hochwertig, was nicht? Was hatte viel Vitamingehalt und war eine Geheimwaffe? Was konnte bei Krankheiten eingesetzt werden, und so weiter ... Ich kam mit dem Lesen gar nicht mehr nach und sprang von einem Tab zum nächsten, denn ich fand die verlinkten Artikel interessant. Wenn man es kritisch betrachtete, war es gar nicht so schlecht, die eine oder andere Idee für eine nachhaltige Lebensweise aufzugreifen, bemerkte ich. Informativ fand ich auch den Artikel über Minimalismus, auch wenn ich damit für mich rein gar nichts anfangen konnte. Da gab es tatsächlich Menschen, die ihr Leben auf das Allerallernötigste minimierten! Eine junge Frau lebte in einer Einzimmerwohnung mit ... nichts! Sie hatte kein Bett, keinen Tisch, kaum Besitztümer. Sie lebte extrem einfach und kaufte sich auch nichts. Was sie brauchte, borgte sie sich, holte sie vom Sperrmüll oder sie bastelte es selbst. Auch Lebensmittel ging sie kaum einkaufen – und diese Info machte mich sehr stutzig. Von was lebte sie bitte? Ich las weiter und stolperte zum ersten Mal über den Begriff *Containern*. Was war das denn nun wieder? Nur zwei Sekunden später brachte Wikipedia die Antwort: »*Containern, auch Mülltauchen oder Dumpstern genannt, bezeichnet die Mitnahme weggeworfener Lebensmittel aus Abfallcontainern.*«

Äh, ja, sehr lecker ... Mir grauste bei dem Gedanken daran und ich wollte gar nicht weiterlesen. Das war mir dann doch zu extrem, also klickte ich zurück zu Gilberts Seite und scrollte weiter, bis ich auf einen Eintrag stieß, bei dem ein Foto mit kleinen Kapseln zu sehen war. Diese Kapseln sahen anders aus, als die, die ich kannte. Bei näherer Betrachtung sah ich, dass es Teekapseln waren. TEEKAPSELN! Was es nicht alles gab … Neugierig las ich, was Gilbert zu dem Foto geschrieben hatte.

*»Liebe Freunde einer schönen Welt! Welch Entsetzen überkam mich heute, als ich auf der Straße von zwei Vertretern einer großen Teefirma angesprochen wurde und diese Individuen mir eine kleine Schachtel als Werbegeschenk übergaben! Ich, als Teetrinker, bin ja nicht abgeneigt, wenn Firmen hochwertige Kräuterauszüge den Menschen zugänglich machen, um ihre Gesundheit zu unterstützen und zu fördern, doch was diese Firma macht, ist nicht zulässig, liebe Freunde!*

*Wusstet ihr, dass es Tee jetzt auch in Kapseln gibt?? Ich nicht! Und hätte ich heute nicht gesehen, was in dieser Schachtel als Werbegeschenk drin ist, hätte ich nicht für möglich gehalten, wie perfide der menschliche Geldwahn bereits ist! Tee in Kapseln!!! Das muss man sich einmal vorstellen!*

*Ich fragte diese Vertreterindividuen sogleich, was denn der Vorteil dieses Produkts sei, denn ein Teebeutel erforderte nicht viel mehr Aufwand als das Zubereiten eines Kapseltees. Die Antwort: Es würde Zeit sparen, denn das Ziehen des Tees falle weg. Ich war sprachlos und vermag gar nicht an den unsäglichen Plastikmüll zu denken, der durch diese Firmeninitiative entsteht! Tee muss doch Platz haben, sanft im heißen Wasser schwimmen und ziehen, nur dann kann er seine volle Wirkung und die Kraft der Natur entfalten!*

*Ich bin immer noch wahnsinnig entsetzt ob dieser Ressourcenverschwendung und Beleidigung an die Natur und werde dies sofort kundtun und die Firma anschreiben. Wer es mir gleichtun möchte, ist hiermit aufgefordert, ein E-Mail zu schreiben, mit der Bitte um mehr Sinn für Nachhaltigkeit und weniger Sinn für diesen Unsinn. Ich danke euch für euer Unterstützen! Namaste!«*

Na, das waren ja klare Worte von Gilbert und ich war beeindruckt, mit wie viel Energie er an so eine Sache ranging. Hatte er tatsächlich ein Beschwerdemail an diese Firma geschickt? Die würden sich aber freuen ... Zig tausende Kunden kauften wahrscheinlich diesen zeitsparenden Kapseltee und einer beschwerte sich ... Ob das etwas bringen würde? Den Firmen ging es doch eh nur um Profit! Und solange ein Produkt verkauft wurde und die Zahlen stimmten, war es egal, ob sich jemand beschwerte. So funktionierte die Wirtschaft und so kamen sie alle durch – egal ob sinnvoll oder, wie in diesem Fall, sinnlos.

Ich scrollte nach oben zum Beginn der Seite und entdeckte, dass Gilbert gestern ein Update zu diesem Thema geschrieben hatte.

*Liebe Freunde, erinnert ihr euch noch an den Tee in der Kapsel? Nach zweimaligem Hinschreiben zu besagter Firma erreichte mich nun ein Anruf des Marketingleiters. Er entschuldigte sich dafür, dass dieses neue Produkt nicht meinen Erwartungen entsprechen würde, könne mir jedoch versichern, dass Nachhaltigkeit bei der Firmenphilosophie ganz oben stehe, weshalb bei diesen Kapseln ein spezieller Rohstoff verwendet werden würde, der den Abbau dieses Materials auf wenige Jahre reduzieren würde. Dies ist in meinen Augen natürlich dennoch nicht tragbar und ich möchte auch nicht wissen, was da an Gift drin ist, um diesen sogenannten Abbau zu beschleunigen!*

*Weiters erklärte mir der Herr, dass Angebot und Nachfrage des Produkts nicht übereinstimmten, weshalb es wohl wieder vom Markt genommen werden würde. Dies würden jedoch die nächsten Monate erst zeigen.*

*Ich nahm diese Nachricht dankbar an und bat darum, im Sinne der Nachhaltigkeit sofort ein Zeichen zu setzen und umgehend zu reagieren. Für die Umwelt ist jeder vermeidbare Müll ein Geschenk, jeder produzierte Müll eine Last.*

*Freunde, ich werde euch auf dem Laufenden halten! Setzen wir uns gemeinsam für eine bessere Umwelt ein! Namaste!*

Diesem Text folgte noch ein Link mit Infos zu einem bekannten Unternehmen, das Marktführer bei den Kapselproduzenten war. Gilbert forderte all seine virtuellen und realen Freunde auf, diese Firma mit seinen Produkten zu meiden, denn ihre Fänge würden bis nach Afrika reichen, wo sie den Menschen das Wasser rauben würden.

Als ich den Text las, verging mir immer mehr die Lust auf meinen Kaffee und ich fragte mich, was ich wohl mit meiner Kapselmaschine machen sollte. Herschenken? Entsorgen? Was sollte ich dann trinken? Tee? Ich mochte keinen Tee! Sollte ich auf eine stinknormale Filtermaschine umsteigen? Mir fiel ein, dass es doch diese Padmaschinen gab, also gab ich bei Google *Kaffee Pads nachhaltig* ein und erfuhr, dass der Preis bei einem Kilo Kaffee bei Pads und Kapseln bei bis zu 60 Euro lag. Ein Bio- oder Fair-Trade-Kaffee kostete 20-30 Euro. Ein Artikel der Netzfrauen, der an zweiter Stelle bei Google angezeigt wurde, zeigte auch noch die Geldmacherei auf, die hinter dem Boom des Portionskaffees stecke, denn ein Hersteller hatte seine Padfüllmenge von 100 Gramm auf 92 Gramm reduziert.

Still und heimlich. Selbstverständlich bei gleichem Preis! Dem positiv gegenüber stand jedoch, dass Pads in den Biomüll konnten, da sie kompostierbar waren.

Im Artikel ging es weiter darum, wie die Kapseln hergestellt wurden und welch Ressourcenverschwendung die Produktion nicht sei und was es mit diesen Umwelt-Labels auf sich hatte, die man bei gewissen Produkten finden konnte. Im Prinzip war es so, wie Gilbert es mir bereits gesagt hatte, als er hier bei mir am Tisch saß: Es war alles bloß Augenauswischerei! *Na toll!*

Da ich Kaffee mochte und ich eigentlich nicht darauf verzichten wollte, vermutete ich, dass ich wohl zur normalen Filterkaffeemaschine zurückgreifen musste. Oder ich kaufte mir einen löslichen Kaffee, fiel mir ein. Bestimmt gab es da einen im Bioladen! Ob ich noch schnell einen holen sollte? Ich sah auf die Uhr und bemerkte, dass ich fast eine Stunde gelesen hatte. Ben hatte sich noch gar nicht gemeldet, könnte aber jeden Moment auftauchen. Sofort begann mein Herz wieder, aufgeregt zu klopfen. Ich konnte es kaum erwarten, in seinen Armen zu liegen, ihn zu spüren, zu riechen …

Eine weitere Stunde später, die ich sinnlos beim Fernsehzappen verbracht hatte, war ich nicht mehr aufgeregt, sondern genervt. Ich hatte Ben vor einer halben Stunde geschrieben, doch er hatte es weder gelesen, noch reagiert. Anzurufen traute ich mich nicht. Wo war er? Er hatte gesagt, er würde kommen!

Die Minuten verstrichen und langsam wurde ich richtig wütend. Ich nahm mein Handy und wählte seine Nummer. Ich wusste, dass es riskant war, doch scheiß drauf! Es läutete. Einmal. Ein zweites Mal. Dann *tüt tüt tüt*. Er hatte mich weggedrückt!

»Du Arsch«, rief ich ins stille Wohnzimmer und starrte wütend auf mein Handy. Was war jetzt wieder? Musste er arbeiten? Brauchte *sie* schon wieder was? »Verdammte Scheiße!« Ich war genervt. Aber extrem. War es denn so schwer, nur mal kurz zu schreiben, dass es später werden konnte? Scheinbar schon! Enttäuscht warf ich das Handy auf die Couch und zappte weiter von einem Sender zum anderen, ohne irgendetwas auch nur ansatzweise anzusehen. Es war ja doch nur alles Scheiße …

Gegen Abend erreichte mich dann eine kurze Nachricht.

*Ich komm nicht weg. Meld mich morgen.*

Ich starrte auf die wenigen Worte und mir gingen dabei alle möglichen Schimpfwörter durch den Kopf, mit denen ich Ben bedachte. Bestimmt hatte ich auf der Stirn meine typische Zornesfalte und meine Augenbrauen standen eng beieinander, so wütend war ich auf diesen … diesen Arsch! Mir fiel kein anderes Wort mehr ein. Ich war einfach gekränkt und verletzt. Hatte ich mich doch so auf ihn gefreut!

Allein zu sein, war das Letzte, was ich jetzt gebrauchen konnte. Auf Bens Nachricht zurückzuschreiben wollte ich nicht, denn ich hatte im Moment gar keine Lust darauf, irgendeine Rechtfertigung von ihm zu hören. Entweder er kam jetzt auf der Stelle oder er konnte sich sonst wohin verpissen! Doch er würde ohnehin nicht kommen. Er würde zuhause bei Frau und Kind sein, sich einen netten Abend machen und vielleicht auch noch Sex haben, während ich hier einsam und unbefriedigt versumpfte. Das wollte ich partout nicht, also wählte ich Verlis Nummer.

»Hi«, sagte ich zerknirscht, als sie abhob. »Hast du Lust,

noch vorbeizukommen?«

»Schon fertig mit deinem Lover?« Sie klang nicht gerade begeistert.

»Er ist gar nicht gekommen«, gab ich kleinlaut zu, dass ich versetzt wurde.

Ich dachte, Verli würde schadenfroh sein und mir eine Standpauke halten, dass ich selber schuld sei, wenn ich etwas mit einem verheirateten Mann hätte. Er hätte halt nicht immer Zeit für mich und würde sein Leben leben, wie es ihm passte. Doch es kam nichts dergleichen. Verli sagte nur kurz und knapp: »Bin gleich bei dir. Bin ohnehin auch allein.«

Keine zwanzig Minuten später stand sie vor meiner Tür. Sie war gutgelaunt und hielt eine Flasche Prosecco und eine Chipspackung vor meine Nase. »Mädelsabend?«, fragte sie grinsend ohne einen weiteren Kommentar. Ich stimmte zu, ohne zu ahnen, dass dieser Abend noch sehr sehr lang werden würde.

# 18.

Verli verlor kein Wort darüber, dass Ben mich versetzt hatte, im Gegenteil, sie versuchte mich abzulenken, fragte, wie es meinem Krankenstandsprojekt gehe und wie das Einkaufen im Bioladen wäre. Wir tauschten uns über die Rezepte in der Bio-Kiste aus und kamen schließlich auf Gilbert zu sprechen.

»Irgendwie ist er schon ein schnuckeliges Kerlchen«,

meinte Verli fett grinsend und nahm einen Schluck von ihrem Glas, das mit Prosecco und Orangensaft gefüllt war.

»Schnuckelig? Wenn der schnuckelig ist, dann ist eine Riesenspinne ab sofort mein Lieblingstier«, erwiderte ich entrüstet. »Der ist eine wandelnde Vogelscheuche auf Ökotrip!«

»Er ist eben umweltbewusst«, zuckte Verli mit den Schultern und grinste weiter.

»Er ist bescheuert«, korrigierte ich sie. »Hast du dir mal sein Profil angesehen? Ich glaube, der postet im Stundentakt irgendeinen Umweltscheiß, will mit Boykottaufrufen die Welt verbessern und beschwert sich bei Firmen über ihre Produkte!« Ich war leicht angeschwipst und übertrieb etwas, das wusste ich, doch ich fand es zur Abwechslung mal ganz angenehm, so richtig abzulästern und über jemanden herzuziehen.

Verli lachte. »Hast du das wegen der Teekapseln gesehen?«

»Oh ja.«

»Find ich aber irgendwie cool die Aktion. Stell dir mal vor, es würde nie jemand etwas sagen, jeder immer nur kuschen, da würden die Zuständigen ja nie wissen, dass sie mal Mist machen.«

»Mag schon sein, aber irgendwer wird diese Kapseln schon verwenden. Geht es nicht immer nur um Nachfrage? Es wird schon der Markt für so etwas da sein«, erwiderte ich.

Verli stimmte mir zu, hielt jedoch gleich wieder dagegen: »Stell dir aber mal vor, es würde so ein Angebot gar nicht erst geben. Dann gibt es das Produkt eben nicht und aus! Da müssten doch eigentlich die Firmen die Verantwortung übernehmen und sagen: ›Wir produzieren das nicht, da so etwas nicht den Umweltinteressen entspricht.‹«

Ich dachte kurz darüber nach und musste mir eingestehen, dass Verli irgendwie recht hatte. Die kleinen einfachen Menschen hatten nicht viele Möglichkeiten, etwas auszurichten, doch große Konzerne konnten schon sagen, wo es lang ging. Der Einfluss war bei einigen Unternehmen sehr weitreichend bis hinauf in politische Ebenen, da könnte eigentlich mit positiven Veränderungen und nachhaltigen Gedanken viel bewirkt werden. »Wenn nicht alle so korrupt wären«, beendete ich meine Gedanken.

»Stimmt. Im Grunde geht es doch immer nur um Geld.«

»Geld regiert die Welt«, prostete ich ihr zu und trank mein Glas leer, ehe ich ein neues auffüllte.

»Reden wir von was anderem. Politische Themen machen mich immer so depressiv.« Verli kicherte. Ihr stieg der Prosecco schon ebenso hoch wie mir. »Was machst du sonst so? Fällt dir schon die Decke auf den Kopf?«

»Fast. Ich lenk mich halt ab. Lesen und so.«

»Was liest du?« Verli sah sich im Wohnzimmer um, wohl auf der Suche nach einem Buch, doch ich musste sie enttäuschen.

»Kein Buch. Lese online«, druckste ich herum, denn ich war unsicher, ob ich ihr von der Menstassengruppe erzählen sollte. Jedes Mal wenn ich auf Facebook online ging, gab es wieder dutzende Beiträge zu lesen, die ich mittlerweile interessiert verfolgte. Manche waren recht witzig, andere eher informativ. Hin und wieder gab es allerdings auch weniger ansprechende Inhalte, über die ich dann rüberscrollte. Im Großen und Ganzen war es jedoch der perfekte Zeitvertreib und Zeit hatte ich ja momentan genug.

»Jetzt sag schon«, forderte Verli. »Ist es ein Online-Schundblatt? Eine neue Ausgabe von Feuchtgebiete?«

Ich winkte ab. »Quatsch. Glaubst du, ich lese so einen Mist? Was denkst du von mir!« Ich nahm noch einen Schluck und rückte schließlich mit der Facebook-Gruppe heraus. Während Verli mich mit einer Mischung aus Ekel, Faszination und Erstaunen ansah, erklärte ich ihr, was es mit dieser Tasse auf sich hatte.

Verlis Reaktion war beinahe typisch. »Wie? Das fängt das Blut auf? Kriegt man da nicht schwerste Entzündungen, wenn man so was in sich hat? Wie lange hast du gesagt, kann das drin bleiben? Zwölf Stunden??«

»Warum sollte man Entzündungen bekommen? Das ist ja nur Blut, kein Dreck.« Ich lachte. »Und ja, man kann sie bis zu zwölf Stunden drin lassen. Kommt halt scheinbar drauf an, wie stark die Blutungen sind.«

»Und da kriegt man nicht dieses toxische Dingsbumssyndrom, wie bei den Tampons?«

Ich schüttelte den Kopf. An dieses TSS hatte ich auch schon gedacht. Eine junge Frau war vor kurzem daran gestorben und die Medien schlachteten ihren Tod als »von Tampons gestorben« in allen Online-Portalen aus. »Angeblich nicht. Zumindest scheint das Risiko geringer zu sein.«

»Und statt der Tampons ist es besser, wenn man sich Plastik in die Muschi schiebt?«

Ich lachte wieder. Der Alkohol machte Verli lockerer, denn sie verwendete im nüchternen Zustand nie Begriffe, die auch nur annähernd vulgär waren. »Das ist kein Plastik. Die meisten Cups bestehen aus medizinischem Silikon. Das ist nichts Gefährliches, was man von den anderen Sachen nicht behaupten kann, wenn man die

Giftstoffe in den Hygieneprodukten bedenkt.«

»Ach, ich weiß nicht.« Verli trank noch einen Schluck. »Weißt du nicht mehr von dem Skandal mit den Silikonimplantaten in Frankreich?«

Ich winkte ab. »Blödsinn. Das war irgendein Pfusch mit irgendeinem Silikon. Das war nichts Medizinisches.« Dabei merkte ich, wie ich begann, die Menstasse zu verteidigen. Dabei hatte ich sie doch noch nicht mal probiert!

Verli trank wieder und schien meine Infos zu verdauen.

»Und du hast nun sowas?«, fragte sie schließlich.

Ich nickte und grinste bei dem Gedanken daran, wie ich die Tasse mit hochrotem Kopf gekauft hatte. Mittlerweile, und dank des Alkohols, konnte ich drüber lachen.

»Und?«

»Was und?«

»Wie ist es?«

»Hab sie noch nicht probiert.«

»Oh.« Verli trank wieder von ihrem Glas. Ich tat es ihr gleich. Die Flasche war beinahe leer. »Zeig mal her«, forderte sie mich schließlich auf.

Ich stand auf und holte den kleinen Beutel aus dem Badezimmer, in dem die Tasse auf ihren Einsatz wartete.

»Hübsch«, sagte Verli, während sie den Stoff mit spitzen Fingern hochhielt und baumeln ließ.

»Der Cup ist frisch abgekocht und unbenutzt. Kannst ihn ruhig anfassen«, kicherte ich, als ich sah, wie sie vorsichtig das Band löste.

Verli beäugte skeptisch die Tasse, drückte zusammen und hielt sie von sich. »Sieht groß aus«, meinte sie schließlich nachdenklich.

»Ich glaub, das täuscht. Man faltet sie ja beim Einführen. Schau, so.« Ich zeigte ihr die drei gängigsten

Falttechniken, die ich in der Mensgruppe gesehen hatte, und erklärte ihr das Einführen. Theoretisch wusste ich ja voll Bescheid, ob es praktisch dann auch so werden würde, darauf war ich gespannt! Da in der Gruppe von Trockenübungen abgeraten wurde, hatte ich mich noch nicht rangewagt und musste warten, bis ich in zwei Tagen roten Besuch bekommen würde.

»Und das funktioniert?« Verli war immer noch skeptisch.

»Tausende glückliche Menstassenanwenderinnen in der Gruppe bestätigen das«, antwortete ich lachend und übertrieben wie in einer Fernsehwerbung. »Und jetzt gib mein Tässchen wieder her, bevor ich es nochmal auskochen muss.« Ich packte den Cup grinsend in den Beutel und verschloss ihn.

Das weitere Gespräch drehte sich dann um Alternativen zu Hygieneprodukten. Verli erzählte, dass sie vor ein paar Monaten auf Bio-Tampons umgestiegen war. Allerdings nicht aus gesundheitlichen, sondern aus umweltbewussten Gründen. Dass die normalen Tampons & Co so chemisch belastet und ungesund wären, davon hatte sie noch nie gehört.

»Hier, lies mal.« Ich hielt ihr das iPad mit dem Artikel der Netzfrauen hin. »Ist dir das auf Facebook noch gar nicht untergekommen? Das wurde ja jetzt eh von so vielen geteilt.«

Verli schüttelte den Kopf und las. Zwei Minuten später reichte sie mir das Tablet zurück und atmete tief durch. »Heftig«, sagte sie nur knapp und leerte den letzten Rest Prosecco von der Flasche in ihr Glas und trank. »Sag mir, wie es dir mit deinem Tässchen geht«, meinte sie schließlich. »Der geldsparende Aspekt spricht ja schon auch dafür. Einmalige Anschaffungskosten, oder?«

Ich nickte. »Die Dinger halten angeblich bis zu zehn Jahre.«

»Und das ist wirklich dicht? Man braucht auch keine Slipeinlagen oder so als Schutz?«

Sollte ich ihr jetzt von meiner neuesten Errungenschaft erzählen? Laut Sendungsverfolgung würde morgen mein Paket ankommen, auf das ich schon sehr gespannt war.

»Wieso grinst du so?«

»Ich hab Stoffslipeinlagen bestellt«, rückte ich schließlich heraus und grinste weiter. Bestimmt hielt mich Verli jetzt für komplett bescheuert.

»Stoffbittewas?«

»Stoffslipeinlagen«, wiederholte ich. »Als Backup.«

»Backup?«

Ich winkte ab. »Ach, so nennen die das in der Gruppe. Als Sicherheit, falls mal was daneben geht.«

»Und du hast dir welche bestellt?« Ungläubig sah sie mich an.

»Ja, die sehen voll cool aus. Die gibt es in allen möglichen Designs und Farben. Und man kann sie waschen und ewig wiederverwenden. Was meinst du, wie man da Müll und Geld spart!« Wieder griff ich nach dem iPad und zeigte ihr den Onlineshop, der verschiedenste Einlagen anbot. Selbstgenäht und aus Bio-Stoffen.

»Du wirst mir langsam unheimlich«, meinte Verli und scrollte über die vielen bunten Bilder mit den verschiedenen Packages. Schließlich sah sie mich an. Ihr Blick war skeptisch. Oder irritiert? Oder hielt sie mich für verrückt?

»Laura, ich sag es dir ja nur ungern …«, sie machte eine Pause, ehe sie fortfuhr und mich todernst ansah, »du hast einen Öko-Knall.« Sie begann, schallend zu lachen.

Ich wusste nicht, ob ich mitlachen oder beleidigt sein sollte, doch da ich wusste, und vor allem auch spürte, dass der Alkohol uns lockerer machte, lachte ich mit. Es klang ja auch zu dämlich, wenn ich von Menstassen und Stoffeinlagen sprach. Ich konnte es ihr nicht verübeln, denn ich würde, wäre der Fall umgekehrt, wohl nicht anders reagieren.

Den restlichen Abend mieden wir das Öko-Thema. Stattdessen erzählte Verli von ihrer Arbeit und ihren bescheuerten Kollegen im Büro, während die zweite Flasche Prosecco, die ich noch in meinem winzigen Abstellraum gefunden hatte, immer weniger wurde.

Gegen Mitternacht kam dann Stefan, um Verli abzuholen. Während sie die Treppe runterkicherte und leicht wankte, dachte ich daran, dass sie am nächsten Tag bestimmt einen Brummschädel in der Arbeit haben würde. Ich dagegen könnte in Ruhe ausschlafen und den ganzen Tag faul herumliegen. Manchmal konnte ein Krankenstand auch was Gutes haben.

# 19.

*Pling. Pling.*
Ich wachte auf, weil mein Handy zweimal hintereinander ein Geräusch von sich gab. Für einen kurzen Moment war ich verwirrt, denn normalerweise stellte ich über Nacht den Flugmodus ein und ich konnte ungestört schlafen. Scheinbar hatte ich das gestern in meinem alko-

holisierten Zustand vergessen. Die Strafe folgte, indem ich bereits um sieben Uhr früh geweckt wurde.

Verschlafen und mit schwerem Schädel griff ich nach meinem Handy. Zwei Nachrichten von Ben. Sofort war ich hellwach.

*Guten Morgen. Sorry, dass ich schon wieder absagen musste. Momentan läuft es echt blöd.*

Darunter stand als zweite Nachricht: *Ich hätte dich wirklich gerne gesehen.*

Ich sah auf die Worte, und während der Cursor in meinem Textfeld auffordernd blinkte, wusste ich nicht, was ich zurückschreiben sollte. Schon gut? Du Volltrottel? Sollte ich wütend sein oder ihm verzeihen? Irgendwo in mir machte sich eine leise Stimme der Verständnis bemerkbar. Es war ja auch echt nicht leicht für ihn, alles unter einen Hut zu bekommen – Frau, Beruf, Affäre. Mit dem Entschluss, dass ich, nachdem er mir nach Beginn unserer Romanze die Wahrheit sagte, trotzdem etwas mit ihm wollte, wusste ich ja auch, dass die Reihenfolge immer so sein würde. Zuerst Frau, dann Beruf, dann ich. Es würde immer alles wichtiger sein als ich. Eigentlich konnte ich damit gut leben, denn mein Tagesablauf lenkte mich ab. Die Arbeit, das Fortgehen am Wochenende – das alles brachte mich dazu, mein Leben zu leben und nicht ständig an Ben denken zu müssen. Doch jetzt? Seit ich den Unfall hatte – und mir somit auch massig Zeit zur Verfügung stand – fiel es mir schwer, nicht ständig an ihn zu denken. Am liebsten hätte ich ihn jeden Tag gesehen!

*Dumm gelaufen,* schrieb ich schließlich hämisch zurück. *Wäre frisch geduscht und ziemlich geil gewesen.*

Die Antwort folgte sofort – Ben schickte einen heulenden Smiley. Die Erklärung, warum er nicht kommen konnte, blieb aus. Ich fragte dann auch gar nicht nach, denn eigentlich wollte ich mich mit *ihr* nicht befassen.

*Und, was machst du heute so?*

*Meinen Brummschädel loswerden und noch eine Runde schlafen*, tippte ich zurück.

*Wieso Brummschädel?*

*Verli war gestern noch da. Ist spät geworden.*

*Aha.*

*Was geht bei dir so?*

*Viel zu tun hier. Glaube kaum, dass ich Mittag aufhören kann.*

Ach ja, Freitag. Der kurze Tag der Woche, zumindest für Beamte und Büromenschen. Ich hingegen stand freitags für gewöhnlich am längsten im Laden, denn da war er bis halb acht abends geöffnet.

*Und was machst du am Wochenende?*, wollte ich schließlich wissen.

*Weiß noch nicht. Mal schauen, was sie geplant hat. Und du?*

*Keine Ahnung. Wahrscheinlich nichts. Hab ja nicht viele Möglichkeiten, außer zuhause zu sein.*

*Du Arme.*

*Und wie arm ich bin! Geil und arm!*

*Oh, du bist geil?*

*Immer doch*, schrieb ich und fühlte, dass ich das tatsächlich war. Es war schon ein paar Tage her, dass Ben zuletzt Zeit für mich hatte.

Die neckische Schreiberei ging noch ein paar Minuten weiter. Ich hatte bereits meine Unterhose ein wenig runtergeschoben, in der Hoffnung, Ben würde mich ausreichend motivieren und stimulieren, doch dann läutete es an der Tür. Sollte ich das Klingeln ignorieren und mit Ben weiterschreiben? Ich beschloss, ganz schnell aufzustehen und an der Tür nachzusehen, wo ich feststellte, dass es der Briefträger war, der ein Päckchen für mich hatte. Ich unterschrieb und nahm ein leichtes Luftpolsterkuvert entgegen. Als ich die Tür schloss, sah ich den Absender. Meine Stoffeinlagen waren da!

Trotz meiner Neugierde warf ich das Kuvert auf den Tisch und legte mich wieder ins Bett, wo ich mein Handy entsperrte und mit Ben weiterschreiben wollte, doch er war nicht mehr online.

*Sorry, Briefträger war an der Tür. Jetzt bin ich wieder da.*

Ich wartete zwei Minuten. Drei Minuten. Nach fünf Minuten war Ben immer noch offline und ich gefrustet. Na toll! Also stand ich erneut auf und öffnete die Verpackung der Sendung. Zum Vorschein kamen fünf bunte Stoffslipeinlagen. Sie sahen von der Form und Größe aus wie normale Plastikeinlagen und waren auch nicht viel dicker. Ich hatte schon die Befürchtung, dass sie viel mehr auftragen würden. Das wäre ein Horror gewesen, unten zwischen den Beinen so eine dicke Schicht zu tragen, doch der erste Eindruck war recht positiv. Ich war angenehm überrascht und steckte testhalber gleich eine Einlage in meine Unterhose. Mit hochgeschobenem Shirt ging ich dann ein paar Schritte in der Wohnung herum. Es fühlte sich recht angenehm an und ich war zuversichtlich, dass ich einen guten Kauf getätigt hatte.

Da ich gerade in Probierlaune war, holte ich meine Menstasse hervor, spülte sie nochmal unter heißem Wasser ab und setzte mich dann auf die Couch. Nachdenklich faltete ich die Tasse und ließ sie wieder aufspringen. In Fachkreisen nannte sich das *ploppen*. Genau so sollte es sein, wenn sie eingeführt wurde. Das

Ploppen war quasi der Urknall der Tassen – nur wenn es ploppte, saß sie richtig. Ob ich es einmal versuchen sollte? Es wurde zwar immer davon abgeraten, doch warum sollte es so schlimm sein? Ich war doch so neugierig, wie es sich mit der Tasse anfühlen würde!

Fünf Minuten später wusste ich, warum Trockenübungen nicht empfehlenswert waren und nach zehn Minuten Fummelei gab ich auf. Ich schaffte es nicht, sie richtig einzuführen, geschweige denn ploppen zu lassen. Auf der Suche nach einer Anleitung für Anfängerinnen durchforstete ich auf Facebook die Tassengruppe. Es musste doch irgendwo genau erklärt sein, wie das funktionierte? Überflogen hatte ich mal was, doch ich dachte, es konnte nicht viel anders sein als mit Tampon …

Schließlich fand ich einen Beitrag mit einer Illustration. Man sah den weiblichen Unterleib in Querschnitt, die Anleitung oberhalb riet dazu, die Tasse gleich am Beginn ploppen zu lassen und dann eher nach hinten zeigend hochzuschieben. Wer das Gefühl hatte, durch die Wüste zu müssen, konnte die Tasse mit Kokosöl gleitfähiger machen, stand als Tipp dabei. So ein Öl hatte ich jedoch nicht, nur Kokosmilch. Und mit der würde es bestimmt nicht gehen.

Meine Probierlaune war verflogen und ich packte die Tasse wieder weg. Das würde ja noch heiter werden, wenn morgen oder übermorgen die Mens eintrudelte. Ich sah mich jetzt schon mit blutigen Fingern da unten rumfummeln … Zum Glück hatte ich noch ein paar Tampons als Reserve, falls es nicht klappen sollte.

Um bessere Laune *in* den und die Menstasse *aus* dem Kopf zu bekommen, ging ich duschen. Ich seifte mich mit Bio-Duschgel ein, trocknete mich ab und nutzte danach meine Creme mit natürlichen Inhaltsstoffen, die ich in meinem Gesicht verrieb, während ich Wasser in einen Topf laufen ließ und auf den Herd stellte. Ich würde heute anstatt meines umweltbelastenden Kaffees einen gesunden Tee trinken. Außerdem wählte ich frisches Obst aus der Bio-Kiste, um Joghurt mit Früchten zu essen. In einem Küchenschrank fand ich noch Agavendicksaft, den ich großzügig darüber goss. Honig besaß ich keinen – schmeckte mir nicht – und Zucker war ja wohl auch nicht das Gesündeste. Agavendicksaft war meines Wissens nach eine gute Alternative und versüßte mein Frühstück entsprechend.

Als die Schüssel leer war, fühlte ich mich gleich viel besser. Ich war satt und der Tee hatte nicht mal so schlecht geschmeckt, wie ich zugeben musste. Der Gedanke, dass ich meinem Körper etwas Gutes tat, beflügelte mich, was ich so gar nicht von mir kannte. Ich bemerkte, dass ich eigentlich niemanden brauchte, um mich gut zu fühlen. Vielleicht war dieses Ökoprojekt ja doch nicht so eine schlechte Idee gewesen ...

*Pling.*

Ben war wieder online.

*Hatte Besprechung. Was machst du so?*

*War duschen, hab gefrühstückt und werd jetzt dann faul rumliegen.*

*Oh, beim Duschen wäre ich gern dabei gewesen.*

*Du hattest ja keine Zeit*, schrieb ich zurück und stellte mir vor, wie es wohl mit Ben im heißen dampfenden Wasser gewesen wäre ...

*Ich hätte dich schön eingeseift ;)*

*Klingt gut. Was noch?*

*Dich geküsst ...*

Ich weiß nicht, wie Ben das schaffte, doch ich war schon wieder geil. Allein das Kopfkino, das er verursachte, brachte meine weiblichen Hormone dazu, Achterbahn zu fahren, die Körpertemperatur steigen zu lassen und Blut in meine Vagina zu pumpen, sodass sie richtig heiß auf *ihn* war.

*Und dann?*, forderte ich eine weitere Beschreibung, doch es kam nichts mehr. Er war zwar online, doch nicht in meinem Chat, denn der Haken war grau. Er hatte die Nachricht nicht einmal gelesen. »Bestimmt schreibt *sie* mit ihm«, ging es mir durch den Kopf und ich klopfte ungeduldig auf den grauen Haken starrend am Rand des Displays herum, während ich auf der Couch saß. Mein Kopfkino hatte plötzlich einen anderen Film eingelegt. *Sie* mit ihm, glücklich, fröhlich, so wie in den Filmen aus den Fünfzigerjahren, wo alles perfekt war und die Familie eine heile Welt darstellte. Mann, Frau, Kind, Haus. *Pah!*, dachte ich verächtlich. Und wo blieb ich?

Weitere Minuten vergingen, dann schrieb Ben endlich etwas.

*Sorry, musste grad was erledigen. Wo waren wir stehengeblieben?*, fragte er neckisch.

*Beim Einseifen und Küssen*, tippte ich übellaunig. Meine Erregung war verflogen.

*Ja, das wäre jetzt geil.*

Er schloss nahtlos an vorher an, doch richtig in Stimmung kam ich nicht mehr. Irgendwie war ich genervt davon, immer wieder auf das Abstellgleis geschoben zu werden. Wir tippten noch ein paar Minuten hin und her, doch dann musste er wieder aufhören. Die Arbeit rief. Erneut blieb ich einsam zurück.

Verlis Worte fielen mir ein, die sie vor fast zwei Wochen

gesagt hatte, kurz bevor ich vor Gilberts Rad gelaufen war. Ließ ich mich wirklich von ihm nur benutzen? Was hatte ich sonst von ihm, außer den gelegentlichen Sex und die Hin- und Herschreiberei unter der Woche? Aber er war doch so geil! Und so fesch! Und so gut gebaut! Ich fühlte mich, als würden sich zwei Stimmen in meinem Kopf streiten. Die eine rief zur Vernunft auf, die andere wollte ihn nicht hergeben. Außerdem, ich war ja etwas Besonderes für ihn! Er mochte mich, das wusste ich mit Sicherheit, sonst würde er für mich nicht so viel riskieren. Mit diesem Argument brachte ich die Stimme der Vernunft zum Verstummen. Irgendwann würde es schon wieder einmal klappen und wir würden Zeit füreinander haben. Momentan war es halt nicht leicht, doch nächste Woche, wenn ich wieder arbeitete, passte es bestimmt!

Um mich abzulenken, zappte ich durch das Fernsehprogramm, fand jedoch nichts Sehenswertes. Also nahm ich mein iPad und surfte auf Facebook herum. Gilbert und ich waren mittlerweile befreundet und ich sah auf meiner Neuigkeitenseite, dass er zu diesen Teekapseln erneut ein Update geschrieben hatte, das ich interessiert las. Ich war gespannt, welche Auswirkungen seine Aktion hatte, zumal bei dem Posting ein Foto beigefügt war, das einen großen Karton voll mit Teeschachteln zeigte.

*Liebe Freunde! Ihr erinnert euch bestimmt an meine Aufforderung, umgehend Teekapseln vom Markt zu nehmen, denn diese sind weder wirtschaftlich noch umwelttechnisch tragbar. Nach meinem letzten Telefonat mit dem Marketingleiter erreichte mich heute ein Paket dieser Firma. Darin enthalten war ein Jahresvorrat an Teebeuteln verschiedenster Sorten. Im Begleitschreiben dankte das Unternehmen mit dieser kleinen*

*Aufmerksamkeit meinem Engagement für die Umwelt. Es versicherte mir zudem, ebenfalls für Mutter Erde einzustehen und deshalb meine Meinung und die der anderen E-Mail-Verfasser sehr ernst zu nehmen.*

*Freunde, das klingt doch nicht so schlecht, oder? Ich werde die Interessen dieses Unternehmens auf jeden Fall weiter verfolgen und euch auf dem Laufenden halten! Hoffen wir, dass noch mehr Menschen ein Einsehen haben, und so etwas gar nicht erst erwerben. Setzt ein Zeichen, indem ihr nur nachhaltige Produkte kauft! In diesem Sinne: Namaste!*

Beim letzten Wort musste ich grinsen. Konnte ich mir Gilbert doch so richtig vorstellen, wie er, mit seinen langen Haaren ins Gesicht hängend, diesen Text tippte, während rundherum frischer Kräutertee und Räucherstäbchen dampften und ihn einnebelten. Ob er auch Hasch rauchte? Taten das nicht typischerweise alle Hippies und Ökofreaks?

Ich musste lachen und bemerkte, dass ich Gilbert eigentlich gar nicht als normalen Menschen wahrnahm. Er war so ein Sonderling, der wohl ständig rumnörgelte, wenn etwas nicht seinem Umweltgedanken entsprach und nicht Öko genug war. Bestimmt verweigerte er beim Einkaufen jegliche Plastiksäcke und hatte immer seinen Stoffbeutel dabei. Oder am besten gleich eine Jutetasche. Bestimmt kaufte er Lebensmittel nur im Bioladen, und wenn er einmal Kinder bekommen würde, würde er sie sicherlich zu kleine Umweltterroristen erziehen, die die Welt verbessern wollten und sich in einschlägigen Internetforen herumtrieben und sich mit eso-biologischen Dingen beschäftigten. Und sein Garten? Der war bestimmt voll mit nachhaltigem Saatgut der alten Sorten, frei von

Genmanipulation, um dann als kümmerliches Gemüse zu wachsen, das kaum jemanden satt bekommen konnte. Vielleicht war Gilbert deshalb so mager … Wie sein Zuhause wohl aussah? Ein Fernseher passte nicht zu diesem Bild, das ich von Gilbert hatte. Einen Internetanschluss schien er allerdings zu haben, jedoch garantiert aus grüner Ökoleitung mit Ökostrom und Ökozertifikat.

Mein Grinsen hatte sich bei diesem Gilbert'schen-Kopfkino verstärkt. Belustigt klickte ich auf die Kommentare unter seinem Tee-Posting und scrollte durch die Beiträge seiner Freunde, die ihn zu dieser Initiative und dem kleinen Erfolg durchwegs beglückwünschten.

Interessehalber klickte ich durch die Profile der Kommentatoren und erwartete, dass dies ebenfalls Freaks mit längeren Haaren, dicker Brille, Strickpulli oder Peace-Zeichen waren, doch ich wurde enttäuscht. Es waren Durchschnittsmenschen mit Durchschnittaussehen, die ich auf der Straße nicht als umweltbewusste Typen eingeschätzt hätte. Ein paar von den jungen Männern sahen sogar recht hübsch und normal aus, fiel mir auf. Einige Mädels waren auch dabei, die im Kommentar bekräftigten, auch ihre Freunde auf diese umweltzerstörerischen Kapseln aufmerksam zu machen. Danach entwickelte sich eine Diskussion darüber, wer welches Teepäckchen bekommen würde, die Gilbert gerne weiterverschenkte, da er selbstgepflückte Kräuter bevorzugen würde, so seine Meinung.

Ich lehnte mich zurück und dachte nach. Gilbert schien sich in einem relativ normalen Freundeskreis zu bewegen, zumindest, was die Optik anging. Er und seine Freunde konnten unterschiedlicher nicht sein, und doch hatten sie eines gemeinsam: nachhaltig und ökologisch zu leben, sich biologisch zu ernähren und auch an die Kindeskinder, wie es so schön in diesen Kreisen hieß, zu denken. Unsere Erde gäbe es schließlich nur einmal – so der einstimmige Tenor dieser Personen.

Bisher war es mir immer relativ egal gewesen, was die Zukunft brachte. Ganz ehrlich? Ich würde es ja eh nicht mehr mitbekommen, wenn in 100, 200 oder 500 Jahren die Ressourcen verbraucht wären und die Erde unbewohnbar wäre! Es würde mich nicht stören – denn tot wäre ich da schon lange! Mir fiel die Schlagzeile von gestern ein, die ich im Internet gelesen hatte. Stephen Hawkings meinte, dass die Menschheit extrem vorsichtig sein solle – vor allem in den nächsten 100 Jahren! Atomwaffen, globale Erwärmung, gentechnisch veränderte Viren – dies alles wären Folgen des wissenschaftlichen Fortschritts, die den Menschen, laut Hawkings, in weiterer Folge dazu veranlassen solle, langfristig neuen Lebensraum zu suchen. Was war nun der klügere Weg? So zu leben, dass es auch in 100 oder 500 Jahren noch lebenswert auf der Erde sein konnte oder gleich die Option zu eröffnen, einfach abzuhauen? Ich konnte mich mit beiden Möglichkeiten nicht recht anfreunden – ich würde es ja sowieso nicht mehr mitbekommen! Der einzige Aspekt, der mich überzeugte, war, dass ein bewussteres Leben mit biologischen Lebensmitteln meine Gesundheit unterstützen konnte. Ein nachhaltiges Leben, zum Beispiel wenn man Strom reduzierte und aufs Auto verzichtete, würde Geld sparen. Alles andere war in meinen Augen irrelevant, da es mich nicht betraf. Dachte ich zumindest …

## 20.

Der Tag verging extrem langsam. Mir war stinklangweilig, im Fernsehen lief nur Mist und meine Schulter schmerzte bei Bewegung wieder mehr. Gilberts Salbe war bereits zu Neige gegangen, und auch wenn ich das Gefühl hatte, dass sie mir, zumindest kurzfristig, geholfen hatte, so traute ich mich nicht, ihn auf Nachschub anzusprechen. Ich wollte nur ungern zugeben, dass ich seine Salbe mochte, doch eine vergleichbare war kaum aufzutreiben, denn ich wusste ja nicht mal, welche Inhaltsstoffe enthalten waren. Und nach den vielen Artikeln, die ich in den letzten Tagen über Medikamente gelesen hatte, wollte ich nicht zur Apotheke um mir dort eine schmerzstillende Salbe zu holen. Wer wusste schon, was da alles noch reingepanscht war! Also hieß es, liegenzubleiben, den Arm ruhigzustellen und einfach abzuwarten. Bis Montag zur nächsten Arztkontrolle würde es bestimmt besser werden und einer Gesundschreibung konnte nichts mehr im Wege stehen!

Am Nachmittag sah ich immer wieder auf mein Handy. Ben war seit Stunden nicht mehr online gewesen und ich fürchtete, das würde auch so bleiben. Freitags hatte er oft einen kurzen Arbeitstag und bestimmt war er schon zuhause. Einmal mehr dachte ich genervt an seine Frau. Was er wohl gerade mit ihr machte? Freute er sich, wenn er *sie* sah? Was redete er mit ihr? Hörte er seinem Kind zu, wenn es vom Kindergarten erzählte?

Tausende Gedanken kreisten in meinem Kopf, während

ich auf WhatsApp auf den Chat mit Ben starrte. Der Cursor blinkte ungeduldig vor sich hin, darauf wartend, dass ich etwas schrieb, doch ich sah nur auf Bens Namen und hoffte, dass er online ging. Vielleicht erwischte ich ihn ja zufällig. Oder er dachte auch gerade an mich und wollte mit mir schreiben. Er könnte jetzt sein Handy nehmen, den Chat öffnen … In Gedanken zählte ich bis 50, doch es tat sich nichts. All mein Hoffen war umsonst. Ben blieb offline.

Die Langeweile war ein Graus! Hätte ich zu tun, würde ich nicht hier sitzen und sinnlos auf ihn warten. Langsam stieg Unmut in mir hoch, und als ob das nicht genug gewesen wäre, läutete es an der Tür. *Na toll.*

Ich rollte mich von der Couch, darauf bedacht, den linken Arm am Körper zu halten, und schlurfte zur Tür. Durch den Türspion konnte ich niemanden erkennen. »Ja?«, fragte ich deshalb in den Hörer der Gegensprechanlage und hoffte für einen kurzen Moment, dass Bens Stimme ertönen würde. Wäre das geil, wenn er jetzt hier wäre!

»Ich bin's. Verli.«

Ich drückte den Summer und ging in die Küche, während ich die Tür für meine Freundin geöffnet ließ. Als ich sie hereinkommen und die Schuhe ausziehen hörte, rief ich ihr vom Kühlschrank aus zu. »Möchtest du etwas trinken? Saft, Wasser, Tee? Kaffee hätte ich auch, aber da bekomm ich ein schlechtes Gewissen, wenn ich den mache.« Ich lachte und dachte wieder an Gilbert und seine Kapselabneigung.

Da ich von Verli keine Antwort erhielt, schloss ich die Kühlschranktür und drehte mich um. Ich hatte noch immer das Grinsen im Gesicht, das in Sekundenbruchteilen verschwand. Nie würde ich diesen einen Moment vergessen, in dem Verli bei mir in der Küche stand und ihre Augen rot und tränenunterlaufen waren. Ihr Gesicht wirkte gequollen und sie zitterte am ganzen Körper.

»Scheiße, was ist los?« Ich ging zu ihr und drückte sie mit meinem rechten Arm an mich. Verli legte ihren Kopf auf meine Schulter und heulte völlig verzweifelt los. »He, was ist denn passiert?«, fragte ich sie erneut, doch sie war zu keiner Antwort fähig. Stattdessen schluchzte sie, murmelte irgendetwas von »Arsch« und »Volltrottel« und wischte sich zwischendurch die Tränen von den Wangen.

Ich schob sie ins Wohnzimmer und drückte sie auf die Couch, wo ich mich neben sie setzte und wieder an mich drückte. Mein Shirt war an der Schulter schon völlig durchnässt, doch das war in diesem Moment egal, denn immer noch heulte sich Verli die Augen aus. Und noch immer wusste ich nicht, was passiert war. War etwas mit Stefan geschehen? Hatte er einen Unfall? Dann wäre Verli wohl bei ihm im Krankenhaus und nicht hier. War er tot? *Oh mein Gott!*

»Er ist so ein Arsch«, brachte sie schließlich unter heftigem Schluchzen hervor und schnäuzte sich die Nase.

*Okay, er ist nicht tot*, ging es mir durch den Kopf. »Was ist passiert?« Ich streichelte ihren Arm und sah sie hilflos an. Ich wusste nicht recht, was ich sagen oder tun sollte. Solche Situationen waren für mich ziemlich unangenehm.

Verli schluchzte wieder. Dann atmete sie tief durch und starrte auf das Taschentuch in ihrer Hand. »Mit Stefan ist es aus«, sagte sie schließlich leise.

»Was? Aber wieso?« Ich war ziemlich erschrocken, als ich das hörte. War doch zwischen den beiden immer alles so perfekt gelaufen!

»Er ist so ein Arsch«, wiederholte sie. Das Taschentuch in ihrer Hand war völlig zerknüllt und sie begann, kleine Stücke davon abzureißen. Sie wirkte ziemlich wütend.

»Was ist denn passiert?«, fragte ich erneut und konnte mir keinen Reim darauf machen. Irgendetwas Schlimmes musste geschehen sein, sonst wäre Verli nicht so aufgebracht!

Statt einer Antwort erhielt ich Schweigen. Verli knüllte und riss noch immer am Taschentuch herum und in meinem Kopf rasten die Gedanken, wogen die Auslöser ab, die zu so einem Zustand geführt haben konnten, bis sich ein leiser Verdacht regte. Ich wurde das Gefühl nicht los, dass eine betrogene und zutiefst verletzte Frau vor mir saß. Hatte Stefan Verli etwa betrogen? Die Antwort auf meine stumme Frage folgte keine Sekunde später.

»Er hat eine andere.«

»Was? Bist du sicher?« Mein Entsetzen war echt. Ich hätte Stefan nicht zugetraut, dass er ein Fremdgeher war. Wirkte doch bei den beiden alles immer so harmonisch! »Bist du sicher?«, fragte ich schließlich.

Verli strafte mich mit einem bitterbösen Blick. »Wäre ich sonst hier, wenn ich mir nicht sicher wäre? Würde ich so aussehen?« Sie zeigte auf ihr verheultes Gesicht. Dann holte sie ihr Handy hervor und hielt mir ein Foto unter die Nase. Darauf war Stefans Handy mit einer SMS am Display zu sehen. »Hey, mein wilder Hengst. Morgen wieder? War echt geil heute«, las ich und schluckte einen plötzlichen Kloß in meinem Hals runter.

»Scheiße«, sagte ich schließlich und sah Verli an.

»Das war die Nachricht von gestern«, erklärte sie und wischte auf ihrem Smartphone rum. »Heute Morgen war er gerade am Klo und sein Handy lag neben mir am Tisch, als eine SMS kam.« Sie schnaubte verächtlich. »Dumm gelaufen, wenn die ersten Worte der SMS am Display angezeigt werden.« Verlis Blick war immer noch bitterböse, während sie erzählte und mir ein weiteres Foto zeigte. »Das hier stand bei der SMS von heute früh.«

»Mein geiler Hengst, gut geschlafen?«, las ich murmelnd. »Daraufhin habe ich seine Nachrichten angesehen und die andere SMS gefunden. Die hat er gestern bekommen, bevor er mich von dir abholte, dieses Arschloch. Von wegen, er war mit Freunden noch einen trinken!« Ihre Stimme klang nun richtig wütend. Die Verzweiflung von vorhin schien dem Zorn Platz gemacht zu haben.

»Ach du Scheiße.« Zu mehr war ich nicht fähig. Was sollte ich bloß sagen? Ich fühlte mich grad gar nicht wohl in meiner Haut.

»Ich hab die Fotos als Beweis gemacht, damit er nachher nichts leugnen kann, aber er hat es sofort zugegeben und gemeint, das wäre nichts Ernstes. Er sagte, er würde mich lieben und mich nie verlassen wollen, weil er doch mit mir eine Zukunft wollte und …« Der Zorn war weg, die Verzweiflung wieder da. Verli heulte und schluchzte erneut und brachte kein Wort mehr heraus.

»Du weißt es seit heute Morgen?«, fragte ich und streichelte ihren Rücken. Ich versuchte, mitfühlend zu klingen.

Verli nickte.

»Wieso bist du denn nicht früher gekommen?« *Dann wäre mir den ganzen Tag nicht so langweilig gewesen*, ergänzte ich in Gedanken und fragte mich, was ich wohl getan hätte, wenn ich erfahren würde, dass mich mein Freund, den ich gar nicht hatte, betrügen würde.

»Ich musste doch arbeiten.« Verli schniefte laut und

schnäuzte sich in ihr zerfetztes Taschentuch so gut es ging. Ich hielt ihr ein frisches hin, das ich aus der Box am Wohnzimmertisch gezogen hatte.

»Ich hab ihm gesagt, er soll verschwinden. Wenn ich morgen nach Hause komme, soll er seine Sachen gepackt haben und weg sein.«

»Du machst Schluss?« Ich klang erstaunt. Irgendwie dachte ich immer, dass man in harmonischen Beziehungen bei einem Problem zuerst mal reden und nach Lösungen suchen würde.

Verlis Antwort folgte als böser Blick, den sie wütend verbal unterstrich: »Da gibt es nichts zu bereden oder diskutieren!«

Ich hielt meinen Mund. Meine Rolle als Affäre mit einem verheirateten Mann sorgte vielleicht nicht gerade für die beste Ausgangsposition, um einer betrogenen Frau Tipps zu geben.

»Kann ich heute hier schlafen? Ich muss in Ruhe über alles nachdenken.«

»Ja klar«, sagte ich und zeigte auf die Couch, auf der wir saßen. »Wenn dir das nicht zu unbequem ist.«

Verli schüttelte den Kopf. »Ich werd sowieso nicht viel schlafen«, erklärte sie und schnäuzte sich wieder die Nase.

Ich wusste nicht recht, was ich sagen sollte. Verli tat mir natürlich leid, sie hatte es nicht verdient, so betrogen und verletzt zu werden. Andererseits war ich immer der Meinung gewesen, nur instabile Beziehungen würden zu einer Affäre führen. Verli und Stefan waren doch immer glücklich gewesen, so hatte es zumindest den Anschein gehabt. Sie hatte mir nie von Problemen erzählt und auch das Sexleben hatte ihren Erzählungen nach gepasst. War alles nur Schein? Ich war mir bei Ben immer sicher gewesen, dass seine Ehe nur nach außen und auf dem Papier existierte. Dass er mich hatte, weil es eben nicht so gut lief. Ob das seine Frau auch so sah?

»Weißt du«, unterbrach Verli meine Gedanken, »ich dachte immer, nur Arschlöcher würden Frauen betrügen. Männer, die Charakterschweine sind und es zu nichts bringen.«

*So wie Ben, oder wie?* Entrüstet wollte ich etwas erwidern, doch ich hielt meinen Mund. Es war wohl nicht der richtige Zeitpunkt, um mit ihr über Bens Charakter zu sprechen.

»Aber Stefan?«, fuhr sie fort und sah mich fragend an. Ihre Augen schimmerten. »Ich versteh es einfach nicht! Bestimmt liegt es an mir.« Sie seufzte und senkte den Blick auf das Taschentuch in ihrer Hand.

»Sag sowas nicht«, versuchte ich sie zu trösten. »Es liegt bestimmt nicht an dir. Es … es …« Ich brach ab. Ich vermutete, dass ich wohl kaum die richtigen Worte finden würde. Nicht ich, die auf der anderen Seite des Stuhls stand … »Es bringt nichts, darüber nachzudenken, wie das passieren konnte. Frag dich lieber, ob du ihm noch eine Chance geben willst und ob ihr beide nochmal zueinanderfinden wollt«, versuchte ich die Kurve zu kratzen.

Verli schüttelte den Kopf. »Unmöglich. Ich hab genug von ihm.« Ihre Stimme klang trotzig. »Arschloch«, warf sie noch nach und atmete tief durch. Dann richtete sie sich auf, wischte das Gesicht ab und sah mich fragend an. »Soll ich Pizza holen? Ich hab den ganzen Tag nichts gegessen. Und ich nehm Prosecco von der Tankstelle mit. Scheiß auf die Männer«, fügte sie hinzu, während sie aufstand und im Vorraum in ihre Schuhe schlüpfte.

## 21.

Zwei Abende hintereinander beschwipst zu sein war nicht alltäglich bei mir, denn normalerweise waren Verli und ich nur samstags die halbe Nacht unterwegs und tranken Alkohol. Nach dem gestrigen lustigen Abend folgte heute bereits der zweite, bei dem die erste Flasche Prosecco rasch geleert war. Im Gegensatz zu gestern war heute allerdings die Stimmung weniger lustig, denn die Themen drehten sich permanent um Männer, ums Fremdgehen und um Frauen, die sich wie Huren an liierte hormongesteuerte Scheißkerle ranschmissen.

Mir war nicht ganz wohl bei diesen Themen, vor allem nicht, weil ich mich selbst fühlte wie das letzte Miststück. Ich wagte Verli nicht zu unterbrechen, geschweige denn, meine Meinung kundzutun, und hatte manchmal sogar das Gefühl, sie würde mich indirekt beschimpfen. Meine Position als Teil einer Affäre war keine gute an diesem »Ich-hasse-alle-Fremdgeher«-Abend. Meist nickte ich nur zustimmend und trank von meinem Glas, weshalb mir der Alkohol ziemlich rasch ziemlich hoch stieg.

»Weißt du, ich dachte echt, der Kerl wäre perfekt für mich. Er war immer so nett zu mir und wir verstanden uns gut. Es lief doch alles perfekt!« Verlis Augen füllten sich wieder mit Tränen, als sie an die Zeit mit Stefan dachte und dabei auf den Wohnzimmertisch starrte. »Wir wollten im Sommer nach Ägypten. Wusstest du das?«

Ich schüttelte den Kopf.

»Zwei Wochen wollten wir bleiben. All inclusive. Gut,

dass der Flug noch nicht gebucht ist. Drecksschwein.«

Ihr Gesichtsausdruck wechselte von traurig zu wütend. Der ständige rasche Sinneswandel machte mir langsam zu schaffen. Heulen, fluchen, heulen, wütend sein – so kannte ich Verli gar nicht. Plötzlich starrte sie mich an.

»Ich hab's! Wir fliegen gemeinsam! Scheiß auf die Männer!« Enthusiastisch hob sie ihr Glas. »Mädelsurlaub, nur wir beide! Was meinst du?«

»Klar, warum nicht«, antwortete ich und setzte ein Lächeln auf. »Klingt toll.« Ich hoffte, ich klang überzeugend genug, denn ich wusste eigentlich nicht, was ich von dieser Idee halten sollte. Ich und Verli im Urlaub? In einem Zimmer? Womöglich in einem großen Bett? Ich schlief am liebsten alleine. Okay, Ben war eine Ausnahme. So oft kam das ohnehin nicht vor, dass wir die Gelegenheit hatten, zusammen zu schlafen. Eigentlich eh nur dieses eine Mal, das schon wieder viel zu lange her war.

Verli träumte bereits von einem tollen Mädelsurlaub am Meer mit Sandstrand und sprach ausführlich von den unglaublichen Möglichkeiten, die sich uns als Singles bieten würden. Meine Gedanken hingegen schweiften völlig ab. Sie sah uns gemeinsam schon am Strand liegen und die knackigen Beachboys bewundern, während ich mir vorstellte, wie ich mit Ben Hand in Hand am Strand bei Sonnenuntergang spazieren ging. Bei Dunkelheit würden wir dann übereinander herfallen und es am Strand treiben, während die Wellen um unsere Beine spülten …

»Hörst du mir überhaupt zu?«

»Oh, sorry. Hab grad nachgedacht. Was hast du gesagt?«

»Ob wir nächste Woche im Reisebüro uns mal ein paar

Reiseziele raussuchen sollen.«

»Klar, warum nicht.« Ich zuckte mit den Schultern. Wenn ich schon nicht mit Ben in den Urlaub konnte, dann halt mit Verli. Vielleicht gab es ja auch Einzelzimmer, die leistbar waren.

*Pling.*

Laut ertönte plötzlich eine ankommende Nachricht auf meinem Handy. Gerade wollte ich danach greifen, fing Verli meine Hand ab. Böse sah sie mich an. »Wage es ja nicht, mit Ben zu schreiben«, fauchte sie mich an. »Vergiss den Kerl und sieh dir bei mir an, zu was das führen wird!« Ihre Augen funkelten wütend.

Ich zog die Hand zurück und fühlte mich hin- und hergerissen. Bestimmt hatte er geschrieben! Ich saß förmlich auf Nadeln, während Verli unseren Urlaub bereits in Gedanken plante. Immer wieder schielte ich zu meinem Handy und sah das kleine Licht am oberen Displayrand unaufhörlich blinken, während ich laufend an meinem Glas nippte. Meine Gedanken drehten sich nur noch um Ben.

»Erde an Laura!«

Verli sah mich wieder fordernd an. Schon wieder hatte ich ihr nicht zugehört.

»Hmm?«

»Soll ich noch eine Flasche aufmachen?« Sie hielt die Prosecco-Flasche hoch und schwenkte sie hin und her. Ich sah auf mein leeres Glas und fühlte, wie mir der Alkohol bereits zu Kopf gestiegen war. »Nein, ich glaube, für heute ist genug.« Ich sah auf die Uhr. Es war erst halb neun. Viel zu früh, um ins Bett zu gehen und so in Ruhe auf mein Handy schauen zu können, was Ben wohl geschrieben hatte. Dass die Nachricht von Ben war, daran hatte ich keinen Zweifel. Wer sollte mir sonst schreiben?

Die Erlösung kam wenig später. Verli musste aufs Klo. Kaum hörte ich, wie sie die Tür schloss, griff ich nach meinem Handy, entsperrte das Display und klickte auf die Nachricht.

*Hi. Hab gesagt, ich treffe mich noch mit Freunden auf ein Bier. Bin unterwegs zu dir. Will dich sehen.*

Oh, diese Ausrede kam mir bekannt vor ... Mein Herz begann sofort schneller zu schlagen, nur um kurz darauf wieder abgebremst zu werden, als ich an Verli dachte. Was sollte ich bloß tun? Ben konnte jetzt unmöglich herkommen. Verli würde mir den Kopf abreißen!

*Wo bist du?*, tippte ich schnell und hörte, wie im WC die Spülung getätigt würde.

*Bin gleich da :)*

*Scheiße, scheiße, scheiße*, ging es mir durch den Kopf. Als Verli die Tür öffnete und die paar Schritte durch die Küche rüber ins Wohnzimmer kam, legte ich schnell das Handy neben mich und versuchte, entspannt auszusehen. Innerlich focht ich einen Kampf aus, denn nichts wünschte ich mir mehr, als Ben zu sehen. Doch Verli brauchte mich heute!

»Und, was schreibt er, dieser Betrüger?« Mit einem Seitenblick streifte Verli mein Handy, das nun nicht mehr blinkte.

Zerknirscht sah ich sie an. »Er ist auf dem Weg hierher«, antwortete ich schließlich leise.

»Ach.« Mehr sagte sie nicht.

Still zogen die Sekunden vorbei. Die Stimmung war angespannt und ich wusste nicht, was ich tun sollte. Es war eine verzwickte Situation. Schließlich klingelte es kurz an der Tür.

Verli sah auf. »Ich warte hier. Klär das mit ihm«, forderte sie mich auf und ließ sich mit verschränkten Armen auf der Couch zurücksinken.

Ich stand auf und schlurfte in den Vorraum, wo ich Schuhe und eine dünne Jacke anzog. Dann eilte ich leise die Stiegen nach unten, denn bestimmt schliefen die Ringelmeier und die Huber schon. Ich hatte keine Lust, durch ein lautes Geräusch ihren Schlaf zu stören und die Aufmerksamkeit auf mich zu ziehen.

Beinahe lautlos öffnete ich die Haustür und schlüpfte raus, wo ich im Schein der Außenlampe Ben stehen sah. Er trug ein enganliegendes dunkles Shirt unter einer dünnen Jacke und sah mich überrascht an, während ich seine Hand schnappte und ihn ums Hauseck in den Schatten zog.

»Ist grad ziemlich ungünstig«, erklärte ich, während ich meine Arme um ihn schlang und ihm einen Kuss gab. »Verli ist hier. Ihr Freund hat sie betrogen. Sie ist voll fertig.«

»Oha.« Mehr sagte Ben nicht. Konnte er auch nicht, denn ich küsste ihn stürmisch, während er mich an sich drückte und mit einer Hand auf meinen Hintern griff.

»Wie lange hast du Zeit?«, murmelte ich zwischen seinen Lippen hängend.

Er drehte den Kopf zur Seite und widmete sich mit seiner Zunge meinem Ohr. Als ich seinen Atem hörte, spürte ich die Erregung in mir hochsteigen. »Vor elf wollte ich eigentlich nicht nachhause kommen.«

Das wäre lange genug für eine oder zwei Runden gewesen, dachte ich mir und fühlte seinen harten Schwanz in seiner ausgebeulten Hose. Sehnsuchtsvoll drückte ich mich an ihn. Wie gern hätte ich ihn gespürt!

»Was machen wir jetzt?« Ben rückte etwas von mir ab und sah mich an. »Ich hätte dich so gern gefickt«, flüsterte er und fuhr mir mit seiner Hand durch meine Haare, während sich unsere Nasenspitzen berührten und wir beide tief erregt rasch atmeten. Seine Hüfte drückte an die meine, sodass ich eng an die Wand gedrängt stand und den rauen Verputz im Rücken spürte.

»Ich weiß nicht«, antwortete ich und küsste ihn wieder. Ich sehnte mich so sehr nach seiner Nähe und Liebe, dass es kaum auszuhalten war. »Gehen wir in dein Auto?«

»Ich glaube nicht, dass das hier so sicher wäre«, meinte Ben mit einem Blick auf den beleuchteten Parkplatz.

Schließlich hatte ich eine Idee. »Komm mit«, sagte ich und zog Ben zur Haustür, die ich mit meinem Schlüssel öffnete. Dann gingen wir die Stiegen runter in den Keller, wo drei Türen weiter eine kleine Waschküche lag. Wer im Haus keine Waschmaschine hatte, nutzte diese hier im Keller. Zum Glück hatte ich eine eigene, sonst würden meine sexy Satinslips zwischen megagroßen Baumwollzelten und XL-Büstenhalter von der Ringelmeier an der Leine hängen. Oder neben den bunten Hausfrauenkitteln der Huber. Bei dem Gedanken daran schüttelte es mich, und als ich die Tür zur Waschküche öffnete, hoffte ich, es würde nichts Abtörnendes herumhängen. Erleichtert atmete ich aus, als ich sah, dass die Leinen leer waren. Nur die Waschmaschine lief noch im Schleudergang. Ich zog Ben in den Raum. Triumphierend sah ich ihn an und drückte mich an ihn. »Das müsste reichen, oder?«

Ben nickte grinsend und sah sich um. Es war dunkel. Nur durch ein Oberlichtenfenster fiel von der Straßenlaterne vor dem Haus ein Lichtschein in den Kellerraum. Gerade genug, um uns gegenseitig zu sehen.

Kaum hatte Ben meine Hose geöffnet, zog er sie mir bis zu den Knien nach unten. Dann hob er mich schwungvoll auf die Waschmaschine, die vibrierend hin- und herruckelte. Nur Sekunden später war er in mir drin. Und während die in die Jahre gekommene Waschmaschine im Schleudergang ihr bestes gab, eroberte mich Ben mit kräftigen Stößen. Kurze spitze Schreie entkamen meiner Kehle und ich musste mich bemühen, nicht einfach laut loszujubeln. Das hier war viel besser als im Ruheraum seines Büros!

## 22.

Wenn Blicke töten könnten, wäre ich sofort umgefallen, als ich knapp 40 Minuten später in die Wohnung zurückkam. Verli saß auf der Couch, hatte die Beine angezogen und hielt die Fernbedienung in der Hand. Ein wütender, verachtender Blick streifte mich, ehe sie wieder auf den Fernseher starrte.

Ich seufzte. Von himmelhochjauchzend schlug meine Stimmung in schlechtes Gewissen um. Bevor ich mich jedoch Verli widmete, musste ich ins Bad mich waschen. Ben hatte ein kleines Andenken in mir zurückgelassen, das ich unbedingt beseitigen wollte. Hätte ich doch bloß die Stoffslipeinlage getragen, dann würde meine Unterhose nicht bis zur Jeans durch nass sein!

Kurze Zeit später fühlte ich mich nach einer heißen Dusche gleich viel wohler. Ich sah auch nicht mehr so erregt aus und mein Gesicht hatte wieder eine halbwegs normale Farbe. So konnte ich mich endlich zu Verli ins Wohnzimmer wagen, wo ich allerdings nicht lange blieb, denn sie teilte mir mit, sie wolle lieber alleine sein. Sie müsse nachdenken, sagte sie und wünschte mir eine gute Nacht.

Ich schloss die Wohnzimmertür und stand unschlüssig in meiner Küche. Hätte ich das gewusst, hätte ich noch mehr Zeit mit Ben verbringen können! So hatte ich ihn gestresst abgewimmelt, als wir fertig waren, da ich Verli nicht zu lange warten lassen wollte. »Mist verdammter«, fluchte ich leise. Irgendwie ging grad alles ein bisschen drunter und drüber. Zuerst der Unfall und die Sache mit Gilbert, dann dieses Ökoprojekt, das meine Gehirnzellen seitdem viel zu sehr mit Nachdenken beschäftigte, dann die raren Stunden mit Ben und jetzt noch die Sache mit Verli und Stefan. Irgendwie sehnte ich mein beschauliches stinknormales altes Leben wieder herbei … Ich seufzte, putzte mir die Zähne und legte mich ins Bett, wo ich in einen unruhigen Schlaf fiel, der unsanft um sechs Uhr Früh beendet wurde, als ich die Tür ins Schloss fallen hörte.

Ruckartig richtete ich mich im Bett auf. »Verli?«, rief ich aus der Schlafzimmertür, die gewohnheitsmäßig weit offen stand. Ich bekam keine Antwort. Scheinbar hatte ich nicht mitbekommen, dass sie bereits aufgestanden war. Was wollte sie bloß so früh? Ging sie nach Hause? Oder holte sie nur Frühstück?

Ich wollte gerade aufstehen und zum Fenster raussehen, ob ich Verli noch im Hof entdecken konnte, da bemerkte ich, dass sich meine Unterhose komisch anfühlte. »Scheiße«, rief ich, als ich sah, dass sie rot verschmiert war, ebenso wie mein Leintuch auf der Matratze. Ich hatte meine Tage bekommen! Normalerweise trudelten sie irgendwann Untertags gemütlich ein und ich konnte rechtzeitig Vorkehrungen treffen, doch heute war die Blutung klammheimlich in der Nacht über mir hergefallen. Alles war angesaut und verschmiert. *Na toll.* Bestimmt lag es daran, dass ich gestern Sex hatte. Wahrscheinlich waren Bens Stöße und das Schaukeln der Waschmaschine zuviel gewesen.

Sofort wusch ich mich, schob mir ein Tampon rein, bezog das Bett neu, füllte die Waschmaschine und schaltete sie mit 90 Grad ein. Erst jetzt fiel mir ein, dass ich ja gar kein Tampon zu verwenden brauchte. Ich hatte ja meine Tasse! In alter Gewohnheit hatte ich völlig darauf vergessen, dabei wollte ich sie ja unbedingt im Härtefall austesten, doch so früh am Morgen, und noch dazu so unsanft geweckt, schien mein Gehirn noch nicht so richtig zu funktionieren. Ich huschte also halbnackt, nur mit Unterhose und BH bekleidet, aufs Klo, zog den noch trockenen Tampon wieder aus mir raus – *autsch* -, wischte mich ab und nahm die Menstasse in die Hand. Konzentriert faltete ich die C-Faltung und setzte unten an. Dabei versuchte ich, mir die Tipps der Facebook-Gruppe ins Gedächtnis zu rufen. Locker und entspannt bleiben, etwas zurücklehnen, nach oben schauen, Mund öffnen – ich war so mit der Haltung meines Oberkörpers beschäftigt, dass ich meine Hand nicht mehr unter Kontrolle hatte. Schließlich passierte es – mir rutschte die Tasse aus der Hand und sie landete mit einem leisen Platsch im Klowasser.

»Scheiße!«

Heute schien der Tag des Fluchens zu sein. *So ein Mist aber auch!* Sofort versuchte ich, die Tasse wieder aus dem

Wasser zu fischen. Ekel überkam mich, auch wenn ich wusste, dass es mein eigenes WC war. Und es war auch frisch gespültes Wasser – trotzdem konnte ich unmöglich dieses Ding so verwenden.

Fürs erste mit einer Stoffslipeinlage gepolstert kochte ich in der Küche Wasser auf, goss einen Teil davon in eine Tasse mit einem Teebeutel, legte die abgespülte Menstasse mit Schneebesen in den Topf und ließ es minutenlang köcheln. In der Zwischenzeit nippte ich an meinem Tee. Kaffee aus Kapseln verbat ich mir noch immer, auch wenn die Situation mindestens drei Tassen erfordert hätte. Ich sollte vielleicht möglichst rasch so einen Bio-Fairtrade-Pulverkaffee im Bioladen kaufen …

Zehn Minuten später goss ich das Wasser aus dem Topf in die Spüle und kühlte den Schneebesen mitsamt Menstasse unter kaltem fließenden Wasser ab. Um sie nicht nochmal im Klo zu verlieren, ging ich ins Bad und hockte mich in die Dusche, wo ich tief durchatmete und es nochmal probierte, die Tasse zu falten und einzuführen. Dabei wartete ich ständig auf dieses Plopp-Geräusch, von dem alle immer schrieben. Doch es kam nicht. Es schmatzte nur leise, als sich die Tasse in mir entfaltete.

Probehalber stand ich auf und ging ein paar Schritte. Es fühlte sich ungewohnt an, doch es ging eigentlich ganz gut. Es hing nichts raus, es tat nichts weh und ich hatte auch nicht das Gefühl, als würde mir das Ding bald wieder rausrutschen. Vielleicht hatte ich es ja ganz gut hinbekommen.

Stolz auf mich und meinen ersten gelungenen Versuch mit der Menstasse, zog ich mich fertig an und holte mein Handy. In all dem Stress hatte ich ganz auf Verli vergessen, die ich gleich anrief.

Es läutete einmal, dann hob sie schon ab. »Hi. Hab ich dich geweckt?«

Sie klang relativ normal. Nicht wütend. Nicht weinerlich. Erleichtert atmete ich aus, hatte ich doch schon die Befürchtung, sie könnte noch sauer auf mich sein. Oder wieder zu Tode betrübt wegen Stefan. »Ach, schon gut«, winkte ich ab. »Musste sowieso aufstehen. Alles klar bei dir?«

»Geht so«, erwiderte sie knapp.

»Wo bist du?«

»Zuhause. Wir wollen reden. Hab Frühstück besorgt und jetzt ist er gerade duschen«, erklärte sie im angespannten Tonfall.

»Das klingt gut.«

»Dass er duschen ist?« Sie lachte zynisch.

»Äh, nein, dass ihr reden wollt.«

»Meinst du? Mach ich damit eh keinen Fehler?«

»Nein. Ihr liebt euch doch«, versuchte ich sie zu ermutigen. »Vielleicht war es ja wirklich nichts Ernstes. Nur so rummachen halt.«

Ich erinnerte mich daran, dass Verli mal erzählt hatte, dass sie weniger Sex mit Stefan hatte, seit sie sich die Spirale setzen hat lassen. Das war nun ein knappes Jahr her. Vielleicht war ihm der Sex dann zu wenig gewesen und er tobte sich anderweitig aus? War Sex der Schlüssel zu einer funktionierenden Beziehung?

»Naja, selbst wenn es nur Rummachen war, fällt es mir schwer, das auszublenden.« Verli seufzte und schnaufte tief ins Telefon. »Ich würde einfach nie vergessen können, dass er … Muss Schluss machen. Er kommt.« Gleich darauf war die Verbindung unterbrochen. Verli hatte aufgelegt.

Nachdenklich legte ich mein Handy auf den Tisch. Waren Männer echt so einfach gestrickt, dass sie fremdgingen, wenn der Sex in der Beziehung nicht passte? Wenn sie zu wenig Liebe bekamen? Wenn sie ihre Triebe zuhause nicht ausleben konnten? Ich überlegte, ob Ben etwas mit mir angefangen hätte, wenn sein Sexleben zuhause erfüllt gewesen wäre. Würde er dann zu mir kommen? Mich sehen wollen?

Ich begann, über die vergangenen Monate nachzudenken, die von Heimlichtuerei und Versteckspielen geprägt waren. Nie konnte ich mit ihm offiziell wohin gehen. Wie gern wäre ich mit ihm mal romantisch essen gewesen oder im Kino bei einem lustigen Film. Stattdessen trafen wir uns heimlich, fickten und gingen dann wieder auseinander.

Ruhelos ging ich in der Wohnung herum, dachte nach und räumte ein paar Dinge weg. Schließlich setzte ich mich mit frischem Tee an den Tisch und frühstückte Vollkorntoast mit Gilberts Marmelade. Ich wusste, dass Brot noch um einiges gesünder war, doch mir reichte schon die Umstellung von hellem Toast zu dunklem. Man musste es ja nicht gleich übertreiben, sagte ich mir und biss herzhaft ab. Die Marmelade schmeckte besser als erwartet. Viel intensiver nach Marillen und ... irgendwie nach Orangen, als die, die ich sonst im Supermarkt kaufte.

Wie es Verli wohl gerade ging? Ob sie Stefan verzeihen konnte? Wieder kreisten meine Gedanken ums Fremdgehen und Ben. Was wohl wäre, wenn seine Frau ihm auf die Schliche kommen würde? Für wen würde er sich entscheiden? Für Frau, Kind und Heim oder für mich kleine Verkäuferin, die nur eine kleine Mietwohnung hatte? Sofern sie ihn zurücknahm, würde Ben wahrscheinlich bei seiner Frau bleiben. Sie auf Händen tragen und ihr die Welt zu Füßen legen. Und während sich diese Vorstellung in meinem Kopf immer mehr verselbständigte, wurde mein Unbehagen immer größer, denn letztendlich würde es, egal wie er sich entscheiden würde, immer darauf auslaufen, dass ich die allergrößte Schlampe war, die sich wissentlich auf einen verheirateten Mann eingelassen hatte.

Mit all diesen Gedanken zog sich der Samstagvormittag ziemlich in die Länge. Verli war offline, ebenso Ben, der wohl seinen freien Tag im Kreise der Familie genoss. Und ich hockte hier, fadisierte mich, kämpfte mit unzähligen Szenarien in meinem Kopf und wusste nicht, was ich tun sollte.

Gegen halb elf hörte ich im Stiegenhaus plötzlich laute Geräusche und Stimmen. Sie kamen von unten. Neugierig ging ich leise zu meiner Wohnungstür, öffnete sie einen Spalt und sah in das Stiegenhaus. Unten hörte ich die Ringelmeier und die Huber geschäftig auf jemanden einreden, der bislang noch kein Wort gesprochen hatte.

»Noch nie hatte es ein Problem mit ihr gegeben. Immer hat alles tadellos geklappt, stimmt's?«

Das war die Huber, die scheinbar die Ringelmeier angesprochen hatte, die ihre Aussage bekräftigte. »Ja ja, da hat's nie etwas gegeben! Ich versteh nicht, wie das letzte Nacht bloß passieren konnte.«

*Letzte Nacht? Was hatte noch nie Probleme gemacht?* Ich ging ein Stück aus der Wohnung, um besser verstehen können, was unten gesprochen wurde.

»Ja, das war furchtbar«, übernahm die Huber wieder das Wort und erklärte, dass sie durch laute Geräusche wach geworden war. Das müsse so um halb zehn gewesen sein. »Da hat's richtig eigenartig getan. So *quiek, quiek*«, versuchte sie das wiederzugeben, was sie gehört hatte.

Ich musste einerseits ein Lachen unterdrücken, andererseits war es mir peinlich, denn ohne Zweifel sprachen sie von Ben und mir. Was hatten die bloß mitbekommen? Und vor allem: Wem erzählten sie das? Doch nicht etwa dem Hausmeister?

»Wenn das so weiter geht, ist die Situation untragbar für uns. Immerhin funktioniert ja alles mit ihr, man konnte sich immer auf sie verlassen, aber diese Geräusche!« Theatralisch seufzte die Huber auf und die Ringelmeier ergriff wieder das Wort.

»Bitte tun S' etwas dagegen«, flehte sie jemand Unbekannten an.

»Ich werde sehen, was sich machen lässt«, hörte ich endlich die dritte Person. Es war ein Mann mit tiefer Stimme, der nicht nach dem Hausmeister klang.

»Wir wissen, dass es am Wochenende vielleicht nicht so schön ist, dass wir Sie gerufen haben, aber es ist uns wirklich wichtig«, fügte die Huber hinzu, und als ich Schritte auf der Stiege hörte, wich ich in die Wohnung zurück. Bestimmt kamen sie jetzt hoch zu mir! Doch dann bemerkte ich, dass die Schritte nicht näher kamen, sondern sich entfernten. Die drei gingen in den Keller!

Leise schlich ich zum Stiegengeländer und sah nach unten. Endlich konnte ich einen Blick auf den Mann werfen, der gerade um die Ecke bog. Er trug eine blaue Hose und einen schweren Koffer in der Hand. Er sah aus wie … ein Handwerker! Erleichtert atmete ich aus und grinste. Erst jetzt verstand ich. Die alten Schachteln dachten, dass die Waschmaschine so eigenartige Geräusche von sich gegeben hatte! *Wenn die bloß wüssten!*

Um keine Ausrede verlegen, schnappte ich mir meinen Kellerschlüssel und ging nach unten, wo ich vorgab, etwas aus meinem Kellerabteil zu holen. In Wirklichkeit lauschte ich den beiden Nachbarinnen, wie sie immer wieder die Geräusche erklärten, die von der Waschmaschine gekommen waren – denn was sollte nachts sonst bitte hier unten so quieken? – und den Beteuerungen des Handwerkers, dass mit dem Gerät alles in Ordnung sei. Schließlich präsentierte er eine Rechnung von 65 € für die Überprüfung der voll funktionstüchtigen Waschmaschine und ich ging grinsend wieder nach oben.

Kaum in meinem Stockwerk angekommen, verging mir das Grinsen. Ich fühlte, wie ich ausrann und ich schaffte es gerade noch aufs Klo, wo ich feststellte, dass meine Tasse undicht geworden war. Na toll! Ein schöner roter Schwall war in meiner neuen Slipeinlage gelandet. Wenigstens war diese dicht geblieben und hatte meine Unterhose sauber gehalten.

Ich fragte mich, ob meine Blutung heute so stark war, dass die Menstasse übergelaufen sein konnte, doch nachdem ich sie endlich rausgefieselt hatte, sah ich, dass sie nicht mal ein Viertel gefüllt war. So ein Mist aber auch! Ich hatte mir die Verwendung von Menstruationstassen mindestens genauso toll vorgestellt, wie bei den anderen Frauen, die in der Facebook-Gruppe immer so von ihrer Tasse schwärmten und beteuerten, dass die Mens damit so toll wäre. Ich hingegen fühlte mich alles andere als toll, als ich mich mit einem Waschlappen reinigte und die Tasse erneut einsetzte. Vielleicht ploppte sie ja jetzt so auf, dass sie dicht blieb … Nach sage und schreibe 15 Minuten hatte ich sie endlich so drin, dass sie nicht zu spüren war. Meine Finger waren schon ganz verkrampft und ich war ziemlich genervt. In der Theorie klang alles so einfach!

Schließlich setzte ich mich an mein Tablet, öffnete den Browser und klickte auf die Menstassengruppe, wo ich meinen ersten Beitrag verfasste.

*Hi Leute! Hab heute den ersten Tag mit Tasse aus dem Drogeriemarkt und hab ein paar Anlaufschwierigkeiten. Mich würde interessieren, ob das nur Anfängerprobleme sind und wie es euch zu Beginn so gegangen ist? Wie seid ihr zur Tasse gekommen und seid ihr nun von ihr überzeugt?*

*Ich hoffte, ein paar motivierende und aufbauende Antworten zu bekommen und es dauerte nicht lange, da sah ich den ersten Kommentar, der ziemlich ausführlich war. Interessiert begann ich, ihn zu lesen.*

*Hallo! Gerne erzähle ich ein wenig über meine Erfahrungen mit der Menstruationstasse. Ich habe mir zunehmend Gedanken um eine gesunde und nachhaltige Lebensweise gemacht. Obwohl ich mich durch Artikel und Beiträge in Zeitschriften und im TV als ziemlich gut aufgeklärt bezeichnen würde, ist die Hürde, dieses Wissen auch anzuwenden, gefühlt sehr hoch. Die Routine ist eben bequem. Die Tagesabläufe werden durch das stets gleiche Verhalten vereinfacht. Aber gut, ich habe mir Gedanken gemacht und überlegt, dass ich das nicht ad hoc von jetzt auf gleich komplett ändern kann. Ich habe also begonnen mich bewusst bei mir zuhause umzuschauen und zu überlegen, was relativ einfach umzusetzen ist – der berühmte erste Schritt.*

*Da ich schon eine Weile nähte und bereits einige Male davon las, habe ich begonnen, mir wiederverwendbare Wattepads zu nähen und die Einwegprodukte zu entsorgen. Vom Enthusiasmus gepackt belas ich mich weiter. Einiges erschien mir noch* sehr schwierig, einiges als interessant und machbar. So kam ich auf das Thema *Menstruationstasse*. Als ich dann noch herausfand, dass es langfristig auch Geld spart, gesünder ist und bei starken Regelschmerzen helfen kann, begann der erste Versuch.

Es war zunächst befremdlich und etwas schmerzhaft. In dieser leicht hockenden Position ist es alles andere als einfach, zu entspannen, wenn man von der Größe von etwa 4cm im Durchmesser als junge Frau doch recht beeindruckt ist. Im körperlich erregten Zustand löst diese Größe freudige Erwartung aus, doch davon war ich ja weit entfernt. Als dann auch noch der Cup schon kurz nach dem Scheideneingang abrupt aufploppte und sich unerwartet festsaugte, fühlte ich mich leicht ausgenutzt von ihm. Also wieder raus damit, durchatmen und wieder ran ans Werk. Nun war die Kraft des Silikons schon besser einzuschätzen und das Aufploppen konnte mit etwas mehr Fingerkraft kontrolliert werden. Und siehe da, er saß nach kurzem Drehen genau richtig. Ich spürte ihn nach einigen Sekunden schon kaum noch. Und nach einer Stunde das zweite Wunder: Meine Menstruationskrämpfe – die mich sonst zwangen am Tag 2-3 Tabletten zu nehmen – waren fast ganz verschwunden.

Inzwischen hab ich auch die zweite Gruppe der Menstruationstasse getestet und für mich entdeckt – die TPE-Cups. Inzwischen bin ich komplett auf die Tassen umgestiegen und bin begeistert. Anfangs sind eben auch »gute« Produkte etwas ungewohnt, doch die anfängliche Befremdlichkeit ist auch prickelnd und aufregend und wird belohnt! So wie beim ersten Einsatz eines Epilierers – wer sich damit das erste Mal unter den Achseln epiliert, der weiß, dass etwas Schmerz eben manchmal dazugehören und mit der Zeit nachlassen. Und es wird einem zweihundertmal zurückgezahlt!

LG Juliane

Wow. Mit so einer Antwort hatte ich nicht gerechnet! In manchen Punkten fand ich mich sogar wieder, denn ich war ja auch gerade dabei, ein paar Dinge in meinem Leben umzustellen, auch wenn ich überhaupt nichts mit Nähen anfangen konnte, geschweige denn eine Nähmaschine hatte!

Noch während ich über diesen Beitrag nachdachte, kam auch schon ein weiterer von einer Stefanie. Auch sie erzählte sofort von ihren Erfahrungen.

*Nachdem ich von der Tasse erfahren habe, wurde ich sofort neugierig und tätigte einen Blindkauf, da ich nicht wusste, dass ich eine bestimmte Tasse, die auf mich abgestimmt wurde, brauchte. Es war die Ladycup S, da auf deren Seite stand »unter 25 und keine Geburt«. Das traf auf mich zu. (18, ohne Kind.) Nur leider war sie zu kurz und ich habe echt lange gebraucht, sie rauszufischen.*

*Dann bin ich auf die Menstruationstassen-Gruppe gestoßen, habe mich belesen, wurde neugierig und konnte die nächste Periode nicht abwarten zum Messen des Muttermundes. Wie ich festgestellt habe, ist er sehr faul und liegt immer zwischen 5,5 und 6,5 cm. Damit habe ich mich an die Gruppe gewendet. Mir wurden viele Tassen empfohlen, aber es war keine dabei, die mich ansprach. Also habe ich mich auf Ladyways nochmal beraten lassen. Endlich 2 Cups, die wohl passen sollten und die ich testen wollte. Mein Bauchgefühl leitete mich zur Lunette 2. Und sie passt perfekt! Man merkt sie nicht, sie hat schönes Volumen und ist nur an den stärkeren Tagen voller als sonst. Ekel hatte ich keine, auch wenn ich mich nie mit meinem Körper wirklich auseinandergesetzt hatte in dieser Region. Zweifel hatte ich nur, als ich den »Fehlkauf« zu Beginn nicht mehr rausbekam, aber mit Beckenboden anspannen geht das alles.*

*Ich hab schon mehrere Zyklen mit der Tasse und will nie wieder auch im Ansatz was mit Binde, Tampons oder Sonstigem zu tun haben. Die Tasse ist einfach toll, keine Mensschmerzen mehr – ich kann sie wirklich jedem empfehlen! Mir wären 7 Jahre ungemütliches Bindentragen erspart geblieben. Jetzt fühle ich mich so frei und wohl wie nie und kann die Mens nicht erwarten. Schwimmen gehen, Sport machen, Sauna oder Yoga – alles kein Problem mit der perfekten Tasse :)*

*Ein Hoch auf die Tasse*, ging es mir durch den Kopf und ich musste grinsen. Ob ich auch jemals so begeistert sein würde? Gespannt las ich weiter, denn ein weiterer Kommentar von einer Marina war geschrieben worden.

*Hatte auch die Tasse aus dem Drogeriemarkt und hatte das »Vergnügen«, die zu kleine gewählt zu haben, weil ich dachte, erst einmal mit der kleinen üben. Danach hab ich sie über 2 Stunden nicht rausgebracht. Nur dank etlicher Verrenkungen hab ich es geschafft. War dann in der Gruppe und hab mich öffentlich beschwert, was das für eine scheiß Erfindung ist, und dass die alle spinnen, weil das ein KAMPF ist. Da hat mich dann eine ganz lieb beraten und mir gesagt, worauf es ankommt. Erst im Posting und dann per Privatnachricht. Sie hat mir erklärt, was die Kriterien sind, welche Tasse ich brauche und wo man die bestellen kann. Letztendlich ist es dann die Ruby geworden, weil ich die soziale Mission dahinter so toll fand. Nach 4 Monaten war sie allerdings dann zu weich, weil ich meinen Beckenboden so trainiert habe. Jetzt kenn ich mich ja zum Glück inzwischen besser aus und hab mir dann die Lunette geholt. Hab in der Zwischenzeit noch viele Tassen getestet, aber die damals ausgesuchte Lunette, die halt auf meine Daten passt, ist immer noch die beste :)*

Nach diesem Kommentar seufzte ich. Es würde mir wohl tatsächlich nichts anderes übrig bleiben, als meine Daten bekanntzugeben, um die für mich perfekte Tasse zu finden. Noch scheute ich mich jedoch davor und hoffte, es würde so auch klappen. Auf dieses soziale Projekt, das Marina angesprochen hatte, war ich jedoch neugierig. Also klickte ich auf die Webseite des Herstellers und sah oben im Menü sofort den Link zu »soziale Mission«, und die fand ich ziemlich cool. Für jeden verkauften Cup im Onlineshop sollte nämlich eine Tasse nach Kenia gehen, wo es noch üblich sei, während der Menstruation auf unhygienische Dinge zurückzugreifen. Erstaunt las ich, dass Mädchen und Frauen als Notlösungen auch mal Zeitungen, Lehm oder alte Socken verwendeten. Aus Angst, durchzubluten, würden manche Frauen sogar der Arbeit oder Mädchen der Schule fernbleiben. Deshalb sei so eine Menstasse die perfekte Lösung für die weibliche Bevölkerung.

Als ich begeistert von der Idee weiterscrollte, entdeckte ich am Seitenende noch Briefe von kenianischen Mädchen, die darin ihre Erfahrungen mit der Menstasse schilderten. Man konnte dabei richtig die Freude und Dankbarkeit spüren, die die jungen Frauen hatten, denn ihre Lebensqualität war verbessert worden.

Ich fand den Gedanken toll, jemanden so helfen zu können und beschloss, dass ich doch eine Beratung in Anspruch nehmen wollte, sollte meine jetzige Tasse weiterhin nicht hundertprozentig passen. Und wenn dann dieser soziale Cup für mich geeignet war, wollte ich ihn nehmen und damit eine weitere Tasse nach Kenia spenden.

## 23.

Bis zum Nachmittag schien ich ganz gut dicht zu bleiben, wobei ich nicht wusste, ob dies nicht eher meinem geringen Bewegungsdrang zurückzuführen war. Ich lag die meiste Zeit nur auf der Couch und sah fern. Wie sehr sehnte ich mir den Montag herbei und hoffte, der Arzt würde mich gesundschreiben.

Jedes Mal, wenn ich auf Facebook online ging, sah ich entweder Neuigkeiten aus der Menstassengruppe oder irgendwelche Links mit Artikeln zu skandalösen Firmen, die uns vergifteten und uns die Erde kaputtmachten. Das war ja alles schön und gut, wenn man informiert wurde, doch langsam fühlte ich mich regelrecht erschlagen! Las ich nämlich etwas zu einem ungesunden Produkt, begann ich, darüber nachzudenken. Das war wie ein Teufelskreis, der mich seit dem Unfall heimsuchte. Wie konnte ich zuvor bloß solche Themen ignorieren? Und wieso kamen sie mir jetzt so unter?

Unwillkürlich musste ich an Verli denken und ihre Bemerkung, dass die blöden Hormone ihre Libido wohl kaputtgemacht hätten. Ich hatte bei der Pille nicht das Gefühl, dass mir die Lust am Sex vergangen war. Allerdings war ich wohl nicht der richtige Maßstab, denn wirklich oft hatte ich ja nicht Sex. Die paar Male, wo Ben Zeit hatte, wäre es ja sehr verwunderlich, wenn ich da nicht Lust hätte.

Wie es wohl wäre, wenn ich mit ihm zusammenleben würde? Würden wir dann oft Sex haben? Vielleicht sogar täglich? Mir gefiel dieser Gedanke und ich begann, mir auszumalen, wie mein Leben mit Ben aussehen könnte. Wir könnten Urlaub machen, essen gehen, im Kino einen Film ansehen und am Wochenende unendlich viel Zeit für uns haben! Das wäre toll, dachte ich mir freudig grinsend. Nur kurz darauf erschlafften meine Gesichtsmuskeln, denn seine Tochter fiel mir ein. Die würde an den Wochenenden bei ihm sein und ich konnte mir so gar nicht vorstellen, Zeit mit seinem Kind zu verbringen. Vielleicht war das voll die komische Göre, die mich nicht mal mochte und voll zickig war. Wollte ich das? Wollte ich so mit ihm zusammen sein? Wenn ich ehrlich war, konnte ich mich nicht in der Rolle der Stiefmutter sehen. Ich war doch erst 24! Ich wollte noch ein paar Jahre ohne Kind genießen und einen Mann an meiner Seite haben, der mit mir gemeinsam eine schöne Zeit verbrachte! Konnte Ben dieser Rolle gerecht werden? Nicht wirklich, musste ich mir eingestehen. Er war mein Lover und ich seine Liebschaft. Mehr wohl auch nicht.

Ich mochte es nicht, wenn ich der Realität ins Auge sah. In den letzten Monaten holten mich oftmals Gedanken über Ben ein, doch immer wieder hatte ich sie beiseitegeschoben. Ich wollte nur den Augenblick genießen, Spaß haben und nicht über die Zukunft nachdenken. Nun dachte ich unweigerlich darüber nach, denn all mein Tun der letzten Tage hatte mit mir und meinem Ich von morgen zu tun. Es ging um mich, meine Gesundheit und mein Leben. Passte Ben da rein? Ich wusste, dass die vernünftige Antwort *nein* lautete, doch sofort machte sich in mir eine Stimme bemerkbar: »Aber du magst ihn doch so, er ist so geil und ihr habt so tollen Sex!« Oh ja, er war wirklich geil und ich wollte gar nicht daran denken, das mit ihm zu beenden! Seine Frau war die letzten Monate nicht dahintergekommen, dass er es mit mir trieb, warum sollte sie es in den nächsten Monaten rausfinden? Und was sich dann entwickelte, das würde sich schon noch zeigen, schloss ich meine Gedanken ab und widmete mich meinem Handy, das blinkte, denn eine Whats-App-Nachricht war mit einem lauten *Pling* angekommen. Für einen Augenblick hoffte ich, sie wäre von Ben, doch der hatte heute an einem Samstag wohl kaum Zeit für mich.

*Hey Laura! Hoffe, dir geht es schon besser! Wie war die Salbe?*

Es war Gilbert. Mangels besserem Zeitvertreib begann ich, mit ihm zu texten. Ich schrieb zurück, dass sie toll war und es mir schon besser ging.

*Super. Brauchst du noch eine? Hab noch einen Tiegel und bin gerade in der Nähe unterwegs. In einer Stunde hätte ich Zeit und könnte ihn dir vorbeibringen.*

*Welch Zufall*, dachte ich sarkastisch und sah auf die Uhr. Das wäre dann also um fünf, bemerkte ich. Dann hätte ich diesen langweiligen ersten Tag des Wochenendes ja bereits beinahe überstanden. Stand mir nur noch ein öder Sonntag bevor.

*Passt*, schrieb ich kurz angebunden zurück.

Mit etwas Verspätung läutete es um Viertel nach fünf an meiner Tür. Ich hatte mir in der Zwischenzeit noch die Haare frisiert, mich dezent geschminkt und meine Menstasse geleert, die bisher wider Erwarten dicht geblieben war. Als ich die Tür öffnete, war ich froh, endlich jemanden zu sehen, auch wenn es Gilbert war, der wie immer schlaksig und strähnig in meine Wohnung hereinkam.

»Hi«, sagte er knapp und grinste. Dabei hielt er mir die

Salbe entgegen. »Bitte schön. Sonderlieferung.« Erst jetzt sah ich, dass er seinen Fahrradhelm in der anderen Hand trug.

»Danke. Arbeitest du heute?« Ich war überrascht, dass er auch samstags unterwegs war, doch er klärte mich auf. »Nein, private Botengänge.« Er grinste immer noch. Und wieder fiel mir dabei das Grübchen an seiner Wange auf, während er fortfuhr: »Meine Mutter und ich verkaufen Selbstgemachtes, das ich am Samstag an ein paar Bekannte liefere.«

»Oh, was bekommst du?« Ich hielt den Tiegel hoch und hatte ein schlechtes Gewissen. Ich hatte gar nicht daran gedacht, ihm dafür Geld zu geben!

Doch Gilbert hob abwehrend die Hände. »Nichts. Das passt schon so. Wenn es dir hilft, dann bekommst du die von mir.«

»Danke«, sagte ich. Dann standen wir schweigend im Vorraum herum. Weder machte Gilbert Anstalten, wieder zu gehen, noch wusste ich, was ich sagen sollte. Schließlich bat ich ihn herein. Ich hatte ohnehin nichts Besseres vor.

»Möchtest du etwas trinken? Tee? Wasser?«

»Ja, einen Tee, bitte« Gilbert folgte mir in die Küche und legte seinen Helm und seine Umhängetasche, die er auf der Schulter hatte, neben dem Tisch auf den Boden. Dabei fiel mir auf, dass sie mit etwas Schwerem gefüllt war.

»Musst du noch wohin?«, fragte ich ihn beiläufig, während ich Teewasser aufkochte. Vielleicht hatte er ja eh nicht so viel Zeit und musste bald wieder weg, hoffte ich insgeheim.

»Nein, hab alles erledigt. Eine Flasche Likör ist noch übrig geblieben. Die hatte ich falsch mitgenommen.«

»Likör?« Erstaunt zog ich die Augenbrauen hoch. Ich dachte, er hätte so gesundes Zeug wie Tees, Salben und Marmeladen verkauft.

Er lachte, als er meine Verwunderung sah. »Oh ja, und was für Liköre! Meine Mutter ist mittlerweile bekannt dafür! Noch dazu vegan und bio hergestellt.«

»Ein veganer Likör?« Ich kannte mich ja nicht so aus, aber mir fiel einfach nicht ein, wie man so etwas vegan und bio herstellen konnte oder was das für einen Unterschied machte.

Doch Gilbert klärte mich auf: »Viele Liköre werden mit Sahne hergestellt. Meine Mutter verwendet für ihren Baileys jedoch Kokosmilch und Bio-Zutaten.«

»Und das schmeckt?« Ich mochte Baileys sehr gerne, konnte mir jedoch nicht vorstellen, diesen selbst herzustellen. »Und wie das schmeckt!« Gilbert klärte mich über die Vorzüge dieses Likörs auf und betonte den intensiven Geschmack, den seine Mutter durch einen speziellen Karamellsirup zustande brachte. »Willst du kosten?«, schloss er schließlich seine Erklärung ab und sah mich abwartend an.

»Jetzt?«

»Klar. Ich hab ja eine Flasche mit. Wenn er dir schmeckt , kannst du ihn haben.«

»Aber dann bezahle ich ihn dir«, erwiderte ich, während ich aufstand und zwei kleine Gläser holte, doch Gilbert winkte ab. Er wollte selbst nichts trinken. Den Geschmack kenne er ja, und wenn er mit dem Rad unterwegs war, nehme er keinen Alkohol zu sich, erklärte er.

»Prost«, sagte ich schließlich, nachdem er die kleine bauchige Flasche hervorgeholt und mir eingeschenkt hatte. Die cremige Flüssigkeit sah tatsächlich aus wie

Baileys. Er roch auch so. Fast sogar noch intensiver nach Karamell, als ich ihn kannte. Nach dem ersten Schluck war ich dann vollends überzeugt. »Hmm, der schmeckt echt gut«, sagte ich und genoss den Geschmack auf meiner Zunge.

Stolz grinste Gilbert und schenkte mir nochmal ein. »Kannst du haben«, meinte er schließlich und stellte mir die Flasche neben das Glas.

»Was bekommst?«

Er winkte ab. »Nichts. Das passt schon so.«

»Nein, echt jetzt. Du musst mir den nicht schenken.« Doch Gilbert gab nicht nach. Stattdessen wechselte er das Thema und begann mir zu erzählen, wie es dazu gekommen war, dass er und seine Mutter Produkte selbst herstellten. Die Idee war ihnen gekommen, als sie sich vor einigen Jahren mit den Zusätzen beschäftigten, die den Lebensmitteln bei der Herstellung oder Verarbeitung zugesetzt wurden. Selbst vermeintliche Bio-Produkte wären oft mit Zusätzen aufgepeppt, die eigentlich nichts in einem hochwertigen Produkt zu suchen hatten, so seine Ausführung.

Ich hörte ihm zu, nippte an meinem Glas, schenkte mir nach, weil es einfach so gut schmeckte, und bekam schließlich seine Meinung zu den aktuellen Freihandelsabkommen serviert. Er nahm sich kein Blatt vor den Mund und redete und redete. Es sei ein Wahnsinn, was da alles hinter unserem Rücken beredet werden würde und wenn erstmal alles unterzeichnet sei, würden wir Konsumenten keine Chance haben, etwas gegen genmanipulierte Ware aus Übersee tun zu können.

Ich nickte, stimmte ihm einfach unwissend zu und trank weiter. Der Likör schmeckte einfach zu gut!

»Weißt du, mein Bruder meint immer, ich soll mich da nicht so reinsteigern, doch ...«

»Du hast einen Bruder?«, unterbrach ich ihn und stellte mir einen zweiten Gilbert vor. Blondes, strähniges Haar, ebenso schlaksig, ... »Älter oder jünger«, wollte ich wissen, während er schon wieder angesetzt hatte, weiterzusprechen.

»Älter. Er ist 28. Aber er ist ein Freak«, erklärte er.

*Mehr Freak als Gilbert?,* ging es mir durch den Kopf und fragte laut: »Inwiefern?« Ich war neugierig geworden. Hatte ich doch mittlerweile ein ganz eigenes Bild von Gilbert und seiner Öko-Mutter in meinem Kopf. Es würde spannend werden, dieser Vorstellung nun noch einen Öko-Bruder dazusetzen zu können. »Lebt er auch so nachhaltig wie du?«

»Seine Lebensweise könnte zwar noch besser sein, doch im Großen und Ganzen passt es ganz gut. Aber das ist es nicht.« Er winkte ab und sah mich an, als würde er gleich etwas ganz Ungeheuerliches offenbaren. Sein Gesicht kam meinem sogar näher und ich musste mich bemühen, dank meines mittlerweile gestiegenen Alkoholspiegels nicht zu schielen. »Er ist Programmierer und hockt oft stundenlang vor dem Computer!«

»Nein!«, entfuhr es mir und ich gaukelte Entsetzen vor. *Was für eine Tragödie!*

»Ja! Echt! Wie viel Zeit er in der Natur verbringen könnte, doch stattdessen sitzt er vor dem PC und bastelt an irgendwelchen Programmen rum, um sicher im Internet unterwegs sein zu können, wie er sagt.«

»Das gibt's doch nicht«, entfuhr es mir und ich nahm noch einen großen Schluck Baileys. Danach holte ich ein Glas Wasser, denn ich merkte, dass ich langsam einen

Schwips bekam. Vielleicht sollte Gilbert nicht so viel reden, sonst war ich bald sturzbetrunken. Doch keine Chance – er begann nun, ausführlich von seinem Bruder zu erzählen.

Eine halbe Stunde später hatte sich das Bild von Gilberts Familie in meinem Kopf vervollständigt. Da war also Gilbert, der Öko-Freak, der alles tat, um für eine bessere Zukunft und Natur einzustehen. Er war sogar bei verschiedenen Kundgebungen und Streiks dabei gewesen, um Mutter Natur zu unterstützen und sich für eine bessere Zukunft einzusetzen. Dann war da die Mutter, die ihren Sohn unterstützte, wo es nur ging, Lebensmittel selbst herstellte und selbst öko unterwegs war. Und dann war da noch Gilberts Bruder, der zwar auch nachhaltig und bewusst lebte, jedoch ein Computer-Freak war und meinte, er müsse etwas gegen die vielen Viren und Spionageprogramme machen.

»Wie heißt er?«, unterbrach ich ihn wieder. Ich hatte Gilbert schon länger nicht mehr zu gehört, weil ich mit meinem Gedankenbild beschäftigt war. Und für dieses brauchte ich noch den Namen des Bruders, um das Bild zu vervollständigen.

»Mein Bruder?« Gilbert wirkte kurz irritiert. »Johannes«, antwortete er schließlich und fuhr dann fort mit seiner Erzählung über seinen letzten Sitzstreik, wie ich nun mitbekam.

Meine Aufmerksamkeit hielt jedoch nicht lange – sofort widmete ich mich wieder meinen Gedanken. Ich fühlte mich wie in einer kleinen Wolke, sanft in Watte gepackt. Der Baileys war echt gut! Und er half beim Nachdenken.

*Also, der Computerfreak heißt Johannes, ist 28 und hat bestimmt so eine dicke Hornbrille. Und vom vielen Rumsitzen ist er etwas übergewichtig und …* Meine Gedanken nahmen Form an und letztendlich hatte ich das Bild eines jungen Mannes vor Augen, der mit einem attraktiven Kerl so gar nichts zu tun hatte. Bestimmt war er das absolute Gegenteil von Ben! Oh. Ben … Meine Gedanken sprangen in meinem Kopf zickzack. Ich hatte den ganzen Tag schon nichts von ihm gehört und wünschte mir, er könnte statt Gilbert jetzt hier sein. Dann würde ich ihm das Gewand vom Körper reißen und ihm …

»Alles in Ordnung mit dir?«

Ich fühlte plötzlich Gilberts Hand auf meinem Arm und sah seinen besorgten Blick, der mich eindringlich musterte. Rasch richtete ich mich auf und straffte meine Schultern. Ich war völlig in Gedanken versunken gewesen. Hoffentlich hatte ich nicht gesabbert, vor lauter Gier auf Ben … Ich sollte vielleicht aufhören, den Baileys zu trinken, denn ich merkte immer mehr, wie er mir zusetzte.

Gilbert schien das gleiche zu denken. »Ich glaube, du hast genug probiert«, bemerkte er augenzwinkernd, schloss die Flasche und schob sie beiseite, während ich merkte, dass mir ein wenig schummrig wurde.

»Also, der Likör ist echt gut. Kompliment an deine Mutter«, bemerkte ich und konzentrierte mich darauf, nicht allzu betrunken zu klingen. Außerdem hätte ich am liebsten laut losgelacht, denn, dass ich von so einem Biolikör am frühen Samstagabend schon betrunken war, das hätte ich nie in meinem Leben gedacht! Noch dazu in Gilberts Gegenwart! *Jetzt nur keine Blöße zeigen …*

»Willst du noch ein Wasser?«, fragte er mich, zeigte auf mein leeres Glas und sah mich besorgt an, als er meinen Zustand bemerkte. Er war die ganze Zeit so mit seinen

Ausführungen beschäftigt gewesen, dass er gar nicht bemerkt hatte, dass fast die halbe Flasche geleert war. Er war ja auch zu gut gewesen … Der Likör, selbstverständlich! Nicht Gilbert, denn der war weder sexy noch … Obwohl das Grübchen schon seinen Reiz hatte … Scheiße, ich war echt dicht und verbat mir weitere Gedanken.

»Hier, trink das.« Gilbert schob mir ein Glas, das er mit Wasser aufgefüllt hatte, rüber. Er stand plötzlich neben mir, beobachtete, wie ich trank, und wies mich schließlich an, mich hinzulegen. Fürsorglich begleitete er mich ins Wohnzimmer, wo ich mich auf die Couch fallen ließ.

»Sag deiner Mutter, dass ihr Likör verdammt lecker ist«, artikulierte ich leicht lachend mit geschlossenen Augen. Sofort öffnete ich sie wieder, denn mir wurde schwindelig.

Gilbert lachte leise. »Werde ich ihr ausrichten.« Dann nahm er die Wolldecke, legte sie über meine Beine und blieb dann unschlüssig stehen. »Ich … Ich sollte vielleicht dann …«

»Setz dich her«, sagte ich und klopfte mit der Hand unwirsch oberhalb meines Kopfes auf den noch freien Platz auf der Couch. »Ich will nicht allein sein«, entfuhr es mir. Der Alkohol schien meine Zunge zu lockern und plötzliche Traurigkeit überkam mich. »Ich bin eh die ganze Zeit allein gewesen«, fügte ich hinzu und starrte auf die Decke.

Gilbert setzte sich tatsächlich. Er wirkte, als wäre ihm nicht ganz wohl. Und er machte sich ganz schmal, um mich nicht zu berühren, so schien es mir. Schließlich fragte er, ob mein Freund denn nicht für mich da wäre. Bestimmt könne ich im Krankenstand Unterstützung brauchen.

»Pah«, winkte ich ab. »Der hat keine Zeit, um für mich da zu sein. Der wird von seiner Frau in Anspruch genommen.« Meine Stimme klang wütend und ich spürte, wie der Frust in mir hochkam. Die ganze Situation mit Ben - die Affäre, die Heimlichtuerei - frustrierte mich und machte mir mehr zu schaffen, als ich im nüchternen Zustand wahrhaben wollte. Doch jetzt, wo ich mich richtig betrunken fühlte, spürte ich erst die belastenden Gefühle, die in mir waren und nun an die Oberfläche kamen. Dagegen war der Schwips, den ich mit Verli angetrunken hatte, ein Kindergeburtstag gewesen!

»Seine Frau?« Gilbert unterbrach meine Gedanken. Er klang überrascht.

»Ja, ich bin nur sein Flittchen. Seine Affäre. Sein Betthupferl, wenn es denn mal ein Bett gibt.« Ich kicherte, doch eigentlich fand ich die Situation todtraurig. Wie gern hätte ich ihn an meiner Seite! Ohne Versteckspielen, ohne acht geben zu müssen! Einfach als Freund, Partner, Weggefährte …

»Das heißt, du hast eine Affäre mit einem verheirateten Mann?«

Klang Gilbert geschockt? Ich drehte den Kopf nach hinten und sah ihn von unten hinauf an. Die Perspektive war irgendwie witzig, denn ich konnte in seine Nasenlöcher sehen. Ich kicherte wieder. »Jaaaa, du hast es erfasst«, antwortete ich und hob den Daumen. »Das hättest du nicht gedacht, oder?« Gilbert schüttelte ernst den Kopf. Ich konnte aus meiner liegenden Position nicht ausmachen, ob er entsetzt, angeekelt oder einfach nur überrascht war. Außerdem wurde mir schwindelig. Also richtete ich mich auf, zog meine Beine an meinen Bauch und sah ihn an. »Überrascht?«

Er zuckte mit den Schultern. »Das ist deine Sache. Wenn du glücklich damit bist.«

»Naja, Glücklichsein ist so eine Sache«, erwiderte ich und klang traurig. »Ich glaube, in keiner Beziehung kann man so richtig glücklich sein.« Dabei dachte ich an Verli. Egal ob man als Affäre auf der einen Seite stand oder als Betrogene auf der anderen Seite, glücklich war wohl keiner. Außer der Mann vielleicht, ging es mir durch den Kopf.

»Hast du eine Freundin?«, fragte ich schließlich.

Gilbert schüttelte den Kopf.

»Aber gehabt, oder?«

Wieder Kopfschütteln.

»Wie? Du hattest noch keine Freundin? Nie?«

Ich sah, wie Gilbert rot wurde. Er druckste ein wenig herum, dann offenbarte er mir, dass die Richtige eben noch nicht gekommen wäre. Dieses gewisse Etwas hätte er bisher noch nie gespürt.

Eigentlich hätte ich es wissen müssen. Gilbert, die Jungfrau. Das passte doch perfekt. »Das heißt, du hattest auch noch keinen Sex, oder wie?« *Oh, Laura, halt die Klappe!*, rief ich mir in Gedanken zu. Der blöde Alkohol machte mich vorlaut und neugierig. Keine gute Mischung. Ich war mir sicher, Gilbert würde eine Antwort verweigern, was ich ihm nicht übel genommen hätte. Gerade, als ich das Thema wechseln wollte, begann er zu erzählen.

»So gesehen bin ich noch Jungfrau, ja«, beantwortete er meine Frage und fuhr dann ausschweifend fort. »In meinen Augen ist Sex etwas sehr Einzigartiges. Die Vereinigung zweier Menschen, die tiefe Gefühle füreinander empfinden ...«

Oh ja, das passte auf Ben und mich.

»... die sich blind vertrauen und lieben.«

Äh, das passte eher weniger. Ich würde jetzt nicht behaupten, dass ich Ben blind vertraute. Lieben? Richtig lieben? Ich weiß nicht. Konnte man seiner Affäre blind vertrauen und sie lieben?

»Ich bin der tiefen Überzeugung, dass man sich nur dann auf die höchste Ebene der Liebe einlassen sollte, wenn man bereit ist, für den anderen alles zu geben. Wenn man zusammengehört und durch die Liebe zutiefst verbunden ist. Nur dann kann eine körperliche Vereinigung stattfinden, die seelisch bereits stattgefunden hat.«

Ich sah ihn an wie der Ochs, der vorm Berg stand. *Hä?* Bisher hatte ich Sex als etwas Schönes, Befreiendes, Lustvolles empfunden. An seelische Verbindungen oder eine hohe Ebene hatte ich dabei bestimmt nie gedacht. Ob der Orgasmus dann bombastischer war?

»Das heißt, du wartest auf die Eine?«

Gilbert nickte überzeugt. »Natürlich. Irgendwo da draußen ist sie. Oder ich habe sie bereits kennengelernt.«

Er sah mir tief in die Augen. Lange, so kam es mir vor, sagte keiner ein Wort. Wir saßen stumm einander zugewandt auf der Couch, nur wenige Zentimeter voneinander entfernt. Gilbert sagte nichts mehr, sondern starrte mich nur an. Mir kam es so vor, als wäre eine ganz eigenartige Stimmung entstanden. Er lächelte und ich sah sein Grübchen. Bens Grübchen. Ehe ich mich versah, hatte ich meine Hand gehoben und die Wange berührt. Mit meinem Daumen strich ich sanft über die Haut. Wie gern würde ich jetzt einfach in starken Armen liegen, die mich sanft wiegten und an sich drückten ...

Plötzlich spürte ich, wie Gilbert mein Handgelenk festhielt. Der Zauber war verflogen und ich war wieder voll anwesend. Ich sah ihn an und erst jetzt wurde mir bewusst, dass ich ihn tatsächlich berührt hatte. Ich hatte Gilbert gestreichelt! Dabei hatte ich an Ben gedacht und mich nach Liebe gesehnt!

»Ich glaub, ich geh dann mal. Am besten, du legst dich hin und schläfst mal eine Ruhe.«

*Scheiße, was habe ich getan??* »Tut mir leid. Ich wollte nicht …«, stammelte ich, doch Gilbert winkte lächelnd ab.

»Du hast zu viel getrunken. Schlaf dich aus. Ich find allein zur Tür.« Und weg war er, mitsamt Tasche und Radhelm. Betrunken und verwirrt blieb ich allein zurück.

# 24.

In der Küche stand immer noch die halbleere Flasche Baileys, die ich leicht wankend in den Kühlschrank stellte. Ich dachte gar nicht daran, mich einfach hinzulegen und mich nüchtern zu schlafen. Viel zu viele Gedanken gingen mir durch den Kopf. Außerdem musste ich aufs Klo. Bestimmt war meine Menstasse voll. Das Wechseln würde lustig werden, schaffte ich es doch nicht mal im nüchternen Zustand, sie nicht ins Klo fallen zu lassen … Deshalb beschloss ich, duschen zu gehen und dort das Entleeren durchzuführen. Da konnte nicht viel schief gehen.

Eine Viertelstunde später war ich etwas klarer im Kopf, fühlte mich nicht mehr so benebelt und hatte meinen zweiten Tassenwechsel erfolgreich geschafft. Das wären schon mal drei gesparte Tampons für heute, rechnete ich aus. Das war ja schon mal ein guter Anfang.

Um meinen Alkoholspiegel schneller zu senken, machte ich mir Rührei. Dazu trank ich zwei Gläser Wasser. Langsam gewöhnte ich mich an den Geschmack. Und während ich einsam am Küchentisch saß, über mein Leben sinnierte und beschämt an Gilbert dachte, läutete mein Handy.

»Hi Verli.« Ich grüßte meine Freundin, während ich das Telefon mit der linken Hand hielt und mit der rechten gelbe Stückchen vom Teller spießte. »Wie geht's?« Ich hatte mich schon gewundert, dass sie sich nicht eher gemeldet hatte.

Verli erzählte, dass sie am Vormittag lange mit Stefan geredet hätte. Er hätte beteuert, dass er sie liebte und dass es ein Fehler war, dass er sie betrogen hatte. Sein Flittchen hatte er angeblich sofort in den Wind geschossen, denn sie, Verli, sei ihm das Wichtigste in seinem Leben.

Ich hörte zu und bekam das Gefühl nicht los, dass das nur Männer-Blabla war. Wenn Verli ihm das Wichtigste in seinem Leben war, warum hatte er sich dann auf eine andere eingelassen? Ben ließ sich ja auch nur auf mich ein, weil es mit seiner Frau eben nicht so toll lief und er sie wegen ihrer psychischen Labilität nicht verlassen konnte. Das war doch bei Stefan und Verli ganz was anderes gewesen!

»Verzeihst du ihm also?«, wollte ich wissen.

Verli zögerte mit der Antwort. Ich konnte hören, wie sie nachdenklich ein- und ausatmete. Schließlich antwortete sie mir: »Sagen wir so: Er bekommt eine zweite Chance. Er muss sich jedoch mein Vertrauen wieder verdienen.«

»Und wie geht's dir dabei?«

»Beschissen, wenn ich ehrlich bin, aber ich will ihn eigentlich nicht verlieren.« Sie atmete tief durch. Scheinbar kämpfte sie mit den Tränen. »Ich versuche halt, nicht zu viel daran zu denken. Und ich werde mich bemühen, dass unser Sexleben wieder besser wird.«

»Meinst du denn, dass es daran lag?«

»Naja, wir hatten vielleicht einmal in der Woche Sex. Oder alle zwei Wochen mal. Irgendwie ist es ja dann verständlich, wenn er eine andere nimmt.«

»Ach, Verli, du bist doch nicht schuld daran!«

»Vielleicht doch. Er wollte ja, aber ich nicht. Ich hatte einfach nicht so oft Lust«, erklärte sie mir. »Hätte ich mir bloß nicht die blöde Spirale einsetzen lassen! Seit ich die hab, ist meine Lust weg und ich bin oft einfach nur genervt.«

»Und du meinst, das liegt an der Spirale?«

»Oh ja«, bestätigte sie. »Ich hab heute zig Artikel gelesen und online in Foren nach Erfahrungen gesucht. Es geht wohl vielen Frauen so, dass mit Einsetzen der Hormonspirale die Libido weg ist. Das muss doch für einen Mann voll frustrierend sein!«

Wieder dachte ich an Ben. Wäre er mit mir zusammen, wenn seine Frau öfter Lust hätte? Wenn sie eine Granate im Bett wäre? Ich wollte gar nicht daran denken ...

»Deshalb habe ich beschlossen, mir sie gleich nächste Woche entfernen zu lassen«, fuhr Verli fort. Sie klang entschlossen.

»Echt jetzt?«

»Ja, vor allem, weil ich mich damit auseinandergesetzt habe, wie schädlich die Hormone eigentlich für den Körper sind.«

»Wie, schädlich?« Ich war ein wenig vor den Kopf

gestoßen. Mein Frauenarzt hatte mir immer versichert, dass es gut wäre, wenn der weibliche Hormonhaushalt in ein regelmäßiges Gleichgewicht gebracht werden würde, zudem würden die Eierstöcke dadurch geschützt werden. All diese Berichte über Thrombose, Hormonstörungen und Gott weiß was seien nur Schauermärchen, um die Frauen zu verunsichern, so seine Meinung. Vor allem die Pille wäre ein Segen für jede Frau, meinte er und stellte mir daraufhin gleich ein Rezept für weitere sechs Monate aus.

»Schädlich insofern, dass die Spirale Nebenwirkungen haben kann. Das mit der Libido ist mir schon länger aufgefallen, aber ich hatte nicht gedacht, dass das so ein Problem ist.« Sie atmete tief durch und fuhr dann fort: »Erst jetzt ist habe ich bewusst gemerkt, dass ich in den letzten Monaten viel öfter Kopfschmerzen als sonst hatte. Und das Thrombose- und Brustkrebsrisiko ist auch erhöht, habe ich gelesen.« Verli lachte leise zischend. »Und fang bloß nicht an, dich mit den Nebenwirkungen der Pille auseinanderzusetzen. Da schlackern dir die Ohren so richtig!«

»Ach was, mein Frauenarzt sagte …«

»Dein Frauenarzt«, unterbrach mich Verli, »redet *Mist*! Das tun die Ärzte *alle*! Niemand wird dir sagen, wie sehr du deinen Körper mit den scheiß Hormonen belastest! Oder wie groß die Wahrscheinlichkeit ist, dass deine Beziehung darunter leidet, weil du einfach keine Lust mehr auf Sex hast! Ich für mich habe heute entschieden, dass das blöde Ding raus muss. Zur Sicherheit haben wir gleich mal Kondome verwendet, um …«

»Ihr hattet Sex?« Verblüfft entkam mir die Frage.

»Ja«, antwortete Verli und klang dabei etwas

zerknirscht. »Es hat sich einfach so ergeben«, meinte sie entschuldigend und betonte, dass der Sex ja jetzt viel besser werden sollte. Sie wollte nicht noch einmal dafür verantwortlich sein, dass Stefan unterfordert war. »Jedenfalls hatten wir heute gleich mit Kondom verhütet. Nicht, dass ich nach dem Entfernen der Spirale gleich schwanger werde. Das wäre jetzt die ultimative Katastrophe!«

»Das verstehe ich«, meinte ich und hing meinen Gedanken nach. Ob ich mich auch einmal mit den Einflüssen der Pille beschäftigen sollte? War da tatsächlich etwas dran? Und würde ich dann lustvoller sein? Was mir ja eigentlich nichts brachte, denn Ben war genauso wenig verfügbar wie jetzt ...

»Und, wie war dein Tag so? Langweilig?«, wechselte Verli schließlich das Thema.

Beim Gedanken an Gilbert fühlte ich wieder Unbehagen. Sollte ich Verli davon erzählen? Schließlich entschied ich mich, mich ihr anzuvertrauen, schob meinen leeren Teller von mir und berichtete von den vergangenen Stunden, von dem Likör, von Gilberts Familie, die meiner Meinung nach alle einen Vogel hatten, und von dem Missgeschick, das mir dann passierte. Kaum war ich fertig, ihr zu beschreiben, wie nah ich bei ihm saß und wie ich seine Wange berührte, brach Verli in schallendes Gelächter aus.

»Echt jetzt? Du hast ihn angefasst? So voll romantisch?«

»Naja, nicht voll romantisch. Eher halt so betrunken und liebeshungrig.« Der Gedanke daran war mir immer noch peinlich. Nicht auszudenken, wenn er sich auf mich eingelassen hätte! Nur gut, dass er sofort abgeblockt hatte, womöglich hätte ich dann zum ersten Mal in meinem Leben Ökosex gehabt ... Mit einer Jungfrau! Welche Kondome er wohl benutzen würde? Gab es überhaupt vegane? Obwohl, er hätte sich ja eh nicht auf mich eingelassen. Wir waren schließlich nicht seelisch verbunden …

»Aber du stehst nicht auf ihn, oder?«, wollte Verli wissen und unterbrach meine Gedanken.

»Nein!«, rief ich empört und merkte, dass ich mich nun vollkommen nüchtern fühlte. Die Eier und das Wasser hatten mir gutgetan. Und dieses Gespräch. »Der ist doch überhaupt nicht mein Typ! Außerdem stell dir mal seine Öko-Mutter als Schwiegermutter und seinen Freak-Bruder als Schwager vor. Da kannst dich ja gleich einliefern lassen«, meinte ich entrüstet.

Verli lachte wieder. »Du machst Sachen«, meinte sie schließlich kichernd.

Nach unserem Gespräch legte ich mich auf die Couch, deckte mich mit der Wolldecke zu und zappte durchs Programm. Gleichzeitig liefen meine Gedanken auf Hochtouren. Gilbert, sein Bruder, Ben, Verli – über alle möglichen Personen dachte ich nach. Schließlich fiel mir wieder ein, was Verli wegen den Hormonen gesagt hatte. Dass auch die Pille so schlecht für den Körper sei. Ich wusste, wenn ich jetzt anfangen würde, darüber zu googeln, dann würde ich nur negative Sachen finden, die mich beunruhigten. Bisher ging es mir doch gut mit der Pille, warum sollte ich daran etwas ändern? Also schob ich den Gedanken beiseite und sah mir die neue Folge von Akte X an. Das würde mich ablenken, denn das war Verschwurbelung vom Feinsten.

## 25.

Ich war irgendwann auf der Couch eingeschlafen, nachts zum Zähneputzen getorkelt, aufs Klo gegangen und hatte mich halbnackt ins Bett gelegt, wo ich sonntags erst spät wieder wach wurde. Ich fühlte mich wie gerädert und war noch immer müde, doch irgendwie schaffte ich es, aufzustehen, um dann wieder auf der Couch zu landen. Was sollte ich sonst tun? Und während ich so dalag, fühlte ich es in mir irgendwie blubbern. *Ups, die Tasse!* Ich sprang wieder auf und spürte auf dem Weg zum Klo, wie ich auslief. *Na toll!*

Mit ungelenken Fingern fummelte ich nach der Menstasse, die ziemlich hochgerutscht war. Konzentriert holte ich sie schließlich hervor und ekelte mich für einen kurzen Moment, denn sie war randvoll. Kein Wunder, dass sie übergelaufen war. Ob ein Tampon da noch dicht gewesen wäre? Die Menge sah ziemlich viel aus, bemerkte ich, während ich die Tasse ins Klo ausleerte. Wahrscheinlich wäre ich blutverschmiert im Bett wach geworden. So gesehen hatte ich ja noch richtig Glück gehabt.

Da ich kein Waschbecken im Klo hatte, wischte ich mich und die Tasse notdürftig mit Klopapier ab und watschelte mit halb hochgezogener Unterhose durch die Küche ins Bad rüber. Das war für mich der einzige Nachteil an dem Ganzen. Hätte ich ein Waschbecken direkt neben der Toilette, wäre der Gebrauch der Menstasse ziemlich einfach. Rausholen, auswaschen, reinschieben, fertig. So war es für mich ein wenig umständlich.

Ich erinnerte mich, dass manche Frauen auf Facebook in der Gruppe berichteten, dass sie die Tasse nur mit Klopapier auswischten, wenn kein Wasser zur Verfügung war. Zur Not konnte ich dies auch noch ausprobieren, beschloss ich.

Der Tag ging irgendwie zwischen Frühstücken, Fernsehen und im Internet Rumsurfen an mir vorüber, bis mich am Nachmittag Gilbert anrief und mich fragte, wie es mir ging. Er klang ganz normal, so, als wäre gestern nichts gewesen. Mir war es jedoch noch immer peinlich und ich hatte mühe, mit ihm ungezwungen zu reden.

»Wie geht's deiner Schulter?«

»Oh, ganz gut. Ich denke, ich werde morgen wieder gesundgeschrieben.« Meine Hoffnung, dann endlich wieder mehr Zeit mit Ben verbringen zu können, stieg ins Unermessliche.

»Sagst halt Bescheid, wenn du noch eine Salbe brauchst.«

*Ups, ach ja, die Salbe. Hatte ich ja ganz vergessen.* Ich nahm mir vor, mich dann gleich einzuschmieren.

»Ähm, ich wollt dich noch was fragen.« Gilbert druckste irgendwie herum und ich hatte plötzlich gar kein gutes Gefühl. »Ich, äh, weil du dich ja jetzt auch ein bisschen für Nachhaltigkeit interessierst …«

Siedendheiß fiel mir ein, dass ich ihm gestern von meinem Öko-Projekt erzählt hatte und davon, dass ich sogar nur noch Tee trank. Was hatte ich noch erzählt?

»Jedenfalls wollte ich dich fragen, ob du Lust hast, dich unserer Gruppe anzuschließen.«

»Welcher Gruppe?« Mein Unbehagen stieg. In Gedanken sah ich schon lauter Hippie-Leute zu berauschender Musik herumtanzen, während sie Mutter Erde zu heilen versuchten.

»Wir treffen uns einmal in der Woche …«

Mein Bild im Kopf wurde immer farbenfroher.

»… und quatschen ein wenig.«

In meinem Kopf wurden Joints herumgereicht und jemand spielte etwas auf der Gitarre.

»Da kommen coole Ideen auf«, meinte Gilbert schließlich und erzählte, dass in dieser Runde ein paar dabei wären, die mittlerweile kaum noch Haushaltsgeld brauchten, weil sie Wege gefunden hatten, kostensparend und umweltfreundlich zu leben. Second Hand und Do-it-yourself sei nur ein Teil davon, erzählte er.

Meine gedankliche Hippie-Runde erweiterte sich um zerlumpte Personen, die abgetragene Klamotten trugen. Und als Gilbert beiläufig meinte, dass sie zum Abschluss noch gemeinsam dumpstern gingen, war mein Kopfkino völlig überlastet.

»Ihr geht was??«

»Dumpstern«, wiederholte Gilbert und erklärte mir die Idee hinter dem Mülltauchen. Und mit jedem Satz, den er sprach, stieg mein Ekel, denn ich hatte schon davon gelesen, es jedoch absolut unappetitlich und unvorstellbar gefunden.

»Man muss das selbst einmal erlebt haben, um das verstehen zu können. Ich konnte am Anfang auch nichts damit anfangen, doch dann sah ich, dass es überhaupt nicht schlimm ist. Im Gegenteil, es ist, als würdest du Lebensmittel geschenkt bekommen. Du glaubst gar nicht, wie gefüllt die Kühlschränke der Dumpster Diver sind.«

»Dumpster Diver?«, wiederholte ich angeekelt. »Ihr fischt also richtig im Müll herum?«

»Ein paar von uns. Andere stehen Schmiere oder

packen die Sachen ein.«

»Schmiere stehen?«

»Naja«, druckste Gilbert herum, »ganz legal ist es ja nicht, aber bisher ist noch nie etwas passiert«, versuchte er mich zu beruhigen. »Außerdem hinterlassen wir alles wieder ordentlich. Da gibt es schlimmere Mülltaucher.«

*Da gibt es noch mehr von denen??* Ich konnte mit all dem, was er mir erzählte, nicht viel anfangen. Es war absolut unvorstellbar für mich, Lebensmittel zu essen, die jemand bereits weggeworfen hatte!

»Wir treffen uns morgen Nachmittag. Komm doch vorbei, dann kannst du dir das einfach mal anhören. Zum Dumpstern danach musst du ja nicht mitkommen.«

In mir schrie es *Nein, vergiss es!,* doch eine leise Stimme war auch neugierig. Es interessierte mich irgendwie, was das für Leute waren. Ob da ein Minimalist auch dabei war? Oder so jemand, wie die Studentin, die gänzlich auf Plastik verzichtete? Was waren das für Menschen? Warum taten die sich den Stress an, ständig über Umweltschutz und Nachhaltigkeit nachzudenken?

»Okay«, sagte ich schließlich. »Ich hab am Vormittag noch einen Arzttermin. Sollte er mich gesundschreiben, kann ich ja vorbeikommen.«

Gilbert schien sich ehrlich über meine Antwort zu freuen und gab mir die Adresse durch und teilte mir mit, mit welchem Bus ich am besten fahren konnte. Eigentlich wollte ich mein Auto nehmen, doch bei all den Ökos wäre das vielleicht keine so gute Idee.

Schließlich bedankte sich Gilbert überschwänglich und hocherfreut, so kam es mir zumindest vor, und wir beendeten das Gespräch. Nachdenklich legte ich mein Handy beiseite und betete inständig, ich hätte ihm mit meiner gestrigen Aktion nicht vermittelt, dass ich ernsthaft an ihn interessiert wäre! Vielleicht sollte ich morgen mal in Ruhe erklären, dass ich einfach betrunken war und es mir leidtäte.

Wieder läutete mein Handy. Heute ging's aber rund ... Und während ich danach griff und den Namen am Display erkannte, begann mein Herz zu rasen. Ben!

»Aber Hallo«, säuselte ich, als ich abhob, und grinste wie verrückt.

»Hi. Störe ich gerade?«

»Nein, schon gut. Hab alle Zeit der Welt.« Wie ungewöhnlich, dass er am Sonntag Zeit für mich hatte. Erst der Sex am Freitag, heute das Telefonat, zuvor die Besuche bei mir in der Wohnung, ... vielleicht würde es ja doch noch besser mit ihm werden! Ich hätte nichts dagegen, wenn wir auch außerhalb seiner offiziellen Arbeitszeit mehr Zeit füreinander hätten, wenn ich wieder arbeiten ging.

»Ich ... ähh ...« Ben druckste rum. Fast so eigenartig wie Gilbert zuvor, was ziemlich ungewöhnlich für Ben war. Normalerweise sagte er geradeaus, was er dachte, wollte und fühlte. Meist dachte er an Sex, wollte ficken und fühlte sich einfach nur geil. Wieder stellte sich bei mir ein ungutes Gefühl ein.

»Sie ist schwanger«, sagte er schließlich und schwieg dann.

*Sie, seine Frau*, dachte ich und dann hing Stille zwischen seinem und meinem Telefon. Er sagte nichts mehr, schien abzuwarten, und ich brachte kein Wort heraus. *Ich dachte, die hätten kaum Sex? Es wäre alles so langweilig und lustlos mit ihr? Und jetzt sollte sie schwanger sein?*

»Das heißt?«, fragte ich schließlich, obwohl ich eigentlich keine Antwort hören wollte.

»Es … es ist kompliziert.« Ben atmete tief durch. »Ich glaube, es ist besser, wenn wir das mit uns …«, wieder schnaufte er, »beenden«, brachte er schließlich hervor.

»Du willst Schluss machen?« Meine Stimme zitterte. Ich war geschockt, verwirrt, entsetzt und völlig überrascht. Damit hätte ich nie im Leben gerechnet!

»Naja, Schluss machen …«, versuchte er zu erklären, dass wir ja eigentlich nicht zusammen waren. Nicht in dem Sinne, wie es normal sei.

Und mit jedem Wort, das er stammelte und mit dem er seine Situation zu erklären versuchte, kränkte und verletzte er mich noch mehr. Hatte ich doch immer gedacht, ich wäre etwas Besonderes für ihn! Ich hatte echt geglaubt, dass er mich mochte und ich ihm etwas bedeuten würde! Doch scheinbar war ich tatsächlich nur sein Betthupferl gewesen. Sonst würde er mich doch jetzt nicht so abservieren, nur weil *sie* schwanger von ihm war!

»Das war's dann also mit uns?« Meine Stimme klang emotionslos. Mein Gehirn schaffte in diesem Moment die großartige Leistung, meine Worte gefühlsmäßig von meinem Chaos in meinem Herzen abzukoppeln. Das wäre ja noch schöner, wenn ich Ben jetzt vollgeheult hätte!

»Ja, ich denke, das wäre in diesem Fall besser.«

*In diesem Fall? Weil sie schwanger ist? Weil du jetzt den perfekten Vater spielen musst?* Hunderte Gedanken gingen durch meinen Kopf, doch ich sprach keinen aus. Um nichts auf der Welt wollte ich mir die Blöße geben, ihn vollzujammern, er solle sich das doch nochmal überlegen. *Oh nein, das würde ich bestimmt nicht tun!*

Ich erinnerte mich, dass ich das einmal bei einem Freund getan hatte. Er hatte Schluss gemacht, weil er eine andere hatte. Er war 17, ich 16 und die Neue 14. Ich war so verliebt in ihn, dass ich, als ich ihn das nächste Mal in der Dorfdisco sah, sturzbetrunken um den Hals fiel und ihn anflehte, er möge es doch nochmal mit mir versuchen. Nachdem er abwehrte und lautstark verneinte, klammerte ich mich an ihn und bettelte um einen letzten Kuss. Was war ich doch für ein Dummchen gewesen! So etwas würde mir bestimmt nicht noch einmal passieren! Wenn Ben nicht wollte, dann musste ich das akzeptieren, also sagte ich nur knapp: »In Ordnung. Trifft sich gut, hab da nämlich jemanden kennengelernt, und wenn du eh nicht mehr willst, dann kann ich ja …« Ich brach ab, als ich hörte, wie Ben ausatmete. War das Erleichterung? Oder Eifersucht? »Ich wünsch dir alles Gute mit ihr. Mach's gut«, sagte ich schließlich und legte auf.

Erst als ich sicher war, dass die Verbindung beendet war, warf ich mich auf die Couch und heulte. Ich weinte um Ben, um unseren bombastischen Sex und um seinen Körper. Nie mehr würde ich ihn berühren können, riechen, schmecken und einfach nur fühlen. Nie mehr würde ich sein Grübchen an seiner Wange streicheln können. Nie mehr würden mich seine Bartstoppeln kitzeln, wenn er mich am Bauch liebkoste und sein Gesicht dann weiter nach unten wanderte. Und das nur, weil *sie* schwanger war. Arschloch!

## 26.

Der Sonntag war für mich gelaufen. Aus, vorbei, alles scheiße. Sehnsuchtsvoll dachte ich an Freitag. An den Sex. An die lustvollen Gefühle. An das Begehren. Das sollte jetzt einfach so vorbei sein? Nur weil *sie* schwanger war? Glaubte er denn, dass es jetzt Friede-Freude-Eierkuchen in der Ehe war? Dass jetzt alles supertoll sei? *Pah! Ben wird sich noch wundern!* Er mochte zwar jetzt noch euphorisch sein und sich auf ein Kind, sein Kind, freuen, doch irgendwann würde er schon merken, dass ihm etwas fehlte! Bestimmt würde er es dann bereuen, mich aufgegeben zu haben!

So und ähnlich verbrachte ich die weiteren Stunden, verkroch mich frustriert auf die Couch und bemitleidete mich selbst. Ich nahm mir vor, gleich nächstes Wochenende fortzugehen und mir wen aufzureißen. Ich konnte schließlich gut auch ohne Ben leben! Verli und ich würden so richtig Spaß haben!

Beim Gedanken daran, dass Verli mit ihrem Stefan jetzt auch wieder Friede-Freude-Eierkuchen hatte, verging mir die Aufmunterung rasch wieder. Sie hatte nämlich das gleiche erreicht, wie Bens Frau, auch wenn *sie* nicht wusste, was er in den letzten Monaten hinter ihrem Rücken so getrieben hatte. Verli und *sie* hatten ihre Männer wieder. Ich und eine andere blieben auf der Strecke. Ob die wohl auch gerade so frustriert war wie ich? Ich begann, für Stefans Liebschaft Mitleid zu empfinden. Die Arme fühlte sich wohl so wie ich – einfach aufs Abstellgleis geschoben. Unbrauchbar. Ausgenommen. Reif zum Verschrotten.

Als es Zeit fürs Abendessen war, schlurfte ich zum Kühlschrank. Beim Blick aus dem Fenster sah ich, wie die Ringelmeier und die Huber von dannen schritten. Jede hatte eine Handtasche am Arm. Bestimmt gingen sie zum Friedhof, um Kerzen für ihre verstorbenen Männer anzuzünden. Das taten sie immer Sonntagabend. Ich nutzte die Gunst der Stunde, drehte die Musik auf und hüpfte lautstark singend durch die Wohnung, tänzelte vor dem Kühlschrank und merkte, dass ich eigentlich keine Lust auf Essen hatte. Ben hatte mir den Appetit gehörig verdorben. Als mein Blick auf die Likör-Flasche fiel, nahm ich sie raus, trank einen Schluck direkt daraus und hüpfte weiter zu den Klängen von Bon Jovis »Lost Highway«. Meine anderen Nachbarn würden es mir für ein paar Minuten verdenken. Ich brauchte jetzt einfach Ablenkung und Musik.

30 Minuten und neun tiefe Schlucke später fühlte ich mich schon viel besser. Ich war ein wenig aus der Puste von der Tanzerei und spürte gleich wieder den Einfluss des Alkohols. Außerdem war meine Menstasse irgendwie nach unten gerutscht. Also drehte ich die Musik leise und ging aufs Klo, wo ich den Cup leerte und wieder richtig einführte. Da ich keine Lust hatte, rüber ins Bad zu gehen, wischte ich ihn nur mit Klopapier aus und stellte fest, dass es auch so funktionierte.

Den restlichen Sonntag verbrachte ich mit dem Likör und dem iPad auf der Couch. Ich surfte auf Facebook herum, scrollte durch die Menstassengruppe, las Beiträge und versuchte, nicht an Ben zu denken. Nach einigem Lesen stellte ich fest, dass eine perfekte Tasse wohl auch sportliche Belastungen wie Tanzen aushalten musste, denn diese sei in jeder Lebenslage ein dichter Begleiter. Vielleicht sollte ich mich doch beraten lassen. Bis zur nächsten Mens hatte ich allerdings noch ein wenig Zeit, denn erfahrungsgemäß dauerte meine Periode nur drei, maximal vier Tage, also schob ich den Vorsatz ein paar Wochen in die Zukunft.

Nach der Menstassengruppe schaute ich bei Gilberts Profil vorbei. Er hatte nichts Neues geschrieben. Interessehalber suchte ich seine Freundesliste nach einem Johannes durch. Ich wollte wissen, wie sein Bruder aussah. Bestimmt bestätigte sich mein Bild in meinem Kopf und er entsprach dem Eindruck eines Computerfreaks, so wie ihn Gilbert beschrieben hatte, doch weder fand ich einen Johannes Stampfer, noch einen Johannes mit einem anderen Nachnamen. Schade irgendwie. Und während ich so weiterklickte und eigentlich nur sinnlos die Zeit verschwendete, bekam ich vage mit, wie die beiden alten Schachteln vom Friedhof zurückkehrten. Ich hörte geschäftiges Schwatzen im Stiegenhaus und kurz darauf zwei Wohnungstüren, die ins Schloss fielen. Nur Sekunden später, so kam es mir vor, gab es im Stiegenhaus wieder Geräusche. Stimmen, Türen und … weinte da jemand? Neugierig, wie ich war, stand ich auf und steckte meinen Kopf durch einen Türspalt ins Stiegenhaus.

»Er lag einfach so da! Völlig steif und kalt!«

Ich erkannte die Stimme der Ringelmeier und ich ahnte Schreckliches, während ich ihr Schluchzen und jammern hörte.

»Er war nicht mehr der Jüngste, das weiß ich, aber …«

Die Stimme wurde leiser. Scheinbar hatte die Ringelmeier ihre Busenfreundin geholt und beide waren nun in der Wohnung verschwunden, denn der Papagei dürfte verstorben sein. Mausetot. Wohl einem Schock erlegen.

War das meine Schuld? Mir fielen ihre Ermahnungen ein, ich solle nicht zu laut auftreten, denn der Papagei würde Angst bekommen. Meine Tanzerei war ihm wohl zu viel geworden und er war nun tot. Was für ein Sonntag! Erst das mit Ben und jetzt hatte ich auch noch einen Vogel umgebracht!

Ich zog mich wieder in meine Wohnung zurück, putzte die Zähne, drehte die Lichter aus, schlurfte ins Wohnzimmer zu meiner Couch und verkroch mich unter der Wolldecke. Besser, ich tat nicht mehr viel und ließ diesen beschissenen Tag einfach vorbeiziehen.

## 27.

Wie sehr hatte ich diesen Tag herbeigesehnt, doch nun, wo er da war, war es mir egal. Gleich am Morgen war die Ringelmeier mit dem toten Papagei in einer Schachtel von dannen geschritten, begleitet von einer dunkel gekleideten Huber. Schuldvoll hatte ich zuvor im Stiegenhaus gelauscht, als sich die beiden alten Frauen über das Ausstopfen eines Haustieres unterhalten hatten, ehe sie zum Tierpräparator gefahren waren.

Ich selbst hatte mich dann auf dem Weg zum Arzt gemacht und hielt zwei Stunden später nach einer ewig langen Warterei und einer ausführlichen Untersuchung eine Gesundmeldung in der Hand. Endlich! Doch nun fühlte ich mich gar nicht himmelhochjauchzend, sondern zu Tode betrübt. Was hatte es für einen Sinn, wenn ich arbeiten ging, wenn ich dann eh nicht zu Ben fahren konnte? Die Aussicht auf einen kurzen, aber intensiven Sex hatte meine Arbeitstage erst so richtig versüßt, doch jetzt kamen mir meine bevorstehenden Stunden im Laden düster und langweilig vor. Danach würde mich nichts erwarten. Mein einziges Glück war, dass mir der Arzt für heute und morgen noch Schonfrist gegeben hatte. Ab Mittwoch würde mich mein Chef wiederhaben und ich durfte dann Shirts, Hosen, Pullis und Jacken zusammenlegen, präsentieren, empfehlen und verkaufen.

Nach meinem Arztbesuch rief ich Verli an und teilte ihr mit, dass ich ab Mittwoch wieder zurück im normalen Leben sein würde. Aus und vorbei sei der Krankenstand, auch wenn ich überhaupt keine Lust hätte, zu arbeiten. Eigentlich hätte ich zu gar nichts mehr Lust, denn es sei ja schließlich alles nur noch scheiße, fügte ich genervt hinzu.

»Was? Warum? Was ist dir denn über die Leber gelaufen? Schlechten Sex gehabt?« Verli klang im Gegensatz zu mir gut gelaunt. Scheinbar hatte sie ein entspanntes Wochenende.

»Ha ha«, erwiderte ich genervt. »Schön wär's, wenn ich jemals wieder Sex hätte.« Schließlich rückte ich mit der Sprache heraus und erzählte ihr, dass Ben die Sache mit uns beendet hatte.

Ich erwartete, dass Verli sich freute und mir versichern würde, dass dies eh nur eine Frage der Zeit gewesen war. Dass das irgendwann ja so kommen musste. Doch stattdessen bemitleidete sie mich. »Ach, Laura. Du Arme. Das ist echt fies«, meinte sie und wollte gleich nach der Arbeit bei mir vorbeikommen, damit ich nicht so einsam wäre und in Selbstmitleid versinke.

»Schon gut«, wimmelte ich ab. »Bin am Nachmittag nicht zuhause.« Dann erzählte ich ihr, dass Gilbert mich zu seinem Treffen eingeladen hatte. Und da mein Leben sowieso schon absolut blöde war, war es auch schon egal, ob ich mich mit Freaks umgab oder zuhause alleine herumsaß.

»Und wie geht's mit deinem Öko-Projekt?«, wollte Verli noch wissen, weil wir schon beim Thema Gilbert und Nachhaltigkeit waren.

»Naja, ich weiß nicht. Das gesunde Zeugs ist irgendwie nicht so recht etwas für mich. Ich esse halt die Sachen aus der Kiste, aber ob ich nochmal so viel Geld beim Bioladen lasse – ich weiß nicht.« Durch Bens Hiobsbotschaft hatte ich die Lust an allem verloren. Heute morgen trank ich sogar Kaffee. Aus der Kapsel! Wenn Gilbert das wüsste …

»Und dein Tassendings?«

»Oh, die werde ich behalten. Das war eigentlich ganz cool. Ist halt gewöhnungsbedürftig, sein eigenes Blut ins Klo zu leeren, aber es hat den Vorteil, dass man innen nicht mehr austrocknet«, erklärte ich Verli und dachte daran, dass es gerade bei den schwächeren Tagen recht praktisch mit der Menstasse war. Tampons hatten mir teilweise beim Abklingen der Blutung das Gefühl gegeben, innerlich eine Wüste zu haben, die man beim Tamponwechseln mit rauszog. Und Binden waren noch nie so mein Ding gewesen. Bei der Tasse würde es bestimmt reichen, sie erst am Abend wieder zu wechseln, denn laut Angaben konnte man sie ja bis zu zwölf Stunden drin lassen, was ich recht praktisch fand.

»Hm, vielleicht sollte ich das auch mal probieren«, meinte Verli. »Morgen habe ich nämlich einen kurzfristigen Termin bekommen, um die Spirale entfernen zu lassen.«

»Echt jetzt? Ziehst du das wirklich durch?«

»Ja. Ich hab keine Lust mehr auf Hormone. Und wenn ich dann wieder normale Blutungen habe, könnte ich doch auch mal so eine Tasse versuchen, oder was meinst du?«

Ich lachte. »Klar, das wäre cool. Lassen wir uns gemeinsam für die perfekte Tasse beraten«, schlug ich vor. Dann fiel mir etwas ein: »Wie willst du eigentlich dann verhüten?«

»Oh, ich hab mich gestern beim Temperaturmessen eingelesen. *Natürliche Familienplanung* heißt das. Das werd ich wohl machen.«

»Willst du ein Kind, oder wie?« Ich war erstaunt, denn ich konnte mir nicht vorstellen, dass es so schnell ging, wieder eine perfekte Beziehung zu haben, in der man über ein Kind nachdachte. Nicht nach dem, was Stefan getan hatte. So leichtsinnig hätte ich Verli nicht eingeschätzt.

»Quatsch«, klärte sie mich auf und erzählte, dass man mit dem Temperaturmessen und der Körperbeobachtung, auf die sie nicht näher einging, den Eisprung feststellen konnte. So wusste die Frau, in dem Fall Verli, wann sie verhüten musste und ab wann es sicher für ungeschützten Sex war. »Das heißt«, fuhr sie fort, »bis zum Eisprung verhüten wir mit Kondom oder so, und danach bis zur Mens können wir ohne.«

»Okay«, meinte ich und hatte die Vorstellung, dass es extrem aufwändig und unsicher war. Doch Verli meinte, richtig angewandt sei NFP ein ideales Verhütungsmittel, wenn man auf Hormone verzichten wollte.

»Hey, wieso machen wir das nicht gemeinsam?«, hatte sie plötzlich die wahnwitzige Idee, mich da mit reinziehen zu können. »Dann könnten wir uns austauschen und unsere Kurven gemeinsam auswerten.«

»Äh, ja klar«, meinte ich sarkastisch. »Nein, danke.«

»Ja, aber jetzt wo du eh Single bist, brauchst du ja keine Hormone zu nehmen und deinen Körper belasten«, meinte sie und zählte die Nachteile der Pille auf. »Außerdem, selbst wenn du Sex mit jemandem hast, musst du sowieso ein Kondom nehmen. Von dem her wäre es ja auch egal, wenn du die Pille nicht mehr nimmst.«

»Trotzdem«, meinte ich. »Ich hab ja keine Probleme damit.«

»Das sagst du jetzt, aber warte mal ab, bis … oh, ich muss Schluss machen. Mein Chef kommt.« Und zack, war die Verbindung aus. Verli hatte aufgelegt und mich mit hunderttausend Gedanken allein zurückgelassen.

## 28.

Gegen vier Uhr machte ich auf dem Weg zu Gilbert. Ich nahm tatsächlich den Bus, der irgendwo am Stadtrand in eine beschauliche Siedlung mit zahlreichen Einfamilienhäusern fuhr. Viele Bäume und große Gärten schmiegten sich in die leicht hügelige Landschaft.

Mitten in dieser Siedlung gab es eine Bushaltestelle. Es war die letzte der langen Route aus dem Stadtzentrum. Mit mir stieg noch ein alter Mann aus, ehe der Bus wendete und zurückfuhr. Für einen kurzen Moment war ich versucht, dem Fahrzeug hinterherzulaufen. Was tat ich eigentlich hier? Wieso ließ ich mich auf so ein Eso-Öko-Bio-Treffen ein? Doch es war zu spät. Der Bus war unerreichbar.

»Sie kenne ich ja gar nicht«, sprach mich plötzlich der alte Mann an. Ich hatte gar nicht gemerkt, dass er am Haltehäuschen stehen geblieben war und mich beobachtete, wie ich dem Bus unsicher hinterhersah. »Hab ich Sie schon mal gesehen?«

»Ich war noch nie hier«, meinte ich irritiert und sah mich um, während ich mir Gilberts Wegbeschreibung in den Kopf rief. Er hatte gemeint, es sei ganz einfach. Ich müsse nur einmal geradeaus und dann bei der ersten Querstraße nach links. Dort sei es das dritte Haus. Gar nicht schwer zu finden.

»Besuchen Sie jemanden?«, fragte der Mann und sah mich intensiv an. Sein Gesicht war faltig, weiße Haare bildeten einen Kranz von einem riesigen Ohr über den Hinterkopf zum anderen, an denen die Ohrläppchen langgezogen runterhingen. *Wieso müssen alte Menschen immer so große Ohren haben?,* ging es mir durch den Kopf. Als Nächstes fielen mir auf seinem kahlen Oberkopf die unzähligen Altersflecken auf. *Der muss ja steinalt sein*, bemerkte ich. Doch dann sah ich, dass er trotz seines Alters von bestimmt mindestens neunzig Jahren unglaublich blaue Augen hatten, die mich wach ansahen, während er sich leicht gebückt mit einer Hand auf einen Spazierstock stützte.

Da ich nicht das Gefühl hatte, dass von diesem Mann eine Gefahr ausging, erzählte ich ihm schließlich, dass ich zum Haus der Stampfer wollte.

»Ah, bestimmt zu Johannes«, meinte der Mann und

lächelte.

»Oh nein«, erwiderte ich und hob abwehrend die Hände. Sofort hatte ich wieder das Bild von einem dicklichen Kerl im Kopf, der ungepflegt mit dicker Brille vor dem Computer saß, während er getrocknete Apfelscheiben aß und Tee trank. Zu ihm würde ich bestimmt nicht wollen! »Ich hab einen Termin bei Gilbert«, erklärte ich schließlich. Einen Termin zu haben klang besser, als zu sagen, dass man bei einem Treffen von Verrückten dabei sein wollte.

Der alte Mann nickte mir wissend zu und lächelte. »Sie können mich gerne begleiten. Die Stampfers sind meine Nachbarn.«

»Och, schon gut«, wehrte ich ab. Ich hatte keine Lust, langsam neben einem alten schlurfenden Mann herzutrotten. »Ich finde schon selbst hin.« Dann grüßte ich, wünschte einen schönen Tag und ging zielstrebig geradeaus, so wie Gilbert es gesagt hatte.

»Hier geht's lang«, rief hinter mir der alte Mann, dessen Stimme ganz schön kraftvoll klingen konnte, bemerkte ich, während ich mich umdrehte und in die andere Richtung geradeaus ging. Wie peinlich!

Fünf Häuser weiter befand sich die von Gilbert erwähnte Querstraße. Links, hatte er gesagt. Oder doch rechts? Ich war mir nicht mehr so sicher.

»Links geht es weiter«, hörte ich plötzlich hinter mir und fuhr erschrocken zusammen. Waren alte Menschen nicht normalerweise langsam und bewegten sich nur schlurfend und mühsam fort?

»Links«, wiederholte er, lächelte und wies mit dem Spazierstock in die Richtung.

»Natürlich«, murmelte ich und ging weiter.

Bereits nach dem ersten Haus konnte ich erahnen, welches Gilbert bewohnte. Alle anderen Häuser in dieser Straße waren völlig normal mit Garage und einem Auto auf dem Parkplatz, manche hatten einen Pool, andere einen Teich. Doch ein Haus tanzte aus der Reihe. Nur ein Haus kam als Stampfer'sches Zuhause infrage – ein Blockhaus, das bestimmt energieeffizient und ökologisch war!

»Leicht zu erkennen, oder?«, hörte ich wieder eine Stimme neben mir, während ich den einstöckigen Bau bewunderte.

Das Haus wirkte groß und mit dem hellen Holz fiel es sofort auf. Das rote Ziegeldach leuchtete in der Sonne und mit ihm die Solarzellen, die obendrauf lagen. Ja klar, was denn sonst … Der Rest des Hauses schien aus massivem Holz zu sein, selbst die Fenster- und Türrahmen.

»An diesen Menschen sollte man sich ein Beispiel nehmen«, meinte der alte Mann. Immer noch stand er neben mir und wir sahen gemeinsam auf das Haus. »Sie haben mir einmal gezeigt, wie sie leben. Energie aus Sonnenlicht, Wasser aus dem Brunnen, Gemüse und Obst aus dem Garten«, zählte er auf, ohne den Blick vom Haus zu wenden.

Ich versuchte seiner Beschreibung zu folgen, doch wo da ein großer Garten Platz haben sollte, das war mir nicht klar. Rundherum standen überall Häuser. Wie sollte sich da so viel ausgehen? Und sogar mit Brunnen? Ja klar …

»Ich werde dann mal«, erklärte ich, zeigte auf das Haus und ging dann zielstrebig auf die Eingangstür zu, wo ich die Klingel drückte. Im Rücken spürte ich den Blick des alten Mannes, der abzuwarten schien, während in mir die Nervosität hochkam. Ich hoffte, Gilbert würde meinen Fauxpas von Samstag nicht zu persönlich nehmen und sich was darauf einbilden …

»Hey Laura! Da bist du ja!« Gilberts Stimme kam mir lautstark entgegen, als er die Tür öffnete. Er wirkte fröhlich und ausgelassen. So kannte ich ihn gar nicht. War er betrunken? *Wohl eher voll zugedröhnt,* berichtete ich meine Gedanken und setzte ein freundliches Grinsen auf, während er mich mit Küsschen links und rechts begrüßte. Na toll, so weit waren wir schon … Auf was hatte ich mich da bloß eingelassen?

»Hast du eh leicht hergefunden?«

»Ja, dein Nachbar hat mir geholfen.« Ich zeigte mit dem Daumen über meine Schulter und sah zurück zur Straße, doch die war leer. Der alte Mann war weg.

»Ah, der Hans«, wusste Gilbert gleich bescheid.

»Er dachte, ich wollte zu deinem Bruder.«

Gilbert lachte. »Typisch«, meinte er kopfschüttelnd. »Mir traut er so einen charmanten Besuch wohl nicht zu.«

Ich wurde verlegen und fühlte mich nicht ganz wohl, doch für einen Rückzieher war es viel zu spät. Gilbert bat mich ins Haus, wo ich kaum Zeit hatte, mich umzusehen, denn er führte mich weiter in den Garten. Von dort konnte ich vielstimmige Geräusche hören, und wenig später sah ich eine Gruppe von jungen Leuten unterschiedlichen Alters, die im Gras beisammensaßen und sich unterhielten. Scheinbar war ich die letzte. War denn sonst niemand mit dem Bus gefahren? Oder hätte ich doch den früheren nehmen sollen?

»Das ist Laura, von der ich euch erzählt habe«, stellte mich Gilbert vor und schob mich an den Rand des Kreises, wo ich mich einfach fallen ließ und leise »Hi«, murmelte. Mein verlegenes Grinsen sah bestimmt voll dämlich aus, doch ich wusste nicht, was ich sonst tun sollte.

Mit den Händen begann ich, nervös Gras zu zupfen, während Gilbert die anderen vorstellte. All die Namen würde ich mir sowieso nicht merken, also nickte ich nur und wiederholte mein dümmliches »Hi«.

Kaum war die Vorstellrunde beendet, griffen die Anwesenden das letzte Thema wieder auf – scheinbar hatten sie von der Vermüllung der Wälder und Straßenränder gesprochen. Es sei ein Wahnsinn, wie viel Müll die Menschen achtlos wegwerfen würden, meinte ein junger Mann mit kurzen rötlichen Haaren. Deshalb wurde beschlossen, den Müll bei einer gemeinsamen Aktion zu beseitigen. Unterstützer wolle man durch einen Aufruf im Internet finden. Am besten, man mache gleich städteübergreifend einen Aktionstag, wo in der ganzen Region - oder noch besser im ganzen Land! - der Müll beseitigt werden würde. Immer mehr Ideen wurden eingebracht und alle schienen mit Feuereifer bei der Sache zu sein, während ich stumm den begeisterten Planungen zuhörte.

Ich beobachtete derweilen die Anwesenden und entdeckte ein junges Mädchen – bestimmt war es keine achtzehn Jahre –, das eifrig auf einem großen Block mitschrieb. Sie dürfte wohl die Schriftführerin sein, fiel mir auf. Die anderen diskutierten in der Zwischenzeit vor Ideen sprühend weiter.

Insgesamt zählte ich dreizehn Menschen, von Jugendlichen bis hin zu geschätzten Mittdreißigern. Sie wirkten allesamt gar nicht wie Hippies, sondern waren völlig normal. Gewöhnliche Menschen, die sich und ihr Leben dem Umweltgedanken widmeten. Der Einzige, der noch eher dem Klischee entsprach, war Gilbert, der mir heute jedoch auch irgendwie normal vorkam. Seine langen Haare hatte er zu einem lockeren Dutt gebunden, er trug ein gewöhnliches graues Shirt und eine Jeanshose. Eifrig beteiligte er sich an der Planung dieses Aktionstages und warf mir immer wieder einen Blick zu, den ich nicht recht deuten konnte. Noch immer hoffte ich, er würde meinen Ausrutscher im alkoholisierten Zustand nicht missverstehen.

Keine 15 Minuten später war die Aktion geplant und der Termin vereinbart. Ein Teilnehmer der Runde war Werbegrafiker, er würde sich um die Bewerbung und den Infoaustausch kümmern. Ein anderer arbeitete als Freiberufler für ein Wochenmagazin – er kümmerte sich um Pressetexte und Berichterstattung. Schließlich sollten die Menschen darauf aufmerksam gemacht werden, welche Folgen ihr unbedachtes Tun hatte. Gilbert war überzeugt, dass der aufgesammelte Müll, der dann gezeigt werden würde, die Leute bestimmt aufrütteln würde.

Ich war fasziniert von dem Tempo und der Vorgehensweise, die bei diesem Treffen an den Tag gelegt wurden. Dachte ich doch, hier würde völlig verschroben beisammengesessen und ein Joint bei Gitarrenmusik herumgereicht. Stattdessen war alles gut organisiert, jeder hatte seine Fähigkeiten und Qualitäten, die er einbringen konnte, und mit der er sich für Umwelt- und Tierschutz und Nachhaltigkeit einsetzte. Unter all diesen vor Ideen sprühenden Menschen fühlte ich mich ein wenig verloren. Was könnte ich einbringen? Ich, die Textilverkäuferin, würde wohl kaum Wissen oder gar Connections vorweisen können. Was wusste ich schon und wen kannte ich, um daraus einen Vorteil zu ziehen? Nichts und niemand, war die Antwort, die ich mir in Gedanken gab. Und plötzlich fühlte ich mich ganz klein und unwichtig.

»Laura, erzähl doch mal, wie es dir jetzt mit deinem

Öko-Projekt geht«, unterbrach Gilbert meine Gedanken. Alle Augen waren auf mich gerichtet und ich spürte, wie mir die Hitze ins Gesicht schoss. Wie peinlich!

»Laura hat nämlich vor … Wie lange ist es her? Zwei Wochen?« Er sah mich kurz fragend an. Ich nickte. »Laura hat vor zwei Wochen auf eine nachhaltige Lebensweise umgestellt. Als Projekt, um zu sehen, wie es ihr damit geht.«

»Echt? Cool!«

»Das ist klug.«

»He, voll interessant!«

Rundherum hörte ich Kommentare und senkte peinlich berührt den Kopf. Wieso musste Gilbert mich in den Mittelpunkt stellen?

»Erzähl doch mal. Was hast du gemacht?«, hörte ich eine Stimme von der anderen Seite des Kreises. Ein junger Mann mit kurzen dunklen Haaren und Bartstoppeln im Gesicht sah mich auffordernd an. Er war mir vorher schon aufgefallen, denn er hatte mich irgendwie an Ben erinnert. Er war hübsch und wirkte überaus attraktiv.

Schließlich erzählte ich, dass ich in den letzten zwei Wochen meinen ökologischen Fußabdruck verringern wollte. Ich versuchte, Strom zu reduzieren, Wege zu Fuß oder mit Öffis zu bewältigen, und auch von den Bio-Lebensmitteln berichtete ich. Die Erwähnung der Stoffslipeinlagen und Menstasse ließ ich jedoch aus. Es war auch so schon peinlich genug, im Mittelpunkt zu stehen. Außerdem würde diese Alternative wahrscheinlich bei dem weiblichen Teil der Runde eh schon bekannt sein.

Am Ende meiner Ausführungen begannen die Anwesenden zu applaudieren, was mir sehr sehr unangenehm war. Auch der Kerl gegenüber von mir, der vorhin gefragt hatte, klatschte und nickte mir anerkennend zu.

Kurz darauf war der offizielle Teil beendet und der Kreis löste sich auf. Ein paar setzten sich ins Gras oder standen herum, andere gingen zu einem Brunnen, der mir erst jetzt auffiel. Er stand mitten im Garten und war in Stein gefasst und mit einer Handpumpe versehen. Gilbert betätigte sie gerade und holte quietschend aus den Untiefen frisches Wasser hervor, das er in zwei große gläserne Krüge fließen ließ.

»Hat dich unser Gilbert einfach ins kalte Wasser geworfen«, meinte plötzlich neben mir eine Stimme. Erst jetzt sah ich, dass sich der Kerl mit den dunklen Haaren genähert hatte. Er grinste und drückte mir ein Glas Wasser in die Hand. »Hier, frisch aus dem Brunnen«, erklärte er, bevor er sich als Jessie vorstellte. »Auf weitere nachhaltige Umsetzungen«, meinte er grinsend und nahm einen großen Schluck.

Jessie verwickelte er mich in ein Gespräch. Er wollte alles über mich wissen, während ich nur widerwillig mit Informationen rausrückte. Zwar wirkte er sympathisch und sah auch gar nicht so schlecht aus, doch ich wollte nicht zu viel von mir preisgeben. Gilbert wusste schon genug über mich, da brauchte ich nicht noch einen verrückten Kerl, der mich dann zuhause oder womöglich im Geschäft aufsuchte …

»Und? Wie findest du es hier?«, wollte Jessie schließlich wissen und ließ seinen Blick durch den Garten schweifen.

»Ganz nett«, antwortete ich knapp und umklammerte mein mittlerweile leeres Glas. Ich wusste nicht recht, was ich sagen sollte und dachte daran, was mich eigentlich hierher geführt hatte. Es war schon ganz schön verrückt, wenn man bedachte, was seit dem Zusammentreffen mit Gilbert alles passiert war. Wo wäre ich, wenn der Unfall nicht gewesen wäre? Würde ich mir dann Gedanken über all das machen? Über Bio und Öko und Nachhaltigkeit? Wohl kaum. Ich würde täglich Klamotten verkaufen, Fast Food essen, Kapselkaffee trinken und eine Affäre haben … Halt. Stop. Nein. Die Affäre wäre wohl trotzdem beendet. *Sie* wäre wohl trotzdem schwanger geworden. Und ich würde todtraurig zuhause sitzen und in Selbstmitleid versinken. So saß ich von umweltbewussten Menschen umringt hinter einem energieeffizienten Haus im Garten, der Pflanzenschutzmittel noch nie gesehen hatte und vollwertiges biologisches Gemüse und Obst hervorbrachte, und unterhielt mich mit einem Kerl, der erzählte, dass er schon mal verhaftet worden war, weil er sich gemeinsam mit Gilbert an einen Baum gekettet hatte.

»Echt?«

Jessie nickte und ich konnte nicht glauben, dass jemand eine Verhaftung riskierte, nur um der Umwelt zu helfen. Oder eben einem dreihundert Jahre alten Baum, der ohnehin schon morsch gewesen war. Das würde ich nie können!

»Was meinst du, wie oft uns schon beim Mülltauchen mit Besitzstörung gedroht wurde«, fuhr er augenzwinkernd fort. »Einmal hat einer tatsächlich die Polizei gerufen.«

»Echt?«, wiederholte ich und kam mir sehr dämlich vor. Ich hätte viel zu viel Schiss. Als ich mich daran erinnerte, dass Gilbert angekündigt hatte, danach noch dumpstern zu gehen, beschloss ich, nachher direkt nach Hause zu fahren. Auf Ärger mit der Polizei hatte ich keine Lust!

Jessie lachte, als er mein ängstliches Gesicht bemerkte,

und winkte ab. »Ach, alles halb so wild. Sieh es dir einfach mal an, dann wirst du sehen, dass wir nichts Verbotenes machen.« Schließlich wechselte er das Thema. »Wie hast du Gilbert eigentlich kennengelernt?«

»Ich bin ihm vor sein Rad gelaufen«, antwortete ich und sah, wie Gilbert mich und Jessie vom Brunnen aus beobachtete. Dabei konnte ich seinen Blick nicht recht deuten. Wirkte er zufrieden? Oder eifersüchtig? Es war echt schwer, seine Mimik zu entschlüsseln.

»*Du* warst das?« Jessie klang erstaunt und lachte schließlich. »Das ist ja geil.«

»Was ist da bitte geil?«, fragte ich und war ein wenig gekränkt. Was gab es da zu lachen? Was hatte Gilbert bloß erzählt? Wussten hier etwa alle, dass ihm so ein tollpatschiges kleines Ding einfach reingelaufen war?

Jessie schien mein grimmiges Gesicht zu bemerken. »Sorry, ich wollte nicht lachen. Es ist nur … Gilbert war danach völlig von der Rolle. Hast ihn ganz schön erschreckt, weil du mit Blaulicht ins Krankenhaus gebracht wurdest. Hat eine Zeit lang gedauert, bis ich ihn beruhigen konnte. Und er hatte ein wahnsinnig schlechtes Gewissen.«

»Aber warum denn? Ich war ja schuld!« Seine Erzählung verwirrte mich. Ich hatte nicht gedacht, dass Gilbert das Ganze so mitgenommen hatte.

Jessie machte mit seiner Hand eine unwirsche Handbewegung. »Ach, Gilbert ist so. Er nimmt sich alles gleich so zu Herzen. Mittlerweile geht's ihm wieder gut und er ist ganz happy mit deinen Fortschritten.«

Ich dachte, Jessie meinte meinte Fortschritte mit der Schulterverletzung, also sagte ich nichts mehr. Stattdessen warf ich einen Blick zu Gilbert rüber, der sich nun mit dem jungen Mädel unterhielt, das die Notizen gemacht hatte.

»Wer ist sie eigentlich? Die sieht so jung aus.«

Jessie folgte meinem Blick. »Unser Küken?« Er lachte. »Das ist Lissi. Sie hat mit vierzehn schon begonnen, an unseren Treffen teilzunehmen, sehr zum Missfallen ihrer Eltern. Sie lebt vegan, nervt ihre Verwandten damit, indem sie aufzeigt, wie umweltschädigend sie leben, und ist bei Demos an vorderster Front mit dabei. Jetzt ist sie achtzehn und ist unser Vorzeigeobjekt, wenn es um nachhaltige Lebensweise geht. Wenn du was wissen willst, dann frag Lissi. Sie weiß alles«, erklärte er stolz und bewundernd.

»Magst du sie?« Ich kam nicht darum herum, ihn das zu fragen. Schließlich war sie hübsch, und wenn sie so toll war, war sie unter den Freaks bestimmt gefragt.

»Oh nein.« Jessie lachte und schüttelte den Kopf. »Sie ist zwar nett und ich streite nicht ab, dass sie nicht schlecht aussieht, doch als Freundin wäre sie mir zu extrem. Wenn, dann brauche ich ein normales Mädel. Es reicht, dass *ich* der Extreme bin.« Wieder lachte er.

Ich sah Jessie von der Seite an. Sein Lachen gefiel mir. Dabei kamen seine weißen geraden Zähne zum Vorschein. Grübchen hatte er keines und im Gegensatz zu Ben waren seine Augen nicht blau, sondern dunkelbraun, beinahe schwarz. Dadurch hatte er einen ganz besonderen, durchdringenden Blick, der tief in den Körper reinging. Wenn er jemanden ansah, dann schien es, als würde er bis ins Herz sehen. So, als würde er sofort über alles bescheid wissen. Meinte er das mit extrem?

»Ich werde mich davor hüten, dir von meinen Macken zu erzählen«, sagte er plötzlich lächelnd und sah mich an, als hätte er genau gewusst, was ich dachte.

Verlegen wandte ich den Blick ab. Noch ehe ich etwas sagen konnte, kam Gilbert rüber, klatschte in die Hände und rief: »Auf geht's! Gehen wir shoppen!«

## 29.

Mit einem Neunsitzer-Bus und einem kleinen Auto ging's vollbesetzt zurück Richtung Stadtzentrum. Es wurde im Auto, in dem ich saß, nicht viel gesprochen. Stattdessen klang rhythmische Trommelmusik aus den Boxen, die mich mehr nervte als entspannte. Ich saß am Rücksitz zwischen Jessie und Gilbert eingezwängt, am Steuer befand sich ein etwas dicklicher Kerl, der im Takt der Klänge den Kopf mitbewegte und mit den Fingern auf dem Lenkrad klopfte. Sein Haar war kurz und eine Mischung aus blond und braun, ähnlich wie Gilberts Haarfarbe. Ob das sein Bruder war?

Ursprünglich hatte ich, als ich ins Auto stieg, vorgehabt, mich irgendwo absetzen zu lassen, um mir die Busfahrt zu ersparen, doch Jessie überredete mich, wenigstens einmal dabei zu sein. Ich brauche nur zuzusehen, versprach er mir und versicherte, dass er bei mir bleiben und auf mich aufpassen würde. Ich solle mich einfach davon überzeugen, dass am Dumpstern nichts Schlimmes dran sei, so sein gutes Zureden und ich gab nach, auch wenn mich dieses Beschützer-Getue nicht wirklich beruhigte. Dadurch klang das Dumpstern noch gefährlicher.

Eine gefühlte Ewigkeit später fuhren wir auf einen großen Parkplatz. In der näheren Umgebung lägen drei Supermärkte, berichtete mir Jessie und erzählte vom Ablauf. Sie würden sich in drei Gruppen aufteilen, jede Gruppe nehme sich die Müllcontainer eines Geschäftes vor, die hier zwar auf Firmengelände standen, jedoch nicht abgeschlossen waren. Scheinbar waren es ein paar der wenigen, die noch nicht weggesperrt waren.

»Und die klettern dann in den Container rein?« Ich wies ungläubig auf die Leute, die gerade in drei Richtungen ausströmten, und konnte mir beim besten Willen nicht vorstellen, jemals im Dreck herumzuwühlen.

Jessie nickte. »Einer oder zwei gehen rein, während die anderen das, was gefunden wird, entgegennehmen und in Kartons oder Taschen packen.«

Ich verzog angewidert das Gesicht. Nur gut, dass ich mit Jessie beim Auto bleiben konnte. »Und wie lange dauert das?«

Jessie zuckte mit den Schultern. »Kommt drauf an, wie viel es zu finden gibt. Eine halbe Stunde vielleicht.«

»Und dann? Teilt ihr die Sachen gerecht auf oder wie?« Ich stellte mir vor, wie die Gruppen mit ein paar verpackten Lebensmitteln zurückkamen. Bei vierzehn Leuten würde der Anteil des Einzelnen wohl nur sehr spärlich ausfallen. Ob sich das überhaupt auszahlte?

»Wart mal ab«, meinte Jessie grinsend und steckte seine Hände in seine Kapuzenjacke, die er angezogen hatte.

Der Wind hatte etwas aufgefrischt, also tat ich es ihm gleich, zog die Schultern hoch und harrte mit ihm aus, während wir unseren Blick rüber zu den nächstgelegenen Containern warfen. Ich konnte nicht viel erkennen, da diese hinter Mauern versteckt lagen, also war es mir nicht möglich, abzuschätzen, was dort vor sich ging, doch Jessie hatte ein zufriedenes Grinsen im Gesicht.

Minutenlang sagte niemand etwas. Es dämmerte immer mehr und der Tag wich allmählich der Nacht. Die Atmosphäre hatte irgendwie etwas Verbotenes und ich sah mich immer wieder ängstlich um. Ich hatte die wahnwitzige Vorstellung, jederzeit könnten Polizeiautos mit Sirenen auf den Parkplatz fahren, doch Jessie, der scheinbar meine Beunruhigung gemerkt hatte, wies mich an, keine Angst zu haben. »Es passiert nichts. Hier hatte noch nie jemand etwas dagegen, wenn wir die Sachen holen.«

»Echt nicht? Ist das nicht Hausfriedensbruch?«

Jessie zuckte mit den Schultern. »Wir machen keinen Dreck. Im Gegenteil, meist sieht es danach sauberer aus als vorher.«

Ich stellte mir vor, wie wegen der paar Lebensmittel so viel Aufwand betrieben wurde. Herfahren, rumsuchen, alles sauber hinterlassen – zahlte sich das tatsächlich aus? Noch ehe ich Jessie fragen konnte, hörte ich lauter werdende Stimmen.

»Die ersten sind fertig.« Jessie grinste, dann erklärte er mir, dass sie jetzt alles in den Bus packen und sich im Park treffen würden. Um halb neun würden noch ein paar Leute kommen, die aufgrund von schwierigen Lebensumständen nicht viel Geld zur Verfügung hätten.

»Ihr teilt euch das mit anderen Leuten?«, entfuhr es mir erstaunt, doch dann sah ich, wie die erste Gruppe vollbepackt am Bus ankam. Die Taschen waren prall gefüllt und auch in den Händen trugen sie noch Obst und Gemüse, wie ich in der einbrechenden Dunkelheit feststellen konnte. Die anderen beiden Gruppen boten ein nicht minder bepacktes Bild, das ich absolut verwundert betrachtete.

Ehe wir einstiegen, kam Jessie ganz nah zu mir und sagte im Vorbeigehen in mein Ohr: »Mach den Mund zu. Es zieht.« Dann lachte er und setzte sich ins Auto.

Nie hätte ich gedacht, dass so etwas Ekliges wie Mülltauchen etwas Gemeinschaftliches sein konnte. Alle waren fröhlich, unterhielten sich gut und die Ausbeute war zudem enorm, wie ich später im Park feststellen musste. Im Licht von Taschenlampen wurde das Ausmaß des »Mülls« deutlich, den Gilbert mit seinen Freunden dort rausgeholt hatte. Fein säuberlich lagen Joghurtbecher, Wurst- und Käsepackungen, Obst und Gemüse zwischen Snacks, Broten und anderem Gebäck in der Wiese aufbereitet. Es war bestimmt ein fünf Meter langer Streifen, der mit Lebensmitteln gefüllt war, vor dem ich staunend stand, als Gilbert zu mir kam.

»Na, was meinst du?« Er klang stolz und grinste mich an. Er sah zerzaust und verschwitzt aus, doch auch ziemlich glücklich. Eigentlich wirkte so jeder der Anwesenden. Alle schienen absolut happy und zufrieden zu sein.

»Da habt ihr ja richtig viel rausgeholt. Hattet heute wohl Glück«, mutmaßte ich anerkennend.

Gilbert lachte. »Oh nein, das hier ist eigentlich normal. Wir hatten aber auch schon mal doppelt so viel.«

»Echt? Das wird alles weggeworfen? Immer wieder?«

»Ja, leider. Da läuft etwas gewaltig falsch.« Dann erklärte Gilbert, dass es mittlerweile Supermärkte gäbe, die Lebensmittel spendeten, doch abgelaufene Waren würden immer noch viel zu zahlreich weggeworfen werden. »Schau dich mal um und nimm dir mit, was du willst«, forderte er mich schließlich auf und drückte mir einen Stoffbeutel in die Hand.

Langsam ging ich an den Lebensmitteln vorbei. Ich war unschlüssig, ob ich einfach so zugreifen sollte, doch schließlich nahm ich mir zwei Becher Joghurt, ein in Plastik verpacktes Brot, das sich eigentlich noch recht frisch anfühlte, und jeweils eine Packung Wurst und Käse. Das lose in der Wiese liegende Obst und Gemüse mied ich. So entspannt war ich dann doch nicht.

»Gesunde Ernährung ist wohl nicht gerade deines«, hörte ich plötzlich eine Stimme neben mir. Jessie grinste mich an. Er hatte ebenfalls ein paar Lebensmittel eingepackt und mich scheinbar beobachtet. Mit verschränkten Armen stand er nur wenige Zentimeter entfernt, unsere Schultern berührten sich beinahe.

»Ich … ähh … ich bin nicht so der Obstfan«, versuchte ich zu erklären. Den Ekel vor diesen losen, bereits im Müll gelegenen Sachen erwähnte ich nicht.

»Kann ich verstehen. Ich auch nicht.«

Er zeigte mir seine geöffnete Tasche. Wir hatten beinahe denselben Inhalt. Nur die Wurst hatte er nicht dabei. Ob er Vegetarier war?

Ich lachte und fühlte mich plötzlich weniger einsam. Ich kam mir die ganze Zeit wie eine Außenseiterin vor, die von nichts eine Ahnung hatte, doch nun hatte ich das Gefühl, dass Jessie jemand war, der mich verstand.

»Sollen wir noch was trinken gehen?«, fragte er mich schließlich.

Gerne hätte ich ja gesagt, doch dann sah ich auf die Uhr. Es war beinahe neun. Ich war schon viel zu lange unterwegs. »Ich muss nachhause«, meinte ich entschuldigend und sah mich um. Zu Fuß würde ich eine halbe Stunde brauchen und der nächste Bus fuhr wohl nicht so bald.

Während ich überlegte, wie ich am besten nach Hause kommen sollte, tauchte Gilbert in der Dunkelheit auf und schob sich übermütig und fröhlich zwischen mich und Jessie. »Alles klar bei euch?«

Er war unter diesen Leuten so ganz anders, als ich ihn kennengelernt hatte, bemerkte ich. Seine verlegene schlaksige Art war einer zielstrebigen und resoluten gewichen. Er wusste genau, was er wollte und wie er es erreichen konnte, so schien mir.

Ich nickte zur Antwort, hob erklärend meine Tasche hoch und bedankte mich. »Ich muss dann mal los«, fügte ich hinzu. Sofort bot Gilbert an, mich mit dem Auto heimzubringen.

»Oh, das musst du nicht«, wehrte ich ab, doch schon hatte sich Jessie eingemischt.

»Ich mach das schon«, meinte er bestimmt und rief dem dicklichen Kerl zu, er möge ihm kurz den Wagen leihen.

So kam es, dass ich nur kurze Zeit später wieder in diesem Auto saß – doch dieses Mal nicht eingezwängt auf der Rückbank, sondern komfortabel vorne am Beifahrersitz, während Jessie die nervtötende Trommelmusik abstellte und sich den Weg von mir ansagen ließ. Sonst redeten wir nicht viel. Was sollte ich denn auch sagen?

Irgendwie verwirrte mich Jessie. Er wirkte so normal, sah gut aus, doch hatte er, wie er selbst sagte, eine extreme Art, die ich allerdings noch nicht entdeckt hatte. Seinen Willen, die Umwelt zu schützen und nachhaltig zu leben, fand ich jetzt nicht so extrem wie bei Gilbert, der mit seiner Art und seinem Auftreten ja genau dieses Öko-Getue demonstrierte. Jessie war da anders. Er wirkte sanft, normal und nachdenklich. So, als wolle er einfach nur Gutes tun und gut leben, was ich in Ordnung fand.

»Wir sind da«, sagte ich schließlich nach ein paar Minuten und zeigte auf das Wohnhaus, das dunkel neben der Straße lag. Es waren nur zwei Fenster neben meiner Wohnung beleuchtet. Das Erdgeschoss war finster. Bestimmt schliefen die alten Schachteln schon. Oder sie betrauerten im Dunkeln den armen Papagei ... Sofort nagte wieder schlechtes Gewissen in mir.

»Sieht nett aus«, holte mich Jessie aus meinen Gedanken und sah durch die Windschutzscheibe hoch auf das Haus.

»Ja, ganz okay hier«, meinte ich und nahm meinen Stoffbeutel. »Danke fürs Herfahren und für das hier.« Ich hob den Beutel hoch.

»Gern geschehen.«

Jessie grinste und im Dunkeln konnte ich seine weißen Zähne sehen. Wieder musste ich an Ben denken. Erst vor wenigen Tagen waren wir hier an der Hausecke gestanden, hatten uns geküsst und ...

»Ich werde dann mal«, meinte ich verlegen, zeigte Richtung Wohnhaus und versuchte, den Gedanken an Ben rasch beiseitezuschieben. »Schönen Abend noch«, fügte ich hinzu und stieg aus.

Noch ehe Jessie etwas erwidern konnte, hatte ich schon die Tür zugeschlagen und war zum Haus geeilt. Erst als ich im Stiegenhaus war, hörte ich, wie er den Motor startete und dann langsam wegfuhr.

## 30.

Stundenlang lag ich wach und konnte nicht schlafen. An das Wochenende und an Ben wollte ich eigentlich nicht denken. Zu sehr kränkten mich immer noch sein Verhalten, seine egoistische Art und sein Ich-werde-ab-sofort-ein-toller-Ehemann-sein-Getue. Er konnte mich doch nicht einfach abservieren? So, als ob in den letzten Monaten nichts gewesen wäre? *Denk an was anderes!*, rief ich mir in Gedanken zu und ließ stattdessen den Nachmittag revuepassieren.

Anfangs fand ich Gilberts Truppe ja ziemlich schräg, doch im Nachhinein betrachtet musste ich mir eingestehen, dass die Ideen und Aktionen der vermeintlichen Freaks ziemlich mutig waren. Sie taten etwas, setzten sich für andere ein und riskierten dabei sogar, Gesetze zu brechen. Das war alles andere als egoistisch und mir fiel auf, dass sie alle so ganz anders als ich waren. Ich, die doch immer nur so gelebt hatte, wie es mir gefiel. Ich musste nie Rücksicht nehmen, auf niemanden Acht geben, geschweige denn für jemanden da sein. Es war mein Leben, so, wie Verli ihr Leben mit Stefan hatte. In der Mitte trafen wir uns und hatten Spaß, ehe jeder wieder seinen Weg ging. Gilbert war da anders. Für ihn standen andere an erster Stelle. Menschen, denen er half, die Natur, die er beschützte, und Tiere, die er rettete. Erst dann kam er mit seinen Bedürfnissen – so zumindest mein Eindruck nach dem heutigen Tag. Und Jessie? Er schien sein bester Freund zu sein, denn von den Erzählungen her hatten sie schon einiges gemeinsam erlebt und verbrachten viel Zeit zusammen. Und doch war Jessie so ganz anders als Gilbert. Viel normaler. Bodenständiger. Nicht so eigenartig, auch von der Optik her.

Wieder dachte ich an den Moment im Auto, als Jessie gelächelt hatte. Es war eine eigenartige Stimmung gewesen. Gut, dass ich gleich ausgestiegen war! Das wäre ziemlich schräg gewesen, wenn ich mich auf ihn eingelassen hätte. Und je mehr ich darüber nachdachte, desto klarer wurde mir, dass ich Ben vermisste. Seine Umarmungen, seine Küsse, seinen Körper. Auch wenn die Zeit immer nur begrenzt war, so war es doch schön und intensiv gewesen. Jetzt, wo es vorbei war, fühlte ich mich alleingelassen. Einsam. Doch mich deshalb gleich in Jessies Arme schmeißen?

Mein Gedankenkarussell drehte sich bis Mitternacht. Erst dann gab mein Kopf nach, schaltete in den Schlafmodus und ließ meinen Körper endlich ruhen, ehe um sieben Uhr morgens mein Telefon läutete. Mist. Ich hatte vergessen, den Flugmodus einzuschalten …

»Hi Verli«, murmelte ich verschlafen. Ich lag in der Decke eingewickelt am Rande meines Bettes auf den Bauch und hatte den Kopf halb unter dem Kissen. Meine Haare lagen quer über mein Gesicht und ich brauchte noch einen Moment, ehe ich halbwegs wach war.

»He, du meldest dich ja gar nicht mehr«, klang es leicht vorwurfsvoll aus dem Telefon. »Hatte gehofft, du würdest mir vom Treffen mit Gilbert erzählen.«

»War nett«, murmelte ich und hielt noch immer meine Augen geschlossen. »Hab sogar was zu essen bekommen. Waren Mülltauchen«, erklärte ich knapp.

»Echt jetzt? So richtig im Container rumwühlen?«

Ich richtete mich halb auf, fuhr mit der freien Hand über mein Gesicht und strich die Haare hinter die Ohren. »Die anderen. Ich hab nur von Weitem zugesehen.« Dann erzählte ich ihr vom Treffen in Gilberts Garten, von der Begeisterung der Leute und vom anschließenden Dumpstern, bei dem ich mit Jessie gewartet hatte.

»Und wer ist Jessieee?« Verli zog den Namen in die Länge und wollte mehr Details wissen.

»Er ist ein Freund von Gilbert.«

»Hat er auch lange Haare und Öko-Klamotten?«

Ich lachte. »Nein, er ist ganz anders als Gilbert. Jessie wirkt ziemlich bodenständig und sieht normal aus. Kurze braune Haare, dunkle Augen …«

»Ein richtiges Schnuckelchen«, meinte Verli. »Ist er auf Facebook?«, wollte sie gleich wissen.

Mir fiel ein, dass mir Jessie seinen Künstlernamen verraten hatte. Warum er einen hatte, wusste ich zwar nicht, doch ich konnte zumindest mit Verli auf Facebook sein Profil suchen. Vielleicht würde ich dann mehr über ihn erfahren.

»Jessie Stamos«, wiederholte Verli, als ich ihr den Namen verraten hatte. »Stamos. Hm. Der Name sagt mir irgendetwas«, überlegte sie. Schließlich fiel ihr ein, dass ein Schauspieler so im Nachnamen hieß. »Weißt du noch? Der von Full House!«, rief sie begeistert. »Dieser Onkel Jesse. Weißt du nicht?«

»Stimmt. Das ist ja Ewigkeiten her«, stimmte ich ihr zu und rief mir dieses Gesicht in Erinnerung. Tatsächlich war eine gewisse Ähnlichkeit vorhanden. Das dunkle Aussehen, die weißen schönen Zähne, die Mundpartie …

»Das ist ja ein richtiges Schnittchen«, hörte ich aus dem Telefon und vermutete, dass Verli Jessies Profil gefunden hatte. »Nicht schlecht. Besser als Ben.«

»Haha.«

»Ist doch wahr«, verteidigte sich Verli. »Er sieht echt gut aus, ist nur vier Jahre älter als du – im Gegensatz zu den 10 Jahren Altersunterschied zu Ben – und hat einen coolen Job.«

»Was arbeitet er?« Ich war neugierig geworden und raffte mich auf, um mein iPad zu holen, wo ich sein Profil ebenfalls auf Facebook suchte.

»Inhaber von Stamos Solutions IT-Sevices.«

»Echt?« Ich konnte nicht glauben, was ich hörte, doch nur Sekunden später las ich es selbst. Jessie war Inhaber einer Firma für Softwareentwicklung. »Wow«, murmelte ich. Er war mir so gar nicht wie ein Unternehmer vorgekommen, geschweige denn wie ein Computermensch, ging es mir durch den Kopf. Ob er Gilbert deshalb kannte? Hatte dieser nicht erzählt, dass sein Bruder auch so ein Computerfreak war?

Wir stöberten noch länger auf Jessies Profil herum, doch recht viel mehr Infos bekamen wir nicht. Durch die gemeinsame Freundschaft mit Gilbert sahen wir zwar ein paar Fotos, doch das war's dann auch schon.

»Schick ihm eine Freundschaftsanfrage«, forderte mich Verli auf, was ich dann auch tat, ehe sie los zur Arbeit musste. »Und halt mich mit Jessie auf dem Laufenden«, meinte sie noch.

Nach diesem Gespräch war an Schlafen nicht mehr zu denken, also ging ich duschen, stellte fest, dass meine Mens restlos vorbei war, und machte Frühstück, während die Menstasse im Wasserbad auskochte. Rückblickend waren die drei Tage ziemlich gut vorbeigegangen. Ganz ohne meine Stoffbackups hätte ich mich jedoch nicht getraut, denn ein bisschen was war immer im Slip gelandet. Im Großen und Ganzen war ich jedoch ziemlich zufrieden und überzeugt von dieser Alternative. Ob die Mädels aus Gilberts Gruppe auch Tassenträgerinnen waren? Vielleicht waren sie sogar in dieser Facebook-Gruppe, ohne dass wir es wussten, dachte ich belustigt.

Mein Frühstück bestand aus dem gedumpsterten Brot mit Wurst und Käse mit einer Tasse Tee. Ich versuchte, den Gedanken, dass das Essen aus dem Müll war, beiseitezuschieben, denn geschmacklich war alles tatsächlich noch genießbar. Das Brot war weich und selbst der Joghurt, den ich danach aß, schmeckte völlig normal. Es war lediglich überall das Mindesthaltbarkeitsdatum überschritten. Erst jetzt wurde mir bewusst, wie leichtfertig man Lebensmittel nur aufgrund des Datums aussortierte. In den meisten Fällen roch oder schmeckte man das doch, wenn es nicht mehr genießbar war!

Ich nahm mich mal selbst an der Nase und stellte fest, dass ich selbst so leichtfertig war. Oftmals hatte ich etwas weggeworfen, was noch verpackt, aber abgelaufen war. Mit einem bewussteren Einkauf vorher und einer Geschmacksprobe nachher hätte ich bestimmt einiges gespart. Wie viel Geld ich doch sinnlos in den Müll geworfen hatte. Mit meinem Kaffee war es nichts anderes gewesen. Der Kapselkaffee in Kilo aufgerechnet kostete 60 Euro – das waren in Tee umgerechnet 150 Tassen oder so, was mir erst jetzt so richtig bewusst wurde!

Von diesem Standpunkt aus betrachtet, fand ich mein Ökoprojekt gar nicht mal so misslungen. Ich war zwar keine fanatische Bio-Obst- und -Gemüseesserin geworden, doch ich hatte für mich ein Mittel und Wege gefunden, Geld zu sparen und die Umwelt zu entlastet. Reichte das nicht bereits als erste kleine Schritte?

Im Gedanken ging ich meine Umsetzungen durch – ich hatte Strom gespart, bedenkliche Haushalts- und Körperpflegeprodukte ausgetauscht, hatte mich an die Menstruationstasse gewagt, die Plastikslipeinlagen gegen Stoffis eingetauscht und zudem noch ziemlich beeindruckende Leute kennengelernt, die mich zum Nachdenken brachten. Manch einer mochte zwar schräg wie Gilbert sein, doch im Grunde waren sie doch alle ziemlich coole Menschen, die sich für etwas Wichtiges einsetzten.

*Pling.*

Eine Nachricht tauchte auf meinem Display auf. Ben hatte geschrieben. In alter Gewohnheit klickte ich sofort drauf.

*Hi, wie geht's? Wieder gesundgeschrieben?*

*Alles bestens,* tippte ich zurück. *Bin ab morgen wieder arbeiten.*

*Das klingt super.*

Dann kam länger nichts. Ben war online, doch schrieb nichts. Und ich wusste nicht, was ich schreiben sollte. Wenn nichts mehr zwischen uns lief, warum meldete er sich dann bei mir?

*Pling.*

*Ich vermisse dich.*

Drei Worte, die mein Herz dazu brachten, schneller zu schlagen. Ich starrte darauf und wusste nicht, was ich tun sollte. Ben sollte zum zweiten Mal Vater werden, hatte eine Frau und wollte eigentlich aus Anstand nichts mehr mit mir zu tun haben. Wieso schrieb er dann so etwas?

Ich war kurz davor, ihm zurückzuschreiben, dass ich ihn auch vermisste – ich vermisste ihn ja wirklich! – doch ich rief mir Bilder aus der Zukunft ins Gedächtnis. In wenigen Monaten würde *sie* ein zweites Kind bekommen. Sie würde stolz auf ihre Familie sein und sich freuen, dass Ben sich um die Kinder kümmerte und sie liebte. Wenn er von der Arbeit nachhause kam, würde er sie alle in seine Arme schließen und Zeit mit ihnen verbringen. Da hatte ich keinen Platz. Weder jetzt, noch morgen, noch in sechs Monaten. Ich war nicht Teil seines Lebens und er auch nicht Teil meines. Und in dem Moment, als mir das absolut klar wurde, hatte ich mit Ben abgeschlossen, auch wenn es in meinem Herzen schmerzte.

*Falls du dich nicht erinnerst: Es ist aus. Deine Entscheidung und nun auch meine. Ich wünsch dir alles Gute für die Zukunft.*

Nachdem ich auf Senden gedrückt hatte, blockierte ich Bens Kontakt. Ich wollte noch ein letztes Mal egoistisch sein. Ein letztes Mal wollte ich nur an mich denken.

# 31.

Den letzten Krankenstandstag nutzte ich damit, mein Leben zu überdenken. Ich wusste nun, dass ich nicht der Typ war, der sich extrem gesund ernährte, doch ich wollte zumindest ein wenig bewusster einkaufen. Und ja, die Bio-Kiste wollte ich beibehalten, allerdings nur alle zwei Wochen. Das fand ich ganz gut mit meinen Ernährungsgewohnheiten und meinem Budget kombinierbar.

Da ich mit den Naturprodukten des Drogeriemarktes recht zufrieden war, beschloss ich, auch weiterhin auf giftstofffreie Artikel zu achten, denn dies würde ja auch mir und meiner Gesundheit zugutekommen. Wer wusste denn tatsächlich, was Fluoride oder sonstige Zusätze wirklich in unserem Körper anrichteten? Kam es denn von ungefähr, dass immer mehr Menschen an Krebs erkrankten? Oder immer mehr Kinder Probleme mit der Haut hatten? Erst gestern sah ich wieder in den Nachrichten, dass eine Firma in Misskredit gefallen war, weil sich herausstellte, dass das von ihnen produzierte Babypuder ungesund war. Das darin enthaltene Talkum sei ähnlich gefährlich wie Asbest! Was taten wir Menschen bloß schon den Kindern an, im Glauben, etwas Gutes zu tun?

Wie viele solcher reißerischen Artikel hatte ich in den letzten zwei Wochen gelesen! Und ja, es mochte sein, dass manche aufgebauscht waren oder nicht ganz der Wahrheit entsprachen, und doch hatte es mich wachgerüttelt, denn ich würde nicht mehr blind den Werbungen glauben. Ich würde mir selbst ein Bild machen, darüber nachdenken und dann ein Urteil bilden, ob ich ein Produkt verwenden wollte oder nicht. Und ob es überhaupt notwendig war.

*Pling.*

Mein Denken wurde gestört. Wer schrieb denn nun? Ben hatte ich doch blockiert. Ich entsperrte mein Display und sah die Nachricht von Verli.

*Du hast ja von dem Likör geschwärmt – kannst du mir bitte einen besorgen? Du hast da bessere Kontakte ;) Brauche ein Geschenk für meine Cousine, die grad auf dem veganen Trip ist :)*

*Ich frag mal Gilbert,* schrieb ich kurz angebunden zurück und hatte eigentlich gar keine Lust, mit ihm zu reden. Bestimmt würde er dann fragen, wie es mir gestern gefallen hatte …

Um einem Gespräch aus dem Weg zu gehen, fragte ich per WhatsApp-Nachricht nach, ob er noch so einen Baileys hätte, und bedankte mich noch einmal für den gestrigen Abend, der sehr aufschlussreich war. Kurz darauf läutete mein Handy. Na toll.

»Hi Gilbert«, hob ich ab.

»Na, da ist ja jemand auf den Geschmack gekommen«, lachte Gilbert in Plauderlaune ins Telefon und meinte, dass noch ein paar Flaschen da wären. Ich solle jedoch meinen Alkoholkonsum etwas überdenken, denn da sei reichlich Hochprozentiges darin. »Nicht, dass ich dich zum Alkoholismus verführe«, lachte er über seinen Witz.

Ich erklärte ihm, dass der für eine Freundin sei. »Als Geschenk«, fügte ich hinzu. »Weil ich ihr davon erzählt habe.«

»Ach so«, meinte Gilbert und stellte nun tatsächlich die Frage, die ich vermeiden wollte. »Und, wie fandest du es gestern so? Hast dich ja recht amüsiert, wie mir scheint.«

Amüsiert? Ich? Gilbert hatte mich wohl noch nie volltrunken in einer Disco auf der Tanzfläche rumhüpfen und hysterisch kichern gesehen. *Das* war bei mir amüsieren …

»Ja, war ganz nett«, antwortete ich stattdessen. »Ziemlich beeindruckend, was ihr so macht«, fügte ich hinzu. Um das Thema zu wechseln, fragte ich, ob ich mir eine Flasche von ihm holen könne, dann brauche er nicht extra zu mir kommen, doch Gilbert wimmelte ab. »Mein Bruder arbeitet in der Nähe von dir und fährt dann von Zuhause los. Ich sag ihm, er soll eine Flasche mitnehmen und dir nach der Arbeit vorbeibringen.«

Oje. Sein Bruder? Der Computerfreak? »Oh, das ist aber nicht nötig. Ich …«

»Er macht das bestimmt sehr gerne. Kein Problem«, unterbrach er mich.

Ich gab nach. »Aber nur, wenn es keine Umstände macht.«

Gilbert winkte ab. »Quatsch. Er freut sich bestimmt«, meinte er mit einem seltsamen Unterton, den ich nicht zu deuten wusste.

»Okay, dann danke.«

»Immer wieder gerne.«

Ich legte auf und stellte mir vor, wie Gilberts Bruder Johannes hierherkam. Bestimmt schnaufte er die Treppe hoch und stand dann blass und verschwitzt vor meiner Tür. Ich wusste nicht warum, aber vom ersten Moment, in dem mir Gilbert von seinem Bruder erzählt hatte, hatte ich diesen Barry von »Two and a Half Men« im Kopf. Der war doch auch so ein Computerfreak. Bestimmt war Johannes vom gleichen Schlag wie Barry!

Die Stunden krochen bis zum Nachmittag dahin. Ich wusste nicht, wann Johannes kommen würde und so blieb mir nichts anderes, als zu warten und zwischendurch nur mal kurz aufs Klo zu flitzen. Nicht auszudenken, wenn es gerade in diesem Moment an der Tür läutete, doch meine Bedenken waren unbegründet. Als die Türglocke schrillte, lag ich gelangweilt auf der Couch. Es war halb sechs.

Neugierig warf ich einen Blick durch das Fenster nach unten, doch Gilberts Bruder stand unter dem kurzen Vordach vor der Haustür außerhalb meiner Sichtweite. Rasch drückte ich den Summer und wartete an der Eingangstür. Ich war leicht nervös und nur Sekunden später wahnsinnig überrascht.

»Jessie, was machst du denn hier?« Verwirrt sah ich ihn an und blickte dann an ihm vorbei. War Jessie mit Gilberts

Bruder mitgekommen? »Wo ist Johannes? Ich dachte ...«

Er grinste schelmisch, sah an sich vorbei und folgte meinem Blick. »Ich weiß ja nicht, wen du erwartet hast, aber ich bin der, der kommen und dir das hier bringen sollte.« Er wandte sich mir zu, hob schwungvoll eine Flasche hoch und präsentierte sie mit der flachen Hand wie ein Oberkellner. »Et voilà, Mademoiselle.«

»*DU* bist Gilberts Bruder?« Verblüffung, Erstaunen und Überraschung lagen in meiner Stimme. »Du bist Johannes?«

»Ja, wusstest du das nicht?«

»Äh, nein, woher denn auch?« Immer noch verwirrt starrte ich ihn an. Jessie war der Computerfreak? Dann begriff ich. »Die Computerfirma. Klar, jetzt check ich's erst! Du bist der Programmierer?«

»Naja, Softwareentwickler klingt besser.« Jessie zwinkerte und lachte wieder. »Aber im Grunde: Ja, ich bin der schräge Bruder, der Programme entwickelt, um Spionage abzuwehren und keine Spuren im Internet zu hinterlassen.«

Langsam wurde mir so einiges klar. Gilberts Bemerkungen, wenn Jessie mit mir sprach, die Aussage des Nachbarn, der annahm, ich würde zu Johannes wollen, und die vielen gemeinsamen Erlebnisse der beiden Brüder, die wohl die gleiche Liebe zur Natur und Umwelt hatten.

»Komm doch rein«, sagte ich schließlich und ging einen Schritt zur Seite. Ich bot Jessie etwas zu trinken an und er nahm dankend ein Glas Wasser, während er am Tisch saß und sich ebenso interessiert umsah wie zwei Wochen zuvor Gilbert. War in dieser kurzen Zeit tatsächlich so viel geschehen? Es kam mir plötzlich so unwirklich vor, denn ich fühlte mich irgendwie wie ein anderer Mensch. So, als wäre ich vor dem Unfall ein Schaf in der Herde gewesen und jetzt ein Fisch, der gegen den Strom schwamm. Was für ein jämmerliches Bild musste ich wohl abgegeben haben!

»Du bist so still. Immer noch geschockt?« Jessie sah mich fragend an und hielt mit einer Hand sein Glas fest, während die andere offen auf der Tischplatte lag, nur eine Handbreit von meinem Ellenbogen entfernt, auf den ich mich stützte.

»Was? Nein«, winkte ich ab. »Hätte ich mir ja eigentlich denken können, dass du dieser Johannes bist.« Ich lachte verlegen. »Gilbert hätte uns wenigstens offiziell vorstellen können. Normalerweise macht man das nämlich.«

»Ja, das ist Gilbert. Er ist alles, aber nicht normal.« Wieder lachte Jessie und ich merkte, dass mir sein Lachen gefiel. Er wirkte generell sehr fröhlich und positiv. So, als wäre alles im Leben schön und perfekt.

»Bist du immer so?«, fragte ich geradeheraus.

»Wie bin ich?«

Ich zuckte mit den Schultern und wusste nicht, wie ich es beschreiben sollte. »So happy und positiv. Als ob alles immer toll wäre.«

»Vielleicht ist es das ja auch? Es kommt doch immer nur auf den Blickwinkel an.«

»Wie meinst du das?«

Jessie richtete sich auf und verschränkte die Arme, während er sich etwas nach vorne zu mir beugte. Er sah mir direkt in die Augen. »Dein Unfall zum Beispiel. Der kam bestimmt ziemlich ungelegen und war schmerzhaft und doof«, erklärte er und ich fühlte mich wie ein kleines Kind, dem man mit einfachen Worten etwas klarmachen musste.

»So in etwa, ja.«

»Jetzt stell dich mal aus dieser Szene mit dem superdoofen Unfall und sieh dir an, was er ausgelöst hat.« Jessie hob seine Hand und begann an den Fingern abzuzählen. »Du warst im Krankenstand, hattest Zeit für dich und um über dein Leben nachzudenken und du hast dein Öko-Projekt durchgezogen, was ich ziemlich cool finde.«

»Aber woher weißt du das all...«

»Psst.« Jessie legte mir einen Finger auf die Lippen und ich verstummte. »So gesehen hast du Dinge gemacht, die du sonst nicht gewagt hättest. Und du hast Gilbert kennengelernt. Und mich«, fügte er grinsend hinzu und breitete seine Arme aus. »Ist das etwa nichts?«

»Doch, aber …«

»Nichts aber. Jetzt betrachte das ganze noch einmal. War der Unfall jetzt doof oder eigentlich ganz gut, dass es so gekommen ist?«

Ich dachte kurz nach und stimmte ihm schließlich zu. »Eigentlich ganz gut.«

Jessie zeigte mit dem Finger auf mich: »Und weißt du, was du jetzt getan hast? Du hast die Blickweise geändert. Das ist das Geheimnis eines fröhlichen und positiven Lebens. Erkenne immer das Gute, egal wie schlimm die Situation zu sein scheint.«

»Geht das auch bei Männern?«, fragte ich und bereute es einen Moment später, doch Jessie hatte das Thema bereits aufgegriffen.

»Hast du einen Freund?«

Er sah mich interessiert an und ich wusste nicht, was ich sagen sollte. Ben war ja eigentlich nie mein Freund gewesen, und doch fühlte ich mich ein wenig wie eine verlassene junge Frau. Schließlich erzählte ich Jessie alles von Ben. Von der Affäre, von unseren Treffen und vom bitteren Ende, weil *sie* schwanger war. Jessie hörte zu und nickte ab und an. Einen Kommentar gab er nicht ab, stattdessen fragte er mich, als ich meine Erzählung geendet hatte: »Liebst du ihn?«

Ich hob meinen Blick, der bislang auf die Tischplatte gerichtet war. »Ob ich Ben liebe?«, wiederholte ich.

Jessie nickte.

»Ich weiß nicht ... Ich ...« Ich fühlte in mein Herz, dachte an die letzten Monate, fühlte die Lust, die Begierde und ... die Enttäuschungen. Die Eifersucht. Die Sehnsucht. War das Liebe? »Nein«, sagte ich schließlich. »Richtige Liebe stelle ich mir anders vor.«

Gilberts Worte fielen mir ein, als er mir von der Vereinigung zweier Seelen erzählt hatte. Von der Verbundenheit, die man spürte, wenn man füreinander bestimmt war. Von der bedingungslosen Liebe, die zwischen zwei Menschen spürbar war, wenn man zusammenpasste. Hatte ich so etwas je gefühlt?

»Richtige Liebe fühlt man sofort. Wenn du erst nachdenken musst, dann hast du die richtige Liebe noch nicht getroffen.« Jessie zwinkerte. Er sah mir tief in die Augen und schwieg, während ich über seine Worte nachdachte. Sie fühlten sich so richtig an. So wahr. So beständig.

# Epilog

Jessies Worte berührten mich zutiefst in meinem Herzen. Sie lösten in mir etwas aus, doch ich wusste es zu diesem Zeitpunkt nicht recht zuzuordnen. Im Grunde war es aber der Beginn eines neuen Lebensabschnittes. Eines Lebensabschnittes, in dem ich begann, anders zu denken, anders zu fühlen und anders zu sein. Je länger ich an seine Worte dachte, desto klarer wurde mir, dass er recht hatte: Das Leben ist schön, wenn man es von der richtigen Seite betrachtet.

Man mag jetzt vielleicht denken, dass Jessie und ich zueinander gefunden haben, doch das ist bis heute nicht geschehen. Nicht, weil ich nicht wollte, sondern weil Jessie mich fernhielt. Er meinte, ich würde Zeit brauchen, um mein Leben zu ordnen und mich selbst zu finden. Ich müsse mit dem, was mit Ben war, im Herzen abschließen, um Platz für Neues zu haben. Und er wolle mich erst richtig kennenlernen. Er wolle wissen, wer ich wirklich bin. Weiß ich das selbst eigentlich?

Wie oft liege ich sehnsuchtsvoll abends im Bett und denke an Jessie! Stelle mir sein Gesicht vor, fühle in Gedanken seine Hände und versuche zu erahnen, wie er wohl riechen könnte. Bestimmt würde ich seinen Duft ebenso lieben wie Bens. Und genau das war mein Problem: Ben war noch gegenwärtig. Ben war immer noch in meinen Gedanken.

Erst gestern sah ich ihn. Ich stand im Laden und bediente gerade an der Kasse, als eine Frau mit einem kleinen Mädchen an der Hand hereinkam. Sie ging zielstrebig auf die Babyabteilung zu und zog das Kind hinter sich her. Es sah nicht gerade begeistert aus und nörgelte, was ich von der Entfernung jedoch nicht verstehen konnte. Als die Frau den ersten Kleiderständer mit Babystramplern erreicht hatte und stehengeblieben war, drehte sie sich zur Seite und ich sah, dass sie schwanger war. Zu diesem Zeitpunkt dachte ich mir noch nichts, doch plötzlich kam ein Mann zu ihr und sagte etwas. Wieder konnte ich nichts verstehen, doch mein Herz rutschte fast in die Hose, als ich bemerkte, dass es Ben war. Erneut sagte er etwas zu der Frau, die den Kopf schüttelte und auf das winzige Gewand zeigte. Er hingegen wies zum Eingang, nahm das kleine Mädchen an der Hand und ging mit ihm raus. Er wirkte, als wäre er auf der Flucht. So, als würde er vor mir davonlaufen. Als er an der Kasse vorbeiging, warf er mir einen kurzen Blick zu, ehe er hinter der Glastür verschwand.

Es wäre ein Leichtes gewesen, seiner Frau alles zu erzählen. Wäre ich boshaft gewesen, hätte ich zu ihr hingehen und ihr die Wahrheit sagen können. Doch ich tat es nicht. Warum auch? Sie schien so glücklich! Wollte ich das zerstören? Sie bekam ein Kind von ihm, wusste nichts von seinem monatelangen zweiten Spiel, das er im wahrsten Sinne des Wortes mit mir trieb, und schien sich richtig auf das Baby zu freuen. Sie hob entzückt ein Gewand nach dem anderen hoch und kaufte schließlich drei Strampler und winzig kleine Söckchen.

»Wann ist es denn soweit?«, fragte ich beiläufig, als ich die Sachen einscannte und zusammenlegte.

»In drei Monaten«, verkündigte sie stolz und legte eine Hand auf den Bauch.

»Na dann noch eine schöne Restschwangerschaft«, meinte ich ehrlich, als ich ihr das Wechselgeld gab und sie die Papiertasche nahm, die auf meinem Bestreben hin im Laden ab sofort ausgelegt werden. Grinsend ging sie und kaum war sie an der Glastür vorbei, kam ihr auch schon Ben entgegen, der draußen gewartet hatte. Er wirkte nervös, warf einen besorgten Blick zu mir, ehe seine Frau ihm zeigte, was sie gekauft hatte. Hatte er Angst vor mir? Angst, dass ich ihn verraten könnte? Wie schätzte er mich bloß ein??

Noch heute fühle ich mein klopfendes Herz und meine nasskalten Hände. Ben hatte mich nervös gemacht und meine Gefühle in Frage gestellt. Ich war mir sicher gewesen, dass ich abgeschlossen hatte, doch als ich ihn sah, reagierte mein Körper doch heftiger als erwartet. Und doch hatte diese gestrige Begegnung etwas Gutes, denn heute fühle ich mich viel befreiter. Mir ist klar geworden, dass er nicht mehr Teil meines Lebens ist, denn ich war auch nie Teil seines Lebens. Während sich meine Gedanken sechs Monate lang um ihn drehten, war seine Familie sein Lebensmittelpunkt. Ich war außen vor.

Jessie ist da ganz anders. Er bindet mich ein, erzählt mir von seiner Arbeit, stellt mich Freunden vor, geht mit mir ins Kino. Er zeigt sich mit mir in der Öffentlichkeit, anstatt mich zu verstecken. Wir verbringen viel Zeit miteinander und doch ist noch nie etwas zwischen uns gelaufen. Es ist, als würden wir uns einfach nur gut kennenlernen, ehe wir einen weiteren Schritt wagen. Das ist mir zuvor noch nie passiert. Meist hatte ich vom Körper des Mannes zu Beginn mehr Ahnung als von seinem Charakter. Es schmust sich halt leichter, als miteinander zu reden und sich kennenzulernen.

*Pling.*
*Hast du heute Abend schon was vor?*

Ich grinse, als ich Jessies Nachricht lese. Es ist Sonntag Nachmittag und wir telefonierten am Vormittag bereits eine Stunde. Ich erzählte ihm von Ben und davon, dass ich ihn gesehen hatte und mir so richtig klar geworden ist, dass ich ihn nicht mehr wollte. Er war Geschichte. Vergangenheit. Jessie hingegen ist meine Gegenwart.

Seit zwei Tagen haben wir uns nicht mehr gesehen und Jessie meinte am Vormittag, er hätte noch eine Überraschung für mich. Gespannt schreibe ich nun zurück. *Nein, hab nichts vor.*

*Jetzt schon. Ich hole dich um halb sechs ab.*

Ich sehe auf die Uhr und stelle fest, dass ich kaum noch eine Stunde Zeit habe. Also suche ich Gewand und entscheide mich für eine Jeans und ein Top mit Kreuzträgern. Meine Haare binde ich locker zusammen, die seit neuestem in dunkelbraun gefärbt sind. Das entspricht meiner Naturfarbe und das ständige Ansatzfärben fällt weg. Vielleicht schaffe ich es ja doch noch, eine schöne Haarpracht zu bekommen, wenn ich sie nicht mehr blondierte.

Auch meine Schminkgewohnheiten haben sich geändert. Seit ich Jessie kenne und er meinte, dass ich auch ungeschminkt eine Schönheit sei, trage ich kein Make-up mehr auf. Einzig ein Kajalstrich und Wimperntusche zieren noch meine Augen. Überrascht musste ich bereits nach kurzer Zeit feststellen, dass ich mir nicht nur gefiel, sondern meine Haut auch schöner dadurch wurde. Ich wirke nun viel frischer und natürlicher.

Pünktlich um halb sechs läutet es an der Tür. Die Glocke war so schrill, dass es auch nach unten zu hören war und der neue Papagei der Ringelmeier aufgeregt zu kreischen beginnt. Nun brauche ich zwar nicht mehr zu schlurfen, weil dieser Vogel keine Angstzustände bei Schritten bekommt, dafür habe ich täglich einen Radau, wenn irgendwo im hellhörigen Haus die Türglocke angeht. Ich seufze und gehe zur Tür, wo ich den Türsummer betätige und darauf warte, dass Jessie die Treppe hochkommt.

»Hallo, Schönheit!«, begrüßt er mich lachend und küsst meine Wange. Kurz darauf sitzen wir in seinem Auto und fahren ins Stadtzentrum.

Meine Neugierde ist unermesslich groß. Er hat noch immer nicht verraten, was er vorhat. »Jetzt sag schon. Wo fahren wir hin?«

»Wir gehen essen«, erklärt Jessie grinsend. »Es gibt da ein neues Veggie-Restaurant. Das wird dir bestimmt gefallen«, verrät er.

»Veggie?«, frage ich ungläubig und zweifle, dass mir das schmeckt.

»Es gibt auch normale Sachen«, beruhigt mich Jessie. »Aber dafür regional und biologisch angebaut.«

»Und warum die Geheimniskrämerei?« Ich überlege, ob es etwas zu feiern gibt, jedoch fällt mir nichts ein.

Jessie grinst immer noch und offenbart mir schließlich, dass wir nicht alleine sein werden. »Gilbert kommt auch. Und unsere Mutter.« Mit einem Seitenblick beobachtet er meine Reaktion, ehe er wieder auf die Straße sieht und schließlich rechts abbiegt und vor einem Lokal mit grünem Logo einparkt. Ich bringe kein Wort heraus und fühle plötzliche Nervosität in mir hochsteigen. *Er will mich seiner Mutter vorstellen?*

Kaum ist der Motor aus, wendet sich Jessie mir zu und

nimmt meine Hände. »Hör mal, Laura. Du bist mir in den letzten Wochen sehr wichtig geworden und ich fühle, dass du genauso denkst. Du brauchtest noch etwas Zeit und ich denke, dass du jetzt den Punkt erreicht hast, wo du genau weißt, was du willst. Hab ich recht?«

Mit großen Augen sehe ich ihn an und nicke. Die Atmosphäre im Auto hat plötzlich etwas sehr Ernstes. Wichtiges.

»Wir beide fühlen das gleiche«, fährt er fort und sieht mir immer noch tief in die Augen. »Ich bin mir sicher, dass es einen Grund hat, warum wir uns getroffen haben. Warum du Gilbert getroffen hast.«

»Schicksal«, flüstere ich und danke insgeheim, dass ich den Unfall hatte. Jessie hat recht. Es ist alles nur eine Frage des Blickwinkels.

»Nenne es Schicksal. Oder Fügung. Oder Vorbestimmung. Egal was, ich bin dankbar, dich kennengelernt zu haben. Du bedeutest mir sehr viel.«

Ich fühle, wie mein Herz immer schneller klopft und ich nervös werde. Was hat Jessie vor?

»Ich möchte mit dir zusammen sein«, eröffnet er mir schließlich. »Ich möchte dich an meiner Seite haben und mit dir viele schöne Dinge erleben.« Er hebt meine Hand hoch und drückt sie an seinen Mund. Zärtlich küsst er meinen Handrücken. »Ich hab dich verdammt gern«, sagt er schließlich und berührt meine Wange.

»Oh, Jessie!« Mehr bringe ich nicht hervor. Seine Liebeserklärung ist so echt. So gewaltig. So gefühlvoll. »Ich hab dich auch verdammt gern«, erwidere ich und umarme ihn lachend. Wie sehr habe ich mir diesen Moment ersehnt!

Dann endlich passiert das, was ich mir in den letzten Wochen so oft vorstellte. Unsere Lippen finden sich, und schließlich unsere Zungen. Unser erster Kuss!

*Klopf. Klopf.*

Jemand steht am Fenster und Jessie und ich fahren erschrocken auseinander, um zu sehen, dass Gilbert es war, der gegen die Scheibe klopfte. Er grinst und deutet auf sein Handgelenk. Scheinbar wartet er schon auf uns.

Mit noch immer rasendem Herzen und einem wahnsinnigen Glücksgefühl im Bauch steige ich aus und folge Jessie und Gilbert zum Eingang des Restaurants. Ich habe einen Freund! Und wir gehen essen! Zwei Dinge, die bei Ben undenkbar waren und über die ich mich so freue. Es sind die kleinen Freuden des Lebens, die mir mittlerweile schon genügen, um mich gut zu fühlen.

»Bist du bereit?« Jessie ist an der Tür stehengeblieben und hält meine Hand. Er sieht mich lächelnd an und berührt meine Wange.

*Ob seine Mutter mich mag? Wie sie wohl ist?* Nervosität steigt in mir auf, doch ich nicke tapfer. »Sie wird schon kein Drache sein.«

»Oh nein, dass nicht. Aber sie kann eine sehr direkte Art haben. Nimm das nicht persönlich«, erklärt Jessie augenzwinkernd und geht weiter.

Ich bin auf alles gefasst. Stelle mir alle möglichen Typen von Frauen vor. Mit grauen Haaren, dicklich, sportlich, braungebrannt. Alles kommt mir in den Sinn, nur nicht das, was mich tatsächlich erwartet.

»Hi Mum«, grüßt Jessie eine Frau an einem Tisch in der Ecke, gibt ihr einen Kuss auf die Wange und zieht mich mit der Hand heran. »Das ist Laura, von der ich dir erzählt habe.« Er zeigt auf mich und grinst. »Laura, das ist meine Mum.«

Sprachlos starre ich auf sie. Im Bruchteil einer Sekunde

laufen Bilder vor meinem inneren Auge ab. Bilder vom Auslöser des ganzen. Der Grund, warum es so gekommen ist, wie es nun ist. Und nein, es war nicht der Unfall. Es war etwas ganz anderes, und das wird mir in diesem Moment klar. Die Veränderungen, die Gedanken um Umwelt und Nachhaltigkeit, das Öko-Projekt – die Wurzeln liegen nicht bei Gilbert, sondern noch tiefer vergraben.

»Hallo Laura. Schön, dich kennenzulernen.«

Ihre Stimme klingt anders. Weich. Nett. Freundlich. Nicht so bestimmend und anklagend, wie ich sie in Erinnerung habe, denn vor mir steht die Öko-Tante aus dem Drogeriemarkt. Gilberts und Jessies Mutter.

# Danksagung

Einen Winter hat es gedauert, Lauras Geschichte zu schreiben und zu recherchieren. Das Rundherum - die Affäre und die Personen – lief von selbst und es ist sehr spannend zu sehen, wie sich die einzelnen Charaktere entwickelten.

Nach Beendigung des Buches gilt mein erster Dank den Namensgeberinnen der Nebendarsteller. Ben wurde von Steff benannt, Verena kam von Beate und Gilbert war Marions Idee. Danke für eure Hilfe!

Die Netzfrauen, die mit ihren Artikeln im Buch erwähnt sind, erklärten sich sofort bereit, die Texte verwenden zu dürfen. Danke für eure unermüdliche Arbeit und die vielen aufklärenden Berichte!

Mein nächster Dank gilt den vielen Mädels von der Menstruationstassen-Gruppe auf Facebook, die es tatsächlich gibt. Ihre vielen Erfahrungen, Fragen und Erzählungen flossen in Lauras Geschichte mit ein. Allen voran möchte ich den Admins Anja, Marina und Jutta für ihre unentgeltliche Arbeit und Beratungen danken. Ein großer Dank gilt auch Stefanie, Juliane und Marina für das Zusenden ihrer Erfahrungsberichte, die im Buch aufgeführt sind und eins zu eins von ihnen stammen.

Testleser gab es natürlich auch wieder. Meine zwei treuen Seelen Magdalena und Sandra nahmen sich meinem Geschreibe an und kommentierten es kritisch.

Abschließend möchte ich noch meiner Lektorin Juliane und der tollen Covergestalterin Ricky danken. Wie immer war es eine erstklassige Zusammenarbeit mit euch!

# Buchtipp

### Solange du denkst
--- Lillis Story ---

Ein schreckliches Ereignis reißt Lilli aus dem Alltag: Sie liegt nach einem Autounfall schwerverletzt und bewusstlos auf der Intensivstation. Verzweifelt sitzt ihre Schwester und zugleich beste Freundin Sara tagelang an ihrem Bett und fragt sich, wie das alles passieren konnte. Was ist nur geschehen?

Sara scheint völlig alleine zu sein mit dem Gedanken, dass Lilli irgendwo in diesem leblosen Körper etwas spürt, hört und fühlt, ohne zu ahnen, dass es mehr gibt, als sie denkt ...

**Erhältlich auf Amazon als E-Book und Taschenbuch.**

Deutsche Erstausgabe 2016
© 2016 Lilli C. Jones
Herausgeberin: Juliane Habersatter, A-5550 Radstadt
www.jhabersatter.at // www.jhabersatterbooks.at
Covergestaltung: Ulrike Schraberger // www.larika.net
Lektorat: Mag. Juliane Ehgartner // www.dastextbuero.at

ISBN-13: 978-1530939121
ISBN-10: 1530939127

Printed in Poland
by Amazon Fulfillment
Poland Sp. z o.o., Wrocław